童話からとった動き『金のガチョウ』(1994年)

海外で見学した博物館から考えた踊り『インディアンの詩』(1979年)

あやとりを身体を使って表現した『あやとりわらべ』(1960年) 文部大臣奨励賞受賞作品

子どもの新しい遊びゲームウォッチを舞踊化した『メカニズムプレイ』(1982年)

お手玉の動きを身体で表現した『お手玉あそび』(1967年)

カエルのユーモラスな動きを舞踊化した『かえるのコーラス』(1984年)

閉ざされた道を開く女性の心を踊る『女-かたち-美-百年史』芸術祭参加作品（2000年）

体験的教育舞踊・児童舞踊論
―子どもと学生と共に創ったダンス

Experiential Theories of the Educational Dance
and the Children Dance
―Dance created with Children and Students

賀 来 良 江
Yoshie Kaku

はじめに　Preface

　私がこの本をまとめる動機となったことはいろいろあるが、それを要約すれば以下の通りである。
　私は児童舞踊、教育舞踊家の娘として生まれ、社会情勢が変化するなかでいつも舞踊から切りはなされないところにいた。中学時代は児童舞踊のもつ教育的意義もわからず、なぜ童謡で踊るのかと疑問に思っていた。しかし世界に活動の場を広げたとき、児童舞踊は他の国にない、日本独自に発達した舞踊であり、教育的に深い意味を持つことに気づいた。
　子どもが育つ過程には、身体の動き、言葉とのつながりがある。童謡の言葉を理解して踊るときに、自然に豊かな身体表現となると考えられる。一般社会では、児童舞踊のことを子どもの踊り、お遊戯と軽く見ている。海外での評価は高い日本の児童舞踊であるが、日本国内での評価が低いのは問題である。
　第1の目的は、とかく軽く見られる児童舞踊の本質を広く知ってもらうことにある。

　一方、幼児教育者の教育のために、鶴見大学短期大学部に在職したときに書いた紀要論文がある。児童舞踊の歴史を追いながら、教育現場で体験したことを記録してある。単に「ダンス」という授業であったが、昭和時代から平成時代へとあわただしい環境変化の影響があった。学生の身体、心の変化、子どもたちのそれぞれの背後に横たわる生活環境から、今後の指導方法を考察した。
　第2の目的は、鶴見大学短期大学部保育科の紀要論文をまとめることである。

　私は長い間、国際交流、異文化交流をしてきた。私の作品を見た方から伝わり、海外で公演する機会も得た。異文化交流で学んだことは、言

語と身体表現とコミュニケーションの深い関連であった。児童舞踊もモダンダンスも、舞踊作品はどこの国でも理解される。私事にわたることだが、自分の77歳の記念に、今までの作品をまとめることと、そして「daCi国際子どもとダンスの会」の活動を広く日本に広げることを現在考えている。

　第3の目的は、自分の創作作品の整理と、異文化交流daCiについての理解を深めていただき、活動を推進することである。

　この本が今後の教育舞踊・児童舞踊の指導者の方々にお役にたてば幸いと思う。

　このような意図のもとにこの本のまとめを進めていたところ、思いがけず平成23年6月20日に、財団法人松山バレエ団より平成22年度第21回教育賞をいただく光栄に浴した。この賞にまけないよう更なる努力をしていきたいと考えている。

2013年3月1日

賀　来　良　江

推薦の辞　Recommendation

　児童舞踊というと、子どものダンスと思う人が多いのではないか。たしかにそういう部分もある。しかし児童舞踊には、遥かに幅広く、かつ深い内容が含まれている。

　まず、当然ながら子どもたちの踊り、子どもたちに見せる作品、そして作品を通した子どもの教育、人格形成の機能である。とくに日本の子どもたちの踊りは、世界的に見てその作品の質、踊り手のレベルにおいて第一級であり、独自の文化を形成している。

　ただ、残念なことにわが国では舞台芸術が人々の生活の一部になっておらず、それは舞踊において著しい。さらに児童舞踊は、舞踊界のなかでさえ、それにふさわしい評価、処遇を受けているとはいえない。

　このような厳しい環境のなかでも、強い信念と高い使命感をもって地道に児童舞踊の振興、そして地位の向上に努力している舞踊家がいる。

　賀来(田中)良江さんがその一人だ。彼女は、大正から昭和の前半に童謡の芸術化を目指した北原白秋、弘田龍太郎らに師事し、児童舞踊の音楽や詩との一体化をすすめ、大戦後、バレエ、現代舞踊、日本舞踊とともに独立した舞踊部門として認められるきっかけを作った賀来琢磨を父にもち、その志を継いで児童舞踊の内容の充実と地位の向上に努めている。

　その活動は、大学での教育・研究、舞踊家の指導・育成から創作・発表にいたるまで多岐にわたる。特に注目されるのは、国際交流に積極的に取り組んでいることである。

　その賀来良江さんが著書を出版することになった。内容は書下ろしでなく、これまで発表した論文や活動報告が主体となっている。それだけに彼女の児童舞踊あるいは舞踊全般に対する思い、姿勢、そして理論が各所に強く現われ、また活動範囲の広さを示しており、彼女の現在までの舞踊に関する思想、行動の集大成をなすものとなっている。

平成24年度から、舞踊教育が中学校では必修となり、高校でも採用が望まれている。このような時に本書が出ることは時宜をえたものであり、舞踊家、教育者、さらに舞踊に関心を持つ人にとって、いろいろな面で参考になり、また課題を明らかにするものであろう。
　最後に、経済、出版事情の厳しい現在、あえて出版に踏み切ったことに敬意を表するとともに、本書が多くの人に読まれることを期待したい。

うらわまこと
（舞踊評論、松蔭大学教授）

目　次　Contents

はじめに　Preface ……………………………………… 賀来良江　vii
推薦の辞　Recommendation …………………………… うらわまこと　ix

第1章　教育舞踊、そして児童舞踊への発展 ………………………… 1
The First Chapter : The Educational Dance and its Development for the Children Dance

【1】日本における児童舞踊—その発達の歴史と現代社会における意義
作品と指導法の事例を通して …………………………………… 2
On *Jidou-buyou*（Children Dance）in Japan—Its Development History and Significance in the Modern Society Illustrated by the Works and Cases of the Teaching Methods

【2】日本における教育舞踊の歴史—その変遷過程（1）………………24
History of the Educational Dance in Japan—Its Process of Change(1)

【3】日本における教育舞踊の歴史—その変遷過程（2）
児童舞踊1 ……………………………………………………………36
History of the Educational Dance in Japan—Its Process of Change(2) the Children Dance 1
資料：丸岡嶺振付作品曲目　The List of the Choreographic Works by Rei Maruoka…55

【4】日本における教育舞踊の歴史—その変遷過程（3）
児童舞踊2 ……………………………………………………………67
History of the Educational Dance in Japan—Its Process of Change(3) the Children Dance 2
資料：賀来琢磨振付作品曲目　The List of the Choreographic Works by Takuma Kaku…76

［コラム］日本の児童舞踊の組織のあゆみ …………………………………92
Footprint of System of the Children Dance in Japan

第2章　児童舞踊コンクール……………………………………93
　　The Second Chapter : Children Dance Concours
【1】日本における教育舞踊の歴史―その変遷過程(4)
　　児童舞踊コンクール ………………………………………94
　　History of the Educational Dance in Japan—Its Process of Change(4)
　　Concours of the Children Dance
［コラム］児童舞踊と舞踊コンクール……………………… 106
　　The Children Dance and Dance Concours
［コラム］舞踊コンクールの変化 ………………………… 107
　　Changes of Dance Concours
【2】日本において独自的発達をした児童舞踊の現状―舞踊コンクール
　　からみる ………………………………………………… 109
　　Present Situation of the Children Dance which has been
　　originally developed in Japan
　　―Seeing from the Viewpoint of Dance Concours
［コラム］児童舞踊についての先輩の言葉 ……………………… 114
　　The Words conerning to the Children Dance by the Superiors

第3章　遊びからの発想、創作過程 ……………………… 117
　　The Third Chapter : The Ideas from the Play,
　　　　　　　　　　their Creative Processes
【1】舞踊製作の中に現れた子どもの状況―ブリューゲルの「子供の遊
　　戯」の振り付けの場合 ………………………………… 118
　　Children's Situation appeared in making Dance
　　—The Case Studies of Arranging Dance of Brügel's"Children's Play"
【2】児童舞踊作品「ねんど」を通して考える教育舞踊・身体表現の道
　　………………………………………………………… 132
　　The Way of the Educational Dance and Physical Expression,
　　considering through the Work of the Children Dance "Clay"

第4章　身体表現に表れた身体と心の動き ……………… 141
　　The Fourth Chapter : The Moving of the Body and the Mind
　　　　　　　　　　　appeared in Physical Expression
【1】身体の動きと心の動き—今、「身体表現」を考える………… 142
　　The Moving of the Body and the Moving of the Mind
　　—Now, considering "Physical Expression"
【2】表現教科に現われた現代の学生意識 ……………………… 156
　　The Modern Student's Consciousness appeared in the
　　Course of Expression Studies
［コラム］鶴見大学での授業の工夫 ……………………………… 171
　　How have I led the Students in Tsurumi Junior College ?
【3】表現活動（ワークショップ）に現われた感性の育ち ………… 172
　　The Growth of Sensitivity appeared in the Performance
　　Activity（Workshop）

第5章　異文化交流で学んだもの ……………………………… 183
　　The Fifth Chapter : Something which I have learned through
　　　　　　　　　　　Cultural Exchange between Foreign
　　　　　　　　　　　Countries
【1】子どものダンスにおける創作活動を通しての異文化交流 …… 184
　　Cultural Exchange between Foreign Countries through
　　the Creative Activities in the Children Dance
【2】モダンダンスを通しての異文化交流 ……………………… 202
　　Cultural Exchange between Foreign Countries through
　　the Modern Dance
［コラム］コパナスの会 …………………………………………… 211
　　KOPANAS NO KAI JAPAN
［コラム］今、なぜアジア舞踊展なのか……………………………… 212
　　Why now is the Asian Dance Exhibition ?

【3】「国際子どもとダンスの会」(daCi) を通しての異文化交流 …… 214
　　　Cultural Exchange between Foreign Countries through
　　　"Dance and the Child International" (daCi)
【4】異文化交流から学んだアイデンティティ ………………………… 228
　　　The Identity which I have learned through Cultural
　　　Exchange between Foreign Countries
［コラム］ジャズチャンツとは ……………………………………… 232
　　　What is the Jazz Chants ?

第6章　指導現場からみたダンス教育とは、過去を探る ……… 233
　　　The Sixth Chapter : What is the "Dance Educaton" from the Viewpoint of
　　　　　　　　　　　the Teaching Field ? Searching the Past Situation
【1】体育表現リズム発表会の歴史とその使命 …………………… 234
　　　The History and its Role of the Performance by Expression
　　　and Rhythm of the Physical Education
【2】ダンスの特性をいかに教育のなかに実現するか ……………… 268
　　　How to realize the Characteristic of Dance in Education ?
【3】遊戯の歴史から見た身体の変化 ………………………………… 279
　　　The Changes of the Body from the Viewpoint of the History
　　　of the Play

賀来良江主要振付作品記録（作品名五十音順一覧付）……………… 293
　　　The List of the Principal Choreographic Works by Yoshie Kaku
タンダバハダンスカンパニィ海外交流・公演活動……………………… 323
　　　Performance Activities in the Foreign Countries
　　　by TANDAVAHA DANCE COMPANY

あとがき　Appendix ………………………………………………… 325
著者略歴　Author's Career ………………………………………… 332

第 1 章　教育舞踊、
　　　　　そして児童舞踊への発展

The First Chapter：The Educational Dance and
　　Its Development for the Children Dance

【1】 日本における児童舞踊
—その発達の歴史と現代社会における意義
作品と指導法の事例を通して

On *Jidou-buyou*（Children Dance）in Japan
—Its Development History and Significance in the Modern Society
Illustrated by the Works and Cases of the Teaching Methods

1　序論

　私はこれまで児童舞踊に関する仕事に40年間従事してきた。この間、社会情勢の激変に伴い、子どもを取り巻く環境も著しく変化を遂げた。メディアの発達、インターネットや携帯電話の普及により、実際に体験することなしに手軽に情報を手に入れられるようになり、また、コミュニケーションの形態が変化し、直接顔を突き合わせてのコミュニケーションを取ることが少なくなった。また、少子化、核家族化が進み、地域社会の関係性も希薄となり、子どもを取り巻く人間関係は極端に狭くなっている。更にゲーム機などの発達により、子ども達の遊びの形態も変化し、友達同士が関わって身体を使って遊ぶ姿を見ることも少なくなった。結果として、現代の日本の子ども達は、実体験が不足し、表現力やコミュニケーション能力が欠如し、対人関係スキルも低下してしまった。このような現代社会だからこそ、児童舞踊が果たし得る役割を再評価し、今一度その意義を見直す必要性を感じた。

　そこで、日本における児童舞踊の発達の歴史を概観し、現代社会の子ども達に対していかなる意義を持つのか、実際に幾つかの作品と指導法の事例を提示することにより考察し、示していきたい。

2　方法

（1）文献、主に『日本の子どものダンスの歴史——児童舞踊100年史』

をもとに、児童舞踊の発達の歴史を辿り、概観を明らかにする。
(2) 実際の児童舞踊の作品と指導法の事例を映像資料で提示し、現代社会の子ども達に対していかなる教育的な価値をもつかを考察していく。実際に取り上げた演目は以下の通りである。
　1）わらべうた「あがりめ、さがりめ」(伝承のことばあそび)
　2）童謡「あめふりくまのこ」(保育教材　振付：賀来良江)
　3）童謡「ぼくのミックスジュース」(保育教材　振付：賀来良江)
　4）舞踊作品「ねんど」(全国舞踊コンクール参加作品　振付：賀来良江)
　5）舞踊作品「金のガチョウ」(全国舞踊コンクール参加作品　振付：賀来良江)

3　結果及び考察

(1) 日本における児童舞踊の発達

　日本における「児童舞踊」とは、子どもが踊るすべての舞踊（例えば、子どもが踊るバレエ、子どもが踊るジャズダンス、子どもが踊る日本舞踊など）を意味するのではなく、児童文化を基盤とした子どものための舞踊を指す。1948年（昭和23年）、「全日本児童舞踊家連盟」（現・社団法人全日本児童舞踊協会 All Japan Children Dance Association）の成立に伴い、「児童舞踊」という名称が確立され、統一して用いられるようになり、児童芸術の一分野として、また、わが国の舞踊芸術の一分野としての地位を確立し、現在に至っている。社団法人全日本児童舞踊協会は、「児童舞踊の性格」（協会主催公演のプログラムに記載）の中で、「児童舞踊は、その名称の示すとおり、義務教育中の（またはこれに準ずる）児童生徒を対象とする踊りである以上、芸術の分野に属しつつも、人間形成の最も大切な時期にある児童生徒の心身の発達段階に応じて、無理なく舞踊訓練を施し、身体的にも、思想、感情的にもあくまで教育的立場を守らなくてはならない。」として、その意義について、芸術的価値と共に、教育的価値を強調している。

それでは、その児童舞踊の歴史とはいかなるものであったのか。その歴史を辿る時、学校教育とのつながりと共に、子どもの歌と深いつながりがあることに気付く。そこで、「わらべうた」から「唱歌」へ、そして更に「童謡」へと歩む日本の子どもの歌の歴史に照らし合わせて、『日本の子どものダンスの歴史―児童舞踊100年史』をもとに、児童舞踊の歴史を辿ってみる。

1）わらべうた

　「童歌（わらべうた）」とは、子どもの生活から生まれた歌で、遊びながら歌うことを通して、昔から通時代的に伝承されてきた歌である。作者不明で、いつの時代から歌われているのかも不詳である。

　短い言葉の抑揚に合わせて、比較的単純な節が付けられており、リズムパターンも明快である。この節回しは日本民族独自のものであり、同じ節やリズムを繰り返すので、子どもにも覚えやすく、自然に、話すように歌えるようになる。大多数は身体動作あるいは運動を伴い、1人、2人から数人、ないし大勢で遊び歌う。

　昔から、子ども達はわらべうた遊びを通して、日本語の語感や抑揚に触れ、自然に母語を身に付けることができた。また、子ども達同士で遊ぶことを通して、人と人との関わり方を学び、社会性を身に付けることもできた。

　現代では、家庭生活のあり方や子どもを取り巻く環境が変化したことにより、子ども達が集ってわらべうた遊びをする姿、あるいは親子で向き合ってわらべうたを歌う姿を見ることが少なくなった。しかし、子どもの成長にとって有益であるわらべうたを大切に継承すべきとの考えから、幼稚園、保育所など、幼児教育の場においては、意識的に指導計画に取り入れて行われているところもある。

2）唱歌遊戯

　「唱歌」は、一般的には学校の音楽の時間に教わった歌として認識されている。1872年（明治5）に学制が発布された時に、小学校の教科の1つとして唱歌が設けられた。しかし、当時の歌の歌詞は主に文語体で

書かれ、子どもにとっては難解であった。
　そして舞踊的要素を具えた「唱歌遊戯」が、体育の教科に位置づけられ、学校教育の中で発展していった。
　この時代には児童を対象とした民間の舞踊活動は殆ど無かった。
　3）童謡舞踊（1918年〜）
　「童謡」とは、大正時代後期以降に、子どものために、歌うことを主とした目的で創作された歌曲である。明治維新後、文部省が制定した唱歌の歌詞及び内容が、子どもの文化としては余りにも教化的であり、文語体の硬い内容であり非芸術的なものであるとして、もっと子どもの生活に密着した口語体による芸術的な歌を民間の手で創作しようという声が高まった。これが童謡運動である。それと合流して、子どもを理解し、子どものための舞踊を創作しようとする動きが民間で起こり、「童謡舞踊」が誕生するに至った。
　童謡舞踊において初めて詞、曲、踊りの3つが舞踊の中に合体し、舞踊内容が子どもの生活に合致したものとなった。そして、児童文化の1分野として子どものための芸術舞踊が新たに誕生し、「童謡舞踊」の名の下に広く普及されたのである。
　この事実はわが国の児童文化発達史上に特筆すべき功績を残したとみることができる。従来わが国には子どものための舞踊、すなわち真に童心に立脚する児童文化的な芸術舞踊が存在しなかった。従って舞踊を習得する子どもの層は、ごく限られた一部分に限られていた。「童謡」が新しい児童文化財として登場したのを契機として、童謡舞踊は広く子どもの層に開放され、舞踊界に児童専門の分野が進展した。
　4）児童舞踊（1948年〜）
　童謡舞踊を軸に子どもの舞踊は昭和に入ると急速な発展を遂げた。子どもの舞踊を専門に研究する団体も急激に増加した。レコードの普及も手伝って、民間の活動は活発になり、各地で発表会も開催された。一方、幼稚園、小学校の集会、学芸会、運動会専用の児童レコードも企画発売され、舞踊家たちが全国にわたって舞踊講習会を開催することにより、

教育的な方面においても、急激に発展していった。

　昭和初期、日本の舞踊界にドイツのノイエタンツが移入され、ブームが巻き起こると、子どもの舞踊も従来の童謡舞踊から内容的に変化し始めた。

　1939年（昭和14）には都新聞社（現・東京新聞社）によって「舞踊コンクール」が創設された。子どもの舞踊は、ここにおいて大衆の面前でその技を競うコンクール形式の舞台芸術にまで発展するに至った。この舞踊コンクールは、終戦前後の5ヵ年間のブランクを挟んで1949年（昭和24）に再開されて以来、現在もなお開催されている。

　戦時中は、舞踊も軍国主義的な色彩が強まり、自由に表現できなかったが、戦後、童謡の復活と共に子どもの舞踊も復興した。

　そして、1948年（昭和23）、「全日本児童舞踊家連盟」（現・社団法人全日本児童舞踊協会）が結成された。連盟の結成と同時に「児童舞踊」の名称が確立し、童謡の勃興以来30年間にわたって発展を遂げてきた子どもの舞踊は、この名の下に統一されることになった。これは「児童舞踊」の事実上の誕生ともいえる。また、1949年（昭和24）には東京新聞主催の舞踊コンクールが再開され、これ以後続々と優れた作品が生み出され、児童舞踊は芸術的に発展を続けていく。それにより、児童舞踊の指導者たちは児童舞踊家という芸術的職業観念を確立し、児童舞踊は舞踊界の中の1ジャンルとして他の舞踊芸術と明らかに一線を画すこととなった。

　以上、現在わが国の舞踊芸術の1分野としての地位を確立した児童舞踊の歴史を、『日本の子どものダンスの歴史─児童舞踊100年史』をもとに概観した。まとめると、古くからある「わらべうた」は身体動作を伴う遊び歌であり、子どもの育成に役立った。明治時代に入り、唱歌遊戯として舞踊的な教材が始めて学校教育の中に誕生し、体育教科の中に位置づけられた。その後民間で童謡舞踊が興り、児童文化に立脚した子どものための舞踊が普及した。更にドイツのノイエタンツの影響なども受けて、「児童舞踊」の名称のもと、芸術舞踊として子どもの層に進展した。

第1章　教育舞踊、そして児童舞踊への発展

　このように、わが国において独自の発達を遂げたと言える児童舞踊は、童謡舞踊の時代においては、振付は歌詞に対する当て振りが多かったが、児童舞踊が発達していくにつれて、子どもが踊る創作舞踊としての意味合いを深め、歌詞のない曲も頻繁に用いられるようになり、より自由な表現を求めて、創造性豊かな振り付けがされるようになっていった。現在、舞踊コンクールでは、技術の向上を目指すあまり、本来の児童文化に立脚した精神が忘れられている作品も目につくようになった。児童舞踊のあり方を、今一度見直さなければならない時期にきていると考えられる。

(2)　児童舞踊の作品と指導法

　では、このように発達してきた児童舞踊が、現代の子ども達に対していかに教育的な価値を発揮するのか、実際の児童舞踊の作品と指導法の事例を通して見ていくこととする。(作品資料参照)

　以下に、考察をまとめる。

　1）わらべうた「あがりめ、さがりめ」（伝承のことばあそび）

　母語の語感、リズムに合わせて動くことで、母語と身体動作を結びつけている。簡単な言葉遊びに簡単な動作を伴いながら、お互いの表情を通してコミュニケーションを図り、触れ合いながら基本的な人間関係を築くことができる。

　2）童謡「あめふりくまのこ」（保育教材　振付：賀来良江）

　「雨はどこから降ってくるの？」「ちょろちょろ小川って、どんな感じかな？」「いたずらくまのこになって走ってみるよ」など、歌詞の中の1つひとつの言葉のフレーズから子どもの想像力を膨らませて、動きを紡いでいき、そのものになりきって表現することを経験させている。踊ること、つまり身体表現を通して、歌詞を身体動作として体験させ、身体の言葉を獲得する過程を示している。童謡を踊るということを通して、たくさんの母語に触れ、それらを身体で表現することは、1つひとつが創造的で豊かな体験であり、それによって情緒を育み、表現力やコミュ

ニケーション能力を獲得することができる。

　3）童謡「ぼくのミックスジュース」（保育教材　振付：賀来良江）

　これは、初めて出会った人とも不思議と楽しく、仲良く踊れる教材である。ミキサーでジュースができる過程を皆で手をつないで体を揺すって動くところが面白いと感じるところである。つないだ手を通して体を揺するエネルギーが行き来し、皆が同調して円全体が共振する。現代では遊びの形態が変化し、1人ひとりがゲーム機に向かって遊ぶことが多くなり、遊びのなかで身体と身体でコンタクトをすることが少なくなった。「ぼくのミックスジュース」はそんな孤立した身体を協調の輪に融和させる教材である。

　4）舞踊作品「ねんど」（全国舞踊コンクール参加作品　振付：賀来良江）

　この作品は、子どもにとって身近な遊びである粘土遊びから題材をとり、素材の性質からイメージを導き出し、動きを探求している。ここでは、身体は多くの動きを体験し、より多くの身体言語を身に付けていく。そして更に作品として創造していく過程において、想像力や創造性が養われ、伝える表現力を身に付けていく。

　5）舞踊作品「金のガチョウ」（全国舞踊コンクール参加作品　振付：賀来良江）

　作品世界の一員として、物語の登場人物になりきって気持ちを込めて表現して動くことで、人間社会の疑似体験をする。作品を創造していく過程において、役柄として、また、作品を構成する一員として、自分の役割や立場について思考し、他者との関わり方を学んでいく。こうした経験から、協調性や社会性が養われる。

4　結論

　日本における児童舞踊の発達の歴史を概観し、児童舞踊が現代社会の子どもたちに対していかなる教育的価値をもつのか、実際の作品と指導法の事例を通して考察してきた。以上のことから、今日の児童舞踊の意義を以下のようにまとめたい。

第1章 教育舞踊、そして児童舞踊への発展

　児童舞踊は、幼児期に童謡を踊ることで、母語の言葉を想像力を働かせて表現という形で体験し、その経験を蓄積していくことから、身体の言葉を獲得していく。このことは、動けなくなった現代社会の子どもたちの身体機能を呼び覚まし、柔軟な体にし、身体で語るという表現方法を付与するものである。それによって、コミュニケーションがスムーズになり、滑らかな人間関係を築く助けとなるであろう。また、複数の友達と踊る経験を通して、他者の身体に敏感になったり、他者と同調することを覚えたりする。自己の存在を意識すると同時に他者の存在を慮ることを通して、協調性や社会性を身に付けることができよう。更に高度な作品を創造していく段階においては、想像力を駆使して豊富な身体言語を獲得し、高度な表現性を身に付ける。その過程を通して創造性を養うことができよう。これらはすべて、社会生活を営むための生きる力の土台となっている。実際の事例を通して、児童舞踊は現代の子どもについても、その人間形成に大きく貢献していることが実証された。児童舞踊は子ども達に豊かな人生経験を提供しているのである。

　最後に、児童舞踊に携わる我々は、これからもその時代の子どもを取り巻く社会環境に敏感であり、子どもが抱える問題から目をそらさずに正面から向き合わなければならない。そして我々が目指す児童舞踊は、常に子どもの心身の発達を考慮し、その都度今の子どもに必要なテーマ、子どもの生活に密着したテーマを探求し、子どもの成長の助けとなる、時代に即した子どものための舞踊でなければならないと考える。今の時代だからこそ、児童舞踊が子どもの育成に果たす役割を再認識し、子どもにとって有益な舞踊の創造に弛まぬ努力を続けていかなければならない。

[作品資料]
作品1：わらべうた「あがりめ、さがりめ」（伝承の言葉遊び）
　［言葉（歌詞）］　あーがりめ　さーがりめ　ぐるっとまわしてねーこのめ

作品2：童謡「あめふりくまのこ」（保育教材　振付：賀来良江）
　［歌詞］（作詩：鶴見正夫）

1番　おやまにあめがふりました
　　　あとからあとからふってきて
　　　ちょろちょろおがわができました
2番　いたずらくまのこかけてきて
　　　そっとのぞいてみてました
　　　さかながいるかとみてました
3番　なんにもいないとくまのこは
　　　おみずをひとくちのみました
　　　おててですくってのみました
4番　それでもどこかにいるようで
　　　もいちどのぞいてみてました
　　　さかなをまちまちみてました
5番　なかなかやまないあめでした
　　　かさでもかぶっていましょうと
　　　あたまにはっぱをのせました

作品３：童謡「ぼくのミックスジュース」（保育教材　振付：賀来良江）
　［歌詞］（作詩：五味太郎）

1番　おはようさんのおおごえと
　　　キラキラキラのおひさまと
　　　それにゆうべのこわいゆめ
　　　みんなミキサーにぶちこんで
　　　あさはミックスジュース
　　　ミックスジュース
　　　ミックスジュース
　　　こいつをググッとのみほせば
　　　きょうはいいことあるかもね
2番　ともだちなかよしうたごえと
　　　スカッとはれたおおぞらと
　　　それにけんかのべそっかき
　　　みんなミキサーにぶちこんで
　　　ひるはミックスジュース
　　　ミックスジュース
　　　ミックスジュース
　　　こいつをググッとのみほせば
　　　なんでもかんでもいいちょうし
3番　あのねそれでねのおはなしと
　　　ほんわかおふろのいいきもちと
　　　それにひざこぞうのすりきずを
　　　みんなミキサーにぶちこんで
　　　よるはミックスジュース
　　　ミックスジュース
　　　ミックスジュース
　　　こいつをググッとのみほせば
　　　あとはぐっすりゆめのなか

　［留意点］・いつも特定の友達同士で組まないように、たくさんの友達と関わりが
　　　　　　持てるように工夫する。（→円をつくる際、人数をいろいろに設定した
　　　　　　り、様々な条件をつけたりして踊ってみる。）

作品４：舞踊作品「ねんど」（1992年東京新聞主催全国舞踊コンクール児童舞踊部
　　　　第2位及び童心賞受賞作品　振付：賀来良江）
　［指導過程］・粘土のもつ特徴をつかむために粘土で遊ぶ。
　　　　　　　・遊んだ時にした動作を拾い上げる。にぎる、こねる、のばす、つぶす、

第1章　教育舞踊、そして児童舞踊への発展

　　　　ひっぱる、など。
　　・遊んだ時にした動作を全身を使って動いてみる。あるいは全身が粘土になったつもりで動いてみる。
　　・様々な動きを体験し、様々な動きがあることに気づく。
　　・振付者の導きによって、さらに大きく動いてみる。表現性を具えた動きとなる。
　　・流れをもったまとまり感のある舞踊作品として踊る。

作品5：舞踊作品「金のガチョウ」(1994年東京新聞主催全国舞踊コンクール児童舞踊部入賞及び童心賞受賞作品　振付：賀来良江)
　[指導過程]・童話「金のガチョウ」の読み聞かせをする。
　　　　　　・内容について話し合う。
　　　　　　・場面作りをする
　　　　　　・振付者の導きによって、様々な役の動きを体験し、表現する。
　　　　　　・流れをもったまとまり感のある舞踊作品として踊る。

参考文献
1．賀来良江「日本における教育舞踊の歴史—その変遷過程（3）児童舞踊Ⅱ」『鶴見大学紀要』第22号　第3部（1985）
2．賀来良江「児童舞踊作品『ねんど』を通して考える教育舞踊・身体表現の道」『鶴見大学紀要』第31号　第3部（1994）
3．賀来良江「体の動きと心の動き—今『身体表現』を考える」『鶴見大学紀要』第33号　第3部（1996）
4．賀来良江「表現教科に現れた現代の学生気質」『鶴見大学紀要』第34号　第3部（1997）
5．賀来良江「ダンスの特性を教育の中にいかに実現するか」『鶴見大学紀要』第36号　第3部（1999）
6．全日本児童舞踊協会編『日本の子どものダンスの歴史—児童舞踊100年史』全日本児童舞踊協会（2004）

（以下の本章の英訳は、賀来良江・中野真紀子共著により、daCiジャマイカ大会2009において口頭発表したものである。）

On *Jidou-buyou* (Children Dance) in Japan
—Its Development History and Significance in the Modern Society
Illustrated by the Works and Cases of the Teaching Methods

Yoshie Kaku
Makiko Nakano

1. Introduction

I have been engaged in *jidou-buyou* (Children Dance) for 40 years, during which drastic changes have been seen in the environment that surrounds children caused by radical changes in the social conditions. Due to developments in the media and diffusion of cellular phones and the Internet, it has become easy to obtain information without going through a direct social experience. As the mode of communication has changed, face-to-face communication occurs less frequently. With fewer children continuing to develop and the nuclear family spreading, community relations are becoming remote; the relationships that surround children are now extremely limited. In addition, with a variety of electronic game machines being available, the mode of children's play has changed as well. Scenes where friends play together physically are less frequently encountered. As a result, Japanese children in today's society lack real social experiences, and thus lack expressive power and communication ability. Their skills in handling human relations are deteriorating. Considering the present situation, I feel it necessary to reevaluate the historical significance of *jidou-buyou* (Children Dance) and the role it may be able to play in the contemporary society.

Let me, therefore, give an overview of the development of *jidou-buyou* in Japan and discuss the significance it has to today's children by presenting some works and actual teaching methods.

2. Methodology

(1) With reference to documents, my main focus will be the *Jidou-buyou 100 Nen-shi (History of Children Dance for the Past 100 Years)*, which illuminates the outline and history of jidou-buyou.

(2) Actual *jidou-buyou* works and teaching methods are presented with visual materials. The educational values for children in the modern world are discussed. The *jidou-buyou* works to be introduced are as follows:

1) *Warabe-uta Agari-me, sagari-me* (traditional play on words)
2) *Douyou* (children's song): *Amefuri Kumanoko* (nursery teaching material, choreographed by Yoshie Kaku)
3) *Douyou: Boku no Mixed Juice* (nursery teaching material, choreographed by Yoshie Kaku)
4) Dance work: *Nendo* (participated in the National Dance Competition, choreographed by Yoshie Kaku)
5) Dance work: *Kin no Gachou*, or "the Golden Goose" (participated in the National Dance Competition, choreographed by Yoshie Kaku)

3. Findings/Results

(1) Development of *jidou-buyou* in Japan

Jidou-buyou, or Children Dance, in Japan means dance for children based on the children's culture, but does not mean all kinds of dances that children dance, for example, ballet, jazz dance, or the traditional Japanese dance performed by children. In 1948, the All Japan Children Dance Association was formed, and the term *jidou-buyou*, or Children Dance, was coined and began to be commonly used. *Jidou-buyou* has established its position as a field of the nation's dance art as well as of the children's art. The All Japan Children Dance Association states in *Characteristics of Jidou-buyou* in the programs of performances produced by the association that as *jidou-buyou* is dance meant for children in the compulsory education period, it should be kept in mind that although it is a field of art, dance training must be given in a comfortable manner, maintaining an educational focus both ideologically and emotionally, respecting the phases of children's development in body and mind, during the most important period of their lives in terms of character-formation. Thus, the Association emphasizes the educational value along with the artistic ones.

Now, I would like to look at the history of *jidou-buyou*. When the history is examined, I find it has a close link to children's songs besides the link to school education. Therefore, I discuss the history of *jidou-buyou* based on *Nihon no Kodomo no Dance no Rekishi: Jidou-buyou 100 Nnen-shi (Dance History of Japanese Children)*, refers to the history of Japanese children's songs from *warabe-uta* (old, traditional children's songs) to *shouka* (school songs), to *douyou* (children's songs).

1) *Warabe-uta*

Warabe-uta (old, traditional children's songs) were born out of children's life. Children sang them while playing and passed them on for generations. The creators of those songs and the time the songs began to be sung are unknown.

To match the intonation of short words, a relatively simple tune is melodized; the rhythm pattern is clear as well. The tune used is unique to the Japanese, and as the same tune and rhythm are repeated, the songs are easy for children to remember. They become able to sing them effortlessly, like talking. Many of *warabe-uta* songs involve physical movements or exercise; they are sung by one child or two, or several, or a large number of children while they play.

Throughout history children learn the sense of the Japanese language and its intonation while playing and singing *warabe-uta* in a natural manner. Also, by playing with other children, they are able to learn how to get involved with others and develop socializing skills.

In the modern world, due to the changes in children's family life and environment, we rarely see children gather to play and sing *warabe-uta*, or parents and children sing them together. But as there is an opinion that *warabe-uta*, which is considered valuable to children's development, should be passed onto the next generation, some early childhood educational facilities like kindergartens and nurseries purposefully include *warabe-uta* in their teaching plans.

2) *Shouka-yuugi* (school songs and games)

Shouka (school songs) is generally recognized as songs that are taught in a music class at school. In 1872 when the education system was put into operation, *shouka* was included as an elementary school subject. Most of the songs at that time, however, were written in literary Japanese, which children found very difficult to understand. *Shouka-yuugi* nevertheless became part of the physical education curriculum and was developed in the school education system. It is important to note that during this period, there were almost no private dance activities for children.

3) *Douyou-buyou* (1918 -)

Douyou songs (children's songs) are songs that began to be created for children with a focus on singing in the late Taisho Period (1918-). The lyrics and contents of the songs that the Education Ministry ordained after the Meiji Restoration (1868) were too authoritarian and stiff in content and unartistic. So, voices arose for the creation of artistic songs that were more relevant to children's daily life, written in colloquial style by the general public. It was the beginning of the *douyou* movement. Along with this movement, there was another movement in the society to understand children and create dance for them, which resulted in *douyou-buyou* (children's songs and dance).

For the first time, three elements: lyrics, music and dance were combined in dance in *douyou-buyou*, and the content of dance finally matched children's life. Thus, artistic dance for children was born as a field of children's culture and spread by the name of *douyou-buyou*.

This fact marked a noteworthy accomplishment in the historical development of children's culture. In the past, there was no "children dance," that is, artistic dance for children from the point of view of children's culture, truly based on the young mind. Therefore, there were a very limited number of children who learned dance. With the introduction of *douyou* as a new children's cultural possession, *douyou-buyou* became open to children of different classes and the dance world saw development in the field that specialized in children.

4) *Jidou-buyou* (1948 -)

Children Dance, evolving around *douyou-buyou*, progressed rapidly as the Showa Period (1926-1989) began. The number of study groups that studied specializing in Children Dance increased at a great rate. Along with the spread of records, private sector activities became active and meetings were held in all parts of Japan. On the other hand, children's records for kindergartens, elementary school assemblies, school plays, and school athletic meets were planned and sold. Thanks to dancers who taught dance lessons nationwide, Children Dance saw a rapid development.

During the early Showa Period, German Neuer Tanz was introduced to the dance world in Japan. Its boom made Children Dance shift from the conventional *douyou-buyou* in content.

In 1939, The Miyako Shimbun (presently The Tokyo Shimbun) founded The National Dance Competition of Japan. Children Dance attained the status as a performing art in a contest style in which various techniques competed with each other in front of the public. The National Dance Competition of Japan was cancelled for five years around the wartime and post-wartime but resumed in 1949 and has been held regularly ever since. During the WWII dance became militaristic and free expressions were not allowed. But after the war, Children Dance was revived along with the revival of *douyou*.

In 1948, *Zen Nippon Jido Buyo-ka Renmei* (presently All Japan Children Dance Association) was established. With its federation, the word *jidou-buyou* was established, and Children Dance, which had been developing for 30 years since the birth of *douyou*, was unified under the term. It was, in fact, the birth of *jidou-buyou*. In 1949, The Tokyo Shimbun resumed their dance competition. Since then, excellent works have been created and contributed to the artistic development of Children Dance. Thanks to this development, teachers of *jidou-buyou* formed a concept of Children Dance artists as an artistic profession. Thus, *jidou-buyou*, now seen as a genre in the dance world, drew a clear line from other dance art.

I outlined the history of *jidou-buyou* that has established its position as a field of dance art in today's Japan by quoting *History of Children Dance for the Past 100 Years: Jidou-buyou 100 Nen-shi*. To sum up, the old *warabe-uta* is a song that involves physical movement that helps foster children's development. In the Meiji Period (1868-) teaching materials with an element of dance were introduced to school education as *shouka-yuugi* and were placed in the physical education curriculum. Later, the *douyou-buyou* germinated and dance for children, based on the children's culture, began to spread. In addition, under the influence of German Neuer Tanz, dance by the name of *jidou-buyou* spread among children as an artistic dance.

As I discussed, it may be stated that *jidou-buyou* has developed in a unique way in Japan. In the era of *douyou-buyou*, movements were often choreographed to suit the lyrics of a song. As *jidou-buyou* developed, however, its focus has turned into creative dance performed by children, in which music without lyrics are more frequently used, and creative choreography is more to be seen in search of freer expressions. Today, at dance competitions, we find works that leave out the original spirit that such dance should be based on the children's culture while being too eager for advancement of techniques. It seems the time has come to reconsider the modality of *jidou-buyou*.

(2) *Jidou-buyou* works and teaching methods

Now, let us take a look at some actual jidou-buyou works and teaching methods to realize their educational value to children in today's world.
(See the attached written and visual information.)
Observations are summed up as follows:

1) *Warabe-uta: Agari-me, sagari-me* (traditional word play)

By moving to the feeling and rhythm of the mother tongue, children connect the language and physical movements. With a simple word play, accompanied by simple movements, it is intended to promote communication through each other's facial expression and to build a basic relationship by touching each other.

2) *Douyou: Amefuri Kumanoko* (nursery teaching material choreographed by Yoshie Kaku)

Children are encouraged to expand their imagination from phrases like "Where does rain come from?" "What is a babbling brook like?" "Let's become a mischievous cub!" etc., taken from the lyrics, and put movements together to become the very object (little bear) to express the movements. Here you can see they experience the lyrics as physical movements, and acquire body language in the process through dancing, in other words, physical expression. Through dancing *douyou*, children are exposed to many Japanese words, and expressing them with their body is a rich, creative experience. By this process they can nurture emotion and attain expressive power and communication skills.

3) *Douyou: Boku no Mixed Juice* (nursery teaching material choreographed by

Yoshie Kaku)

This is an amazing teaching material that makes it possible for anyone to dance easily and happily with someone he has never met before. Children find it fun to hold each other's hands and shake their body to express the process of making mixed juice. Through their clasped hands, the body-shaking energy is transmitted from one to another. All children synchronize with each other and the whole circle vibrates. Unfortunately the mode of play has changed in today's world where more and more children play alone with a game machine and there are fewer opportunities for them to contact each other physically during play. *Boku no Mixed Juice* is an effective teaching material that makes the isolated body blend into the circle of group harmony.

4) *Dance work: Nendo* (clay) (Participated in the National Dance Competition of Japan, choreographed by Yoshie Kaku)

This work was taken from the act of playing with clay, which is familiar to children. Images are drawn from the characteristic of the material and movements are explored. Here, the body experiences many different movements and acquires even more body language. In addition, during the process of creating a work from the movements, children's imaginative power and creativity are nurtured as well as expressive power for communication.

5) *Dance work: Kin no Gachou* (The Golden Goose) (participated in the National Dance Competition of Japan, choreographed by Yoshie Kaku)

By becoming one of the characters of the story, part of the world of the dance work, and expressing as such, children have a simulated experience of the actual human community. Through the creation process, they are encouraged to consider their role and position as a part and also as a member belonging to the world of this work, and learn how to be around others. The experience nurtures cooperativeness and sociality.

4. Conclusion

I gave an overview of the development history of *jidou-buyou* in Japan. Observation has been shown through the actual works and teaching methods what educational value that *jidou-buyou* might have to children in today's world. Based on this observation I would like to summarize the significance of today's *jidou-buyou* as follows:

Through *jidou-buyou* children experience how to express with their imagination about words of their mother tongue and accumulate such experiences, resulting in the acquisition of the physical language. This awakens the body function of today's children who are physically inactive, makes their body flexible, and gives them a way of expressing themselves with their body. It facilitates communication and helps them build smooth human relationships. Also, through experiencing dance with several friends, they become sensitive to the bodies of others and learn to go along with others. They become aware of their own existence and acquire cooperativeness and sociality through consideration of the existence of others at the same time. In addition, during creation of a more advanced work, children dig into their imagination and acquire a rich physical language and a high level of expressiveness. Through the process, they should be able to nurture creativity. All of these serve as a basis for a zest for living and richly organizing their social life. The actual case studies have proved that *jidou-buyou* greatly contributes to children in forming their characters even today. *Jidou-buyou* offers rich life experiences to children.

Lastly, those who are involved in *jidou-buyou* should continue to be sensitive to the social environment where children of the present day live, and face problems that the children have without holding back. The *jidou-buyou* that we aim at should be something that always considers children's physical and mental development, and explores themes that today's children need and that are in

1-1 On *Jidou-buyou* (Children Dance) in Japan

close connection with their life. It should be dance for children that meets the needs of the times and that helps them grow up. In the times such as these, we should re-acknowledge the role of *jidou-buyou* in nurturing children and continue our assiduous efforts in creating dance that is beneficial to children.

References

1. Yosie Kaku (1985) Nihon ni Okeru Kyouiku-buyou no Rekishi – sono Hensen-katei(3) Jidou-buyou Ⅱ, Journal of Tsurumi University Vol.22 No.3
2. Yosie Kaku (1994) Jidou-buyou Sakuhin'Nendo'wotooshite Kangaeru Kyouiku-buyou・Shintai-hyougen no Michi, Journal of Tsurumi University Vol.31 No.3
3. Yosie Kaku (1996) Karada no Ugoki to Kokoro no Ugoki – Ima'Shintai-hyougen'wo Kangaeru, Journal of Tsurumi University Vol.33 No.3
4. Yosie Kaku (1997) Hyougen- kyouka ni Arawareta Gendai no Gakusei Kishitu, Journal of Tsurumi University Vol.34 No.3
5. Yosie Kaku (1999) Dance no Tokusei wo Kyouiku no Naka ni Ikani Jitugen suruka, Journal of Tsurumi University Vol.36 No.3
6. All Japan Children Dance Association eds. (2000) Nihon no Kodomo no Dance no Rekishi – Jidou-buyou 100 nen-shi, Jidou-buyou Kyoukai (All Japan Children Dance Association)

DESCRIPTION OF THE WORKS

Work #1: Warabe-uta: Aga eri-me, sagari-me （Traditional word play）

[Lyrics] (Push the corner of the eyes) Up and down and turn it around and now we have a cat's eye.

Work #2: Douyou: Amefuri Kumanoko(Nursery teaching material choreographed by Yoshie Kaku)

[Lyrics] #1 It rains on the mountains, a lot of rain on the mountains. The rain makes a little brook.
#2 A mischievous little bear runs to the brook and take a look quietly to find out if there are fish in it.
#3 There are no fish, so the little bear drinks a gulp of water in his palms.

#4 Still there must be fish somewhere, so he looks for them. He is looking into the brook waiting for fish.

#5 The rain keeps falling on. So the little bear wants an umbrella. He puts a leaf on his head.

Work #3: Douyou: Boku no (My) Mixed Juice (Nursery teaching material choreographed by Yoshie Kaku)

[Lyrics] #1 Loud voices saying "Good morning!" and the shining sun and the last night's nightmare---let's put them in the juicer. Mixed juice in the morning, mixed juice in the morning. Let's drink it and we'll have a great day!

#2 Good friends' singing voices, the clear blue sky, and tears shed in a quarrel---let's put them in the juicer. Mixed juice during the day, mixed juice during the day. Let's drink it and everything will be OK!

#3 Chats with friends and a nice, warm bath and the scratch in the knee---let's put them in the juicer. Mixed juice at night, mixed juice at night. Let's drink it and we'll have a sweet dream!

*Note: Make sure not to allow the same children to play together so that they can interact with many different friends.

(When making a circle, vary the number of children, set conditions for variety, etc.)

Work #4: Dance work Nendo (clay) (It won the 2nd prize and Doshin Special Prize in the Jidou-buyou (Children Dance) Division of The National Dance Competition of Japan by The Tokyo Shimbun in 1992. Choreographer: Yoshie Kaku)

[Teaching process]

-Play with clay to become familiar to the characteristics of clay.

-Pick up movements that are made during the play: gripping, kneading, spreading, smashing, pulling, and so on.

-Use the entire body to express the movements during the play, or pretend to be clay itself and move as such.

-Experience various movements and become aware that there are various movements.

-With the choreographer's instruction, move even more freely with big movements, which will become expressive.

-Perform what is created as a dance work with flow and cohesiveness.

1-1 On *Jidou-buyou* (Children Dance) in Japan

Work #5: Dance work: Kin no Gachou (The Golden Goose) (It won the prize and Doshin Special Prize in the Jidou-buyou (Children Dance) Division of The National Dance Competition of Japan by The Tokyo Shimbun in 1994. Choreographer: Yoshie Kaku)

[Teaching process]
- Read The Golden Goose to children.
- Create scenes.
- With the choreographer's instruction, experience movements of different parts and express them.
- Perform what is created as a dance work with flow and cohesiveness.

（初出：daCiジャマイカ大会、2009／賀来良江・中野真紀子共著）

【2】日本における教育舞踊の歴史
―その変遷過程（1）

History of the Educational Dance in Japan — Its Process of Change (1)

1　序

　現在の幼児教育の中には、音楽リズムの領域の中に、遊戯又は動きのリズム、体育リズムとして舞踊教育がとり入れられている。また学校教育に於いては、体育の中にダンスとして組み込まれている。しかしながら現在の幼稚園、学校等で行われている舞踊は、運動会、学芸会のための、いわば見せるための舞踊となっているのではないか、本来の舞踊教育の意義をはなれたものになっているのではないか、と考えられる。

　そこで、ゆとり教育の一環として、新たにこの方面の研究指定校も出来た現在、今一度、どのように教育の中に舞踊が取り入れられてきたのか、過去の歴史をふりかえりつつその変遷過程を考察してみたい。

2　わらべうたから遊戯へ

　学校教育の中に舞踊教育が取り入れられたのは、1875年（明治8）、愛知尋常師範附属小学校の教員伊沢修二が、「将来学術進歩ニ付須要ノ件中、唱歌遊戯ニ関スル件」として文部省に建議したことに始まる。

　伊沢は、フレーベルが、子どもに唱歌遊戯を授け、子どもの活動性を養うことを主義としていることを知り、日本の学校にもこれを興す必要があるという考えからこれを建議したのである。

　1875年の『文部省年報』には、次のように記されている。

　　将来学術進歩に付須要の件中、唱歌遊戯を興すの件

　　唱歌の溢たるや、大なり。第一、知覚神経を活発にして精神を快楽にす。第二に、人心に感動方を発せしむ。第三、発音を正し呼法を調う。以上幼児教育上、必ず欠くべからず、要旨の概略を掲げるのみ。其細

第1章　教育舞踊、そして児童舞踊への発展

目の如くは、喋々此に辭ぜず。我文部省早く此に見ありて、小学科目中唱歌を載すといえども、末、実に其科を備ふるものあらず。

今、我ら西洋に於いて著明なる教育家フレーベル氏、其他諸氏の論説に従ひ、先、本邦固有の童謡を折衷して二三の小謡を製し、日を重ね、年を積むで大成全備の効を奏せんこと期せり、その一二例を示す。

唱歌は精神に快楽を与へ、運動は肢体に爽快を与ふ、此二者は教育上、並び行はれて、偏重すべからざるものとす。而して運動に数種あり、方今体操を以て、一般心行のものと定む、然れ共、年令幼弱、筋骨軟柔の幼生を激励せしむるは、其害反少なからずと、是れ有名諸家の説なり、故に今、下等小学校に遊戯を設く。

このような主旨のもとに、唱歌遊戯が取り入れられたものの、当時の師範学校に於いて行われた遊戯は、古語で作り音律も全く日本古代のものであり、子どもの考えよりは大人の擬古的な舞いの手であった。そして伊沢の提案により、1899年（明治32）「蝶々」「椿」等が考案された。

〈例〉「蝶々」

蝶々蝶々

菜の葉に止れ

菜の葉に飽きたら

桜に遊べ

桜の花の

栄ゆる御代に

止れや遊べ

遊べや止れ

―技態―

右の手と右の手を執替はして向背相互し、両児を一羽となす。凡十五名に一羽、三十名に二羽ほどを度とす。衆児は互に手と手を引合ひ、一大円を造りて輪走す。彼蝶々は、私転しながら円外を公転す。円児と蝶児とは逆旋すべし。二羽ならば左右に位し、四羽なら

ば四隅に位し、一斉に唱吟し出るを期して転旋を始むべし。且謡ひ且走りて、結句の「止れ」と云う詞と共に、出遇う所の円児の執合ひたる手を執ふべし。執はれし者を再度蝶とす。
　地球の自転して太陽を周回するに倣う。地動説を教うるに及んで、比喩の一助たらん事を要す。

　この「蝶々」の唱歌は、現在歌詞が変り歌われている。この明治前期の遊戯は、江戸時代より伝わったわらべ歌を源としている。団体遊戯、「手振」といわれて行われていたものに、現在までつながる「芋虫ころころ」「ずいずいずっころばし」等がある。
　「蝶々」の遊戯は、団体で行われ、且つ蝶児と円児が交互することによる子どもへの働きかけがあり、その当時大変子どもに喜ばれた。
　唱歌遊戯は、大人の気に入るようなものでなく、子供の心情にたち入り、子供の楽しみとなり、子供のためになるものであることが真理である、と『幼年教育』（明治37年）の中で伊沢は述べている。
　動作遊戯、唱歌遊戯、表情遊戯等の区別なく、一様に女子戸外遊戯法、西洋遊戯法という名称がつけられていた。この頃（明治18年）フォークダンスの輸入が、坪井玄道によってなされた。次いで川瀬元九郎、井口あぐりにより、スエーデン体操が輸入された。これらは、従来からの体操指導者を当惑させた。これらの混乱に1つの指針を与える目的から、1904年（明治37）、当局が「体操遊戯法取調委員」を任命して、それ等の調査に当らせた。この委員会は、運動遊戯に対する態度を次のように文部省に報告している。
　目的　児童の活動的衝動を満足せしめ、運動の自由と快感とに由りて
　　　　体操科の目的を達し、特に個性及自治心の発達に資する。
　この目的の中には、個性と自由ということがあげられている。
　1913年（大正2）、先の体操遊戯取調委員の体操遊戯の調査の結果を参考にして「学校体育教授要目」が公布された。
　この要目で舞踊に関するものは、行進遊戯、動作遊戯の2つに大別さ

れた。若干の教材例もあげられたが、それは大体の基準を示す程度に過ぎず、実際の指導に当っては、環境に即応して適宜増減せよ、と研究面での弾力性が認められた。

この頃行われていたものには、「お池の蛙」「夕立」「水あそび」「鳩ぽっぽ」「お正月」等があるが、これは遊ばせながら体育の目的を果たすためのもので、小学校唱歌に対するものまね式の幼稚なアテ振りであった。

先の要目に弾力性があったことから、これにものたりなさを感じた民間舞踊家により、要目外の教材研究が行われ、要目準拠学校遊戯講習会が全国的に活発に行われた。当初は要目の伝達指導がすべてであったが、やがて補充教材の必要に迫られ、その創作と理論の裏付研究へと発展するにしたがい、これまでの教材の吟味、目的の検討等が、民間舞踊家によって行われた。

これは、いわゆる舞踊本来の目的へ研究が発展したことを意味し、今までの体育のためのみの遊戯から数歩前進し、情操陶冶に、リズム教育を含めての舞踊、子どもの生活に立脚した舞踊などの諸点について考えられるようになった。

土川五郎は『律動遊戯』の中で次のように主張している。

1）表現、感じの体現された運動が表現であり、その表現は児童のものでなくてはならない。児童の思想、感情の表われが基本となって、それを美化しなければいけない。大人が考えて、模倣的、写実的なもので遊戯をつくって児童に課してはいけない。
2）児童の表現を体得し、これを美化する。
3）リズムと音との関係を考える。
4）表現と感情との関係を心理的に考察する。
5）表現を運動生理の上から顧慮することは、最も大切なことである。
　以上の事項に基づいてつくられてこそ、始めてその遊戯は表情と名付けるものであり、併も児童に生活化するのである。

しかしながら、土川の作品の中には、子どもの自由表現をさせる余地

はなく、また主張のように児童のものとしての表現であったとはいえない。

　土川五郎の『律動遊戯』と同じ頃、「岡山市立幼稚園概要」に見られる模倣遊戯がある。それは既成作品として型にはめられたものではなく、模倣から創りだされた、子どもの自発活動であった、と土谷澄が『子どものための動きのリズム』の中で述べている。これは既成作品が児童のためといいながらも、大人の作ったものであり、子どもの心理、発達に則したものでないことへの反動であり、自由表現への足がかりとみられるものである。

　一方では、遊戯という名称が、「遊び戯れる」では内容が浅薄であり、童心あふれた子どもの感情の表現である肉体運動、すなわち「舞踊」という呼び方が最もふさわしいという主張が、民間舞踊家の中から提案され、童謡舞踊という名称が出来た。

　この時代の背景には、新教育運動があり、その一つとして鈴木三重吉によって創刊された児童雑誌『赤い鳥』がある。この中で西条八十、弘田龍太郎が起した童謡運動が繰り広げられ、それに合流して、子どものための童謡に作舞された。これが童謡舞踊の始まりであり、こうして舞踊家の活躍が盛んになった。

　当時活躍した舞踊家には、土川五郎、真島睦美、藤間静枝、印牧季雄、林きむ子等があり、「青い目の人形」「十五夜お月さん」「お馬」等が発表されている。

　1926年（大正15）の文部省訓令第2号をもって、「改正学校体操教授要目」の公布があった。これによると、1913年の要目は、準拠する所に迷える者に対して、「該科教授上の参考に供せしめる」程度のものであったのを、「これに準拠せよ」という固定案として、要求度、強制度が高められている。

　新芸術運動の影響で、民間の舞踊活動が盛んになって来たのは喜ばしいことであるが、同時に、民間舞踊家の中には、日本舞踊出身者が多く、日本舞踊的技巧が教育目的にそぐわない点があったように見うけら

第 1 章　教育舞踊、そして児童舞踊への発展

れる。

　1928年（昭和3）、雑誌『幼年教育』の中で、前出の土川五郎は次のように述べている。

　　一つの振りが修練に修練を経てようやく現われて来るようなものは、幼児のものでない。大人の表現の如き日本舞踊のある手振りの如きはむずかしく、専門の名取りである人でも容易でない。容易でない振りを取り入れるべきではない。幼児の芸術は純なものである。

　同じ頃、戸倉ハル(当時東京女子師範学校助教授)は、著書『学校のダンス』の中で、

　　唱歌遊戯は、生徒児童の自然の活動性に適応して、唱歌に伴なう表現動作により、全身の発育と健康とを助長し、快活な精神を養うのを要旨とする。それ故に教授するに当っては、児童の自然性を尊重して、自然的に行はせるやうに注意し、技術の末に拘泥して、その活動を制限しないやうに心がけなければならぬ。

と文部省の解説をあげ、この頃の内容があまりにも形式的に流れてはいないか、客観的ではないか、大人の主観からわり出された表現や、画一的な指導は考えなくてはならない、と述べて参考例をあげている。

　〈参考例〉「紅緒のポックリ」
　　紅緒のポックリ　よいかっこ
　　　歩けばチンリン　鈴が鳴る
　　駈ければポックリ　音がする
　　　チンリン　ポックリ　うれしいな
　　紅緒のポックリ　チンコロロ
　　　履いたらお客に　いきましょか
　　チンリンコロロと　いきましょか
　　　紅緒のポックリ　うれしいな
　　―準備―

一列円形の両手間隔に並べ、一、二の番号をつける。
―振―
前奏16呼間
　　互に手をつなぎ、左足を側に出し、右足を軽く蹴り上げる。次に右足を側に出し、左足を軽く蹴り上げる。かくして左右交互に同じ動作を繰り返す。
「紅緒のポックリ」
　　体前で拍手し、右手を前上に、左手を後下に伸ばし後に上げ、うれしそうに紅緒のポックリを見る。次に左手を前上に、右手を後下に伸ばして、前の動作を繰り返す。
「よいかっこ」
　　体前で拍手しながら、其の場で軽く足踏みする。
「歩けば」
　　両手を腰に取り、左足を前に踏み出し、右足の踵を上げる。
「チンリン」
　　右足を前に踏み出し、前と同じ動作をする。
「鈴が鳴る」
　　両手を腰に取ったまま、右足から二歩後退する。
「駈ければ」
　　両手を腰に取ったまま、左足をポンと踏む。
「ポックリ」
　　右足で前と同じ動作をする。
「音がする」
　　両手を腰に取り、両足で二回上方に跳び上る。
「チンリン」
　　両手を腰に取ったまま、左足をポンと軽く踏む。
「ポックリ　うれしいな」
　　体前で拍手しながら、其の場で右へ一廻りする。
後奏16呼間

前奏16呼間の動作に同じ。
「紅緒のポックリ」
　　　前の「紅緒のポックリ」に同じ。
「チンコロロ」
　　　体前で拍手しながら、一、二番生互に向き合ふ。
「履いたらお客に　いきましょか」
　　　互に左を通って、前の「歩けばチンリン　鈴が鳴る」の動作をする。
「チンリンコロロと　いきましょか」
　　　一、二番生連手して、右へ一廻りする。
「紅緒の」
　　　左足で軽く踏む。
「ポックリ　うれしいな」
　　　体前で拍手しながら、其の場で右へ一廻りする。

　このように参考例をあげると同時に、指導についても述べているが、模倣形式に依って動作指導をするといっている。
　この参考例、指導法から考察すると、子どもに行い易い動作であるが、子どもの中から生まれた動きではなく、また自由に表現する動きはない。この頃の土川の振りも、同じように自由に表現するところは見うけられない。

3　自由表現へのめざめ

　土川、印牧等による唱歌遊戯の講習会が全国的に広まり、活発に行われる一方では、既成の作品を子どもに移すことへの反省が、大正末から盛んになった自由思想の影響と共に現われ、自由表現をする指導法が遊戯指導書にみられるようになった。
　一方、留学した小林宗作によりリトミックの紹介があり、リズム教育が始められた。同じように留学した江口隆哉、印牧季雄、執行正俊、邦正美等により、新興舞踊ノイエ・タンツの紹介がなされた。それは次の

ような特色を持ったものであった。
　○従来の型を打破した。
　○個性を尊重した。
　○自然の美を再現した。
　○全人教育に進んだ。
　○表現が全く自由になった。
　○舞踊が大衆化した。
これらの点が、わが国の学校舞踊に大きな影響をおよぼした。
　しかしながら、わが国の伝統である日本舞踊の影響が大きいのと、自由表現を指導出来る人が少ないために、既成作品を指導する幼稚園が多かった。
　三浦ヒロは、『復刻　幼児の教育』の中で、遊戯に対する意見として、イサドラ・ダンカン、ダルクローズの名前をあげて次のように述べている。

　　ダンスは一つの芸術であり、技巧もなければならないが、あまりにとらはれた技巧に走ることは、ダンスを向上させる道とは考へられぬ。そういふ意味から、私達のしている学校ダンス等に省みるべき点はないものだろうか。学校と幼稚園とかいう所では、ことに自然によく接触してゆかねばならない。今迄の技巧から思い切ってはなれてしまう必要はないだろうか。

　このように問うていると同時に、自らの指導法を発表している。
　倉橋惣三の遊戯に対する志向（1934年〈昭和9〉『幼年教育』）をみると、三浦と同じく、技巧にこだわらずに、自然の動きを大切にしている。そして教育の中での遊戯に対する意見として、次のように述べている。

　　幼稚園の遊戯は、踊りの師匠が、踊りを上手にするために教えるのとは目的が違う。しかしながら、この頃の幼稚園で行われる遊戯は、講習を受けて、その受けうりに過ぎないのではないか。芸術としての舞踊を子どもに要求すべきでないが、だんだんに高度のものに講習が

第1章　教育舞踊、そして児童舞踊への発展

なって来て、子どもの生活から離れている。見せる遊戯になっている。

そして保育項目としての遊戯は、次のような目的をもつのではないかとして、その項目を挙げている。

1）体育効果をねらう。
2）動く興味をもたす。
　　人間が生活的に動くことは、全体の調和がとれ、いきいきしたものを養う。
3）みんなといっしょ。
　　団体で動くことにより、他の項目では養うことの出来ない社会性を養う。

このような意見のもとに、戸倉に研究をもとめている。子どもから離れた遊戯となった原因には、昭和4年に電蓄が開発され、レコードの普及によって舞踊講習会が盛んになったことがあると思う。

倉橋の意見により、戸倉が研究した子どもに即した自由表現の指導法が出現した。

戸倉ハルによる自由表現の参考例。（『学校のダンス』より）

題材　小鳥
時　　四月の暖かい日
所　　校庭の若葉しげれる藤棚の下
　―指導の実際―
教　皆さんのうち近ごろ遠足で野原に遊びにいった方はありませんか。
児　いろいろな答をする。
教　いろいろな答のうち、題材に導く適当な答へを捉へて目的を指示する。
　　今日は小鳥になって面白く歌ったり、遊んだりしましょう。さあ、この前に習ったスキップで軽くどこへでも飛んでいらっしゃい。

そして笛が聞こえたらままたここへ帰っていらっしゃい。

児　子供らは両手を軽く振り、鳥の飛ぶ様子をして、軽いスキップで自由方向へ散った。

教　笛。

児　再びスキップで教師の前に集って来る。

教　さあ、よく遊んだのでお腹がすいたでしょう。一つおやつをあげましょう。といって教師は片手に餌箱を持ち、片手で投げ与へる様子をする。

児　子供は両手で口ばしの形を作り、餌をついばむ様子をする。

教　もうたくさん食べたでしょう。しばらく遊んでいらっしゃい。向ふのお山まで。笛が鳴ったら木に止ってお休みなさい。

児　子供は両手を動かしながら、スキップで指された方向へ飛んで行き、笛の合図で皆一本の木に止った。

教　何かお隣りのお友達とお話しをしているようです。

児　子供らは皆鳥が木に止ったやうな様子をし、頭を左右に廻はして、何かささやいている姿をする。

教　こんどはお友達と、仲よくかへって行くやうです。二三羽のもあれば、五六羽のもあります。

児　二三人手をつないで飛んで行くのもあり、三人肩に手を掛けてスキップで行くのもある。

教　だんだん日が暮れかけました。一羽二羽づつめいめいのお家にかえって行きます。皆んな帰ってまいりました。

児　一羽二羽とだんだんうづくまる。

教　日はすっかり暮れて真暗になりました。小鳥は皆寝てしまいました。

児　子供らは出来るだけ小さくうづくまって、様々の鳥の寝た姿をする。

教　ああ、いつの間にか夜が明けました。お目々のさめた小鳥もあり、きれいな声で鳴いている小鳥もあります。これから一緒に唱歌を

歌いましょう。
児　教師の指揮のもとに元気に唱歌をする。

　やさしい、簡単な、現在の「ごっこあそび」のようなものであったことがうかがえる。
　このようにして、自由表現創作へとだんだんに発展しつつあったが、1935年(昭和10)、文部省体操要目の改正が起った。これは強力な弾圧で、「絶対に文部省検定済でなくては、小学校、幼稚園、運動会でも学芸会でも使ってはならぬ。またダンス遊戯も絶対に当局の示すもの以外は禁止」というきびしいものであった。民間での講習会はほとんど不可能な時代であった。教材の内容に兵隊さんが出て来ている。
　1942年（昭和17)、当局は戦時体制、挙国一致等の名をかかげて、あらゆる文化面の統制を強行した。舞踊教育も、一つの思想統一のための手段と変り、当局の許可を受けた作品のみが踊られることとなった。
　この弾圧の影響が、その後の舞踊教育に強く残り、自由創作の発展をさまたげることとなったのである。

　　　　　（初出：『鶴見大学紀要』第19号　第3部　保育・保健歯科編、1982)

【3】日本における教育舞踊の歴史
—その変遷過程（2）　児童舞踊1

History of the Educational Dance in Japan — Its Process of Change (2) the Children Dance 1

1　序

　教育舞踊の中の1つの分野として我国独自のものに児童舞踊がある。これは民間舞踊家の活躍によるものである。外国にもこれにやや似たものがある。1973年、ブルガリアのソフィアにある児童文化研究所に於いて日本に於ける「かもめの水兵さん」のような子どもの踊りを見た。しかし、日本の児童舞踊のような独特の発達をし、独自の世界を作っている例はない。現在,日本には社団法人全日本児童舞踊協会があり、その会員は約300名を越えており、各自が研究所を持ち生徒をもっている。舞踊コンクールに於いても1部門を持つ。一方に於いては、各地方を巡回して学校、幼稚園の教師を対象として児童舞踊の指導をしており、舞踊界に一大勢力を成している。研究所を持つ会員は活発にステージ活動をして作品を発表している。1982年現在では、これが子どもかと思われる程の舞踊テクニックをもつ研究所もある。

　児童舞踊とは何か、何故我が国で独特の発達をしたのか、むくわれることも少なく、全国を巡回して講習をして、教育舞踊の根底を支えた先輩諸氏の足跡をたどり、今日の発展を考えてみた。

2　児童舞踊とは何か

　児童舞踊とは子どもの踊りと一言でいうわけにはいかない。日本舞踊を子どもが踊っても児童舞踊とはいわない。またクラシックバレエの「白鳥の湖」を子どもが踊ってもそれは児童舞踊ではない。

　児童舞踊という言葉は、1948年（昭和23）に現在の全日本児童舞踊協

会の前身である全日本児童舞踊家連盟の発足にあたり、印牧季雄、柿沢充、賀来琢磨、則武昭彦、睦哲也、榊原帰逸等により、童謡舞踊、律動遊戯、表情遊戯といっていたものを統一して、児童舞踊と名づけられた。

児童舞踊の特質として『児童舞踊70年史』に次のように書かれている。

　児童舞踊は（学校におけると、家庭その他におけるとは問わず）一般義務教育の年令層を対象として行われるものであって、従って我が国民教育と緊密な関係を有し、
1）当然その内容、形式に制度を生じ
2）心・身の発育の段階に応じて課し
3）リズム生活の適切なる指導、個性の尊重、舞踊の基礎、観賞等の素地を培い
4）専門家養成を目的とするものでなく
5）全人教育として人間形成の資とし
6）体育を考慮し
7）常に広義にも、狭義にも「教育的である」事に最も留意すべきものである。

以上の事項を見るにつけ、児童舞踊は全人間教育を目的としていることがわかる。これは先達となった児童舞踊家が、子どもの教育を専門とした学校教員の中から、また子どもを大切に育てようとした日躍学校の中から生まれ出たことにより、単なる子どもの踊りではない教育をうたったものとなった。

初代児童舞踊家連盟会長の印牧季雄は、「フォークダンス（当時学校で体育の中でカドリール等が踊られていた）には心がない。子供の心を踊らすべきだと」の意見のもとに、童謡運動と共に新しい童謡舞踊を発表した。童謡運動とは、雑誌『赤い鳥』（1918年創刊）を中心とした鈴木三重吉、北原白秋たちの童心文学運動によるものであり、芸術性の豊かな、すなわち子どもの美しい空想や純な情緒を優しく育むような歌と曲を子どもに授けたいと主張したものである。

元全日本児童舞踊協会々長であった島田豊は、児童舞踊を始めた動機として次のように述べている。「大正12年小学校教員をしていた頃に土川五郎氏の遊戯講習会を受けて、それを子供達に指導したところ大変に子供が喜んだ。子供の心を動かすもの、童心ということの大切さを知り、自分は阿波踊りの素養だけが踊りの素であったが、大阪に於いて行われた博覧会に自分が振付した作品を生徒に踊らせたのを機会として教員生活をやめて児童舞踊の世界に入った。」というのである。
　島田に影響を与えた土川五郎の遊戯に対する考えは、1917年（大正6）に発行された『婦人と子供』の中に次のように述べられている。

　　遊戯は活動そのものが享楽せられるものでなければならない。運動、快感、すなわち活動中の精神の愉快とそれに伴う運動とが具備せられるもの、遊戯は元来なす所のもの、自身が楽しくて止められぬものでなければならぬ。決して見るための遊戯であってはならぬ。

　このように、印牧、島田、土川の意見を考察してみると、児童舞踊とは、原点に於いて子どもの心を踊らせることを大切としている。
　義務教育年限を対象として、教育的配慮のもとに、心身共の発達を目的とした舞踊が、児童舞踊なのである。

3　邦正美の児童舞踊への考察

　邦正美は、1960年（昭和35）発行の著書『教育舞踊原論』に次のように述べている。

　　教育舞踊を論ずるに際しても、私達は日本にだけみられる特殊な問題に出あうのであるが、これが我国の社会文化的事情が異るからばかりでなく、明治以来の芸術及び芸術教育の発展が特異なものであり、それが生んだ特殊な問題である。このような問題は又教育舞踊の悩みでもあり垢でもあるが、伝統ならびに社会的条件と結びついているだけに、急速な除去は至難であるにしても、いつかは解決されなければならない問題である。多くの問題の中で児童舞踊とフォークダンスの

第1章　教育舞踊、そして児童舞踊への発展

二つの問題が最も重大なものである。

児童舞踊を教育舞踊の一大勢力とみなしながらも、「従来の児童舞踊は、児童の娯楽的おもちゃとしても弊害があり、芸術的な立場からも、教育的な立場からも、これをとりあげることは出来ない。」と述べて、次の点を挙げている。

1）児童舞踊は大人のつくった子供の踊りであり、子供の創作ではない。
2）歌詩に対して、あて振りをし日本舞踊の欠点をそのまま受けついでいる。
3）児童舞踊の先生の多くは、舞踊の正規の教育を受けた人でなく、ただ経験と感じだけで振り付けしている。
4）児童舞踊の隆盛が踊りの技巧とその巧緻性が主眼となっている。

以上の問題点は、この本が出版されたのが1960年であり、現在にはあてはまらないものもある。

1）については、少数ながら子どもの創作を発表するところも研究所によっては出て来た。
2）については、童謡を使用していることが多いが、歌詩がなく曲のみの振り付けとなり、あて振りは少なくなって洋舞的なものが多くなって来ている。
3）については、初期の児童舞踊家と違い、ほとんどが舞踊教育を受け、現代舞踊の世界に通じるものもある。
4）の問題については、一部に於いてそのような点もあるが、まだ技巧とはいえないところもある。

邦の意見に同調すべき所もあるが、教育には受動的なもの、能動的なものの2つがあって初めて成り立つのであり、我国の特殊性のみをいうわけにはいかないのではないか。むしろ、今日の大人の舞踊界の隆盛は、児童舞踊が根底にあったからこそといえるのではないだろうか。児童舞

踊の発展形態をかえりみて、これからの児童舞踊のあり方を考えたい。

4　児童舞踊の発展形態

　児童舞踊は、学校教育の中で行われていた遊戯に興味をもった学校教員と日躍学校で児童文化を指導した人々の中から、特に舞踊に興味をもった人によって、1919〜1920年（大正8〜9）頃に始められた。

　当時盛んであった童謡運動に乗り、童謡に振り付けられて童謡舞踊といった。印牧季雄（洋舞式）、真島睦美、藤蔭静枝（日舞式）等が、日本人の作詩作曲したものに振り付けをした。舞踊家として歩き始めた人々も、ダンスの専門教育を受けた人々ではなく、小学校教員からの転向者が多く、暗中模索をしながら、日本の伝統舞踊を見習ったような振りをつけていた。いわゆる当て振りというもので、お月さまということばは両手を大きく頭上に挙げて丸を作るというものであった。しかし学校教員においてはなおのこと舞踊の素養もなく、民間舞踊家の力をかりることとなり、講習会は盛んに行われるようになった。講習会にレコードが使用されたのもこの時代が初めで、1917年（大正6）の雑誌『幼年教育』の中に、土川五郎が蓄音機を遊戯の伴奏として使用することの効用を述べている。レコード伴奏によると何回も同じことを繰返すことが出来ると同時に、教師が伴奏のために動けないということがないと述べている。大正時代の児童舞踊は幼年期であったが、童謡運動の隆盛に乗り、昭和初期にかけて青年期に成長した。この時代に児童舞踊家として活動を始めた人々は次の人達である。印牧季雄の門下には丸岡嶺、柿沢充、賀来琢磨、島田豊の門下には桧健次、法喜聖二、また土川五郎の門下には今泉かほる、その他則武昭彦、睦哲彦等である。

5　印牧季雄の児童舞踏への考察

　1932年（昭和7）、印牧季雄（1899〜1983）が2年間にわたり留学したことにより、ノイエタンツの影響が児童舞踊の上にも現れて来た。理論および実技を自ら率いる門下生と共に『学校舞踊講座』に発表した。

第1章　教育舞踊、そして児童舞踊への発展

　リズム生活の指導
　個性の尊重
　表現の自由
　自然性の尊び
　創作力を育てる
　人間育成の手段とする

　このような目的で「身体教育を通して、全人教育に至る」思想を打ち出した。ここに印牧のノイエタンツの影響の現れた作品（1934年発行『学校舞踊講座』）を紹介する。

　留学前の印牧の振りは洋舞的といわれながらも、動きが説明的であり、小さな動きであったが、服装から変化しており、大胆な自然な動きとなっている。

＜印牧季雄振付作品＞

　「河原柳」　　野口雨情作詩　藤井清水作曲
○程度　高等科・高女初年級適用
○配列　1人、ステージ向き
○注意　♪=56 Lento、appettsamente(遅く、感動したる情緒を以て)、歌詩歌曲の気持の表現に留意する事。歌詩歌曲、相当の振は、大体の標準を示す。要は動作と動作の連りを滑かに。歌詩1節の動作を繰返す。

南風吹け

　舞台の中央辺に体を地に着け、右足を前に伸し、左膝を曲げて、右手と左手を交互にして、頭をかかえるように下を向き（写真①）、そのままの姿勢で、1小節ぐらい持続する。次に徐々に頭を起し、身体を地から前に出し、右膝を立て、左膝を地に着け、両手を柔く前に出し右上を見上げる。

河原柳

野口雨情 歌
藤井清水 曲

Lento, affettuosamente
【♩ = 56】

第1章　教育舞踊、そして児童舞踊への発展

①　　　　　　　　　　　②

　「け」3小節目で少しほんの少し急に、頭を下げて両手を柔く頭をかかえる様にして（写真②）すぐ上を見上げて立つ。
麦の穂に
　尚も立ちつつ、次に、左足を1歩退けて（凡て動作は徐々にゆっくり）両手を、右上におし出す様にして同時に、同じ速度で、体を後に反り、左下に向ける。（写真③）
　次に、両手体そのままで静かに、頭のみ、右上を見上げる。
　次に徐々に、両手、左手に、右手を重ねて柔く胸に当てる。
河原柳の
　両手を、柔く胸に当て、静かに、左上を見上げて、右足を1歩出し——1小節——（写真④）、次に反対を見上げ、左足を1歩出す。——1小節——
　次に少しほんの少し、急に、右足を右に大きく1歩、踏出し、その膝を曲げて、左足を伸し、右手を柔く、上に挙げ、左手を、前に柔く伸し、後に出来るだけ反る。（写真⑤）
影法師
　2小節そのままの形で、次に徐々に体を元のままに起し、下向きのまま、両手を力抜いて、下に下ろし、右の方へ2、3歩進み、止って、

第1章　教育舞踊、そして児童舞踊への発展

③

④

⑤

⑥

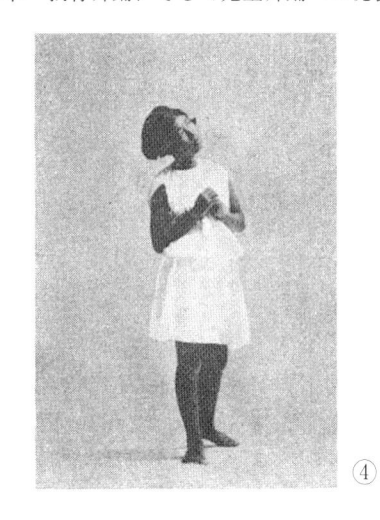

　頭のみ静かに、上を見上げる。
最早今年も
　　右足を右に1歩出し、左足を、右足前から交叉して、右手を右に出し、その下をくゞる様にして静かに廻り向って、左向きになり、左手を柔く、右前に出し、右手を同じく、左後に出し、左足を大きく曲げてかがみ、上体を前に曲げ、ゆっくり、左足から、2度左に進む。（写真⑥）

⑦　⑧

⑨

沢潟の

　右手の親指と、食指で小さく、輪をこしらへ、左足を1歩左に出し、体をずっと、下に曲げて、左手を下から出し、左膝を少し曲げて、上体を出来る丈後に反る。上体の反るのに副ふて、左手も、動かし、最後に口の辺に当てる。(写真⑦)──2小節──2小節間そのままの形で、静止する。次に徐々に起こして、正面向きになり、両手を静かに

両下に下ろして、右上を見上げる。
花はちらほら
　静かに、右足を前に出し、両手を柔く胸の辺に、重ねて、次に、頭も少し上向に動かし乍ら、左足を今1歩出し、止って頭のみゆっくり、左下後、右上に廻す。
咲きました
　少し急に、右の方に2、3歩駈ける様にして行き、同時に、右手を柔く、右前に出し、左手を柔く、左後に出し、止って右足を少し前にして踵を挙げ背のびする様にして右上を見上げる。次に、左膝を立てて立膝になり、体を右足の上にのせる。左手と、右手を交互に重ねて、左膝の上にのせて、その上にあごをうずめて、右上を見上げる。（写真⑧）
後奏4小節
　2小節は、写真⑨のポーズで静止する。徐々に、体を左に倒し、左手で体を支へ、両足を曲げて、左側に出し、左手を、柔く、左上に伸し、左上を見上げて、静止する。

6　童謡レコードの影響

　童謡運動と共に蓄音機の普及による童謡レコードが、ビクター、キング、コロムビアの各社から発売されるようになった。それまでは楽器によって踊りの伴奏をしていたが、レコードを使用することにより、踊りを指導、または発表するのに便利なものとなり、童謡レコードの普及と共に児童舞踊が発展することになった。昭和5年頃から各社が作った童謡レコードに、各社専属の児童舞踊家が各自それぞれ個性豊かな振り付けをし、レコードに振付カードをそえて発売するようになった。学校の教材としても、踊りの素養のない先生方にとっても、簡単に踊りを教えることが出来るということで、教材として使用することが多くなると、同時に講習会も盛んになった。
　この童謡レコードの注目によって、児童舞踊は全国に広まり、ステージ舞踊も盛んになったが、児童舞踊は童謡で踊るもの、大人の感情のも

とに振り付られたきまった踊りを踊るものという印象を与えることとなった。これは前に触れた邦の児童舞踊の中にもあるが、我国の社会情勢の中では、踊りの普及に対しては、ある面では貢献したと考えられることでもあるが、現在の舞踊に対する一般人の児童舞踊観の根底となったともいえる。

昭和初期からレコード会社の専属舞踊家として活躍した人々の資料は、残念ながら戦災その他によって集めることが出来ない。活躍した人々としては、河野たつろ、島田豊、柿沢充、賀来琢磨、丸岡嶺、則武昭彦、牛島武夫等が戦前からの専属舞踊家であった。

ここに彼等の振り付けの特徴と活動範囲、そしてどんな作詩、作曲を使用したか、資料の許す限り紹介していきたい。

7　丸岡嶺の児童舞踊への考察

丸岡嶺（1902～1972）は、師範学校を出て教員生活をしている間に印牧の指導を受け、児童舞踊家となる。東北、北海道を主な講習先とし、キングレコード専属として活躍する一方、舞踊コンクールにおいても、「とんび」（第8回）、「エンヤホー」（第9回）に於いて第１位の作品を発表する等児童舞踊に貢献した。

丸岡の特徴としては、東北人独得のものをもち、呼吸法に言葉に表せない良いものがある。間というのか、拍手をして次の動作に動く時の呼吸にすばらしいものがある。その良いところを門下生である若葉陽子が承けつぎ、童心を大切にした振り付けをし、後進の指導にあたっている。

<丸岡嶺振付作品＞
「おちゃめなすずめ」
○幼児・小学校1・2・3年向
○母さん雀（一生）と子雀（5・6名）が出場する。
○母さん雀はバケツ（又は洗濯たらい）を1つ用意する。
○子雀は色とりどりのハンカチ（又はネッカチーフ）を1枚ポケット

第1章　教育舞踊、そして児童舞踊への発展

とんび

エンヤホー

に入れておく。

―動作解説―
前奏（16呼間）
1）8呼間
　　一生はバケツを持って下手袖幕のかげに、子雀は一列に並び、上手袖幕のかげで待つ。

おちゃめなすずめ

加藤省吾作詞
山本雅之作曲

1. チュン チュン　すずめ　おちゃめな　すずめ　かあさんの
2. チュン チュン　すずめ　おちゃめな　すずめ　かあさんの

せんたく　おてつだい　　チュン チュン　チチチ
せんたく　おてつだい　　チュン チュン　チチチ

チュン チュン　びしょぬれよ　かあさんが　だめって　めっする
チュン チュン　とびうつりゃ　かあさんが　こえだで　とびあが

と　　　めっして　ちゅんちゅん　にげてい　く　　よ
り　　　こすずめ　ちゅんちゅん　だいじょう　ぶ

2）8呼間

　一生はバケツを持って下手からすり足で登場、中央より下手よりに止り、最後に正面向してバケツを置く。子雀は、両肘を体側へつけて上膊を上へ曲げ、手首を外へ向けて羽をつくり、すり足で図①の線上を進み、最後に一生の方を向いて半円に並ぶ。（図①）

〈1番〉

ちゅんちゅん　すずめ　おちゃめなすずめ（8呼間）

　一生は立膝し洗濯をする様子を行う。（バケツの中に布を入れておいて、布をとり出し洗濯の様子を行ってもよい）

　子雀は一生を見て頭を右、左へまげる。都度両屈膝する。

第1章　教育舞踊、そして児童舞踊への発展

かあさんの　せんたく　おてつだい（8呼間）

　　一生は前動作をつづける。

　　子雀は、右手をあげ、招くように
　ふりながらその場を右からまわる。
　（図②）

ちゅんちゅんちちち　ちゅんちゅん
びしょぬれよ（8呼間）

　4呼間　一生は、3度ごしごしこす
　　　　るように洗濯する。子雀は
　　　　見ている。

　4呼間　一生そのまま、子雀が一生
　　　　のまねをして3度ごしごし
　　　　するように洗濯する。

かあさんが　だめって　めっすると（8呼間）

　4呼間　一生は両手開掌し、肘をまげて上膊を上
　　　　へあげ、開脚して2度とぶ。（図③）子雀
　　　　は両手を左右へ下ろし、一生を見ている。

　2呼間　一生は両手を膝へつけ、体重を左足へか
　　　　け、子雀をみてあごをつき出す（めっと
　　　　叱る様子）。（図④）次に両膝をまげ、あ
　　　　ごをひく。

　2呼間　もう1度あごをつき出し、子雀を叱る。

めっして　ちゅんちゅんにげていく（8呼間）

　　一生そのまま。

　　子雀は右足を前へふみ出し、（両手は膝へつける）一生を見てあご
　をつき出す。（2呼間）（図⑤）次に羽をつくって羽ばたきしながらス
　キップで、左から一まわりする。（図⑥）

間奏（16呼間）
1）8呼間

　　一生はバケツの側へ立膝し洗濯をする。子雀は頭を右、左、右、左へまげる。都度羽を振り、両屈膝する。

2）8呼間

　　一生はバケツを持って上手へ、子雀は下手へすり足で移動する。(図⑦)

〈2番〉
ちゅんちゅん　すずめ　おちゃめなすずめ（8呼間）

　　第1節に同じ。

やねのうえから　はねふって（8呼間）

　　一生は前8呼間をつづける。

　　子雀は右手をあげてふり、その場を右からまわる。此時頭へかぶれる位の大きさのハンカチ（又はネッカチーフ）をポケット（或いは、予めバンドへはさんでおく）からとり出し、ハンカチを右手に持ち、ふりながらまわる。

ちゅんちゅんちちち　ちゅんちゅん　とびうつりゃ（8呼間）

　　一生は3度ごしごしこすって洗濯することを2回行う。

　　子雀は、ハンカチ（又はネッカチーフ）を頭へかぶりあごでむすぶ。

かあさんこえだで　とびあがり（8呼間）

　　一生は第1節「かあさんが　だめって　めっすると」に同じ。

　　子雀は一生を見ている。（ここまでかかってハンカチをかぶればよい）

こすずめちゅんちゅん　だいじょうぶ（8呼間）

　子雀は第1節「めっしてちゅんちゅん　にげていく」と同動作を右まわりして行う。

間奏（16呼間）

１）8呼間

　前出間奏の１）8呼間に同じ。

２）8呼間

　全生羽をつくり、羽ばたきしてする足で進み、一生が中央前に、子雀がその後に一列横隊に並ぶ。（図⑧）

〈3番〉

ちゅんちゅんすずめ　おちゃめなすずめ（8呼間）

　全生羽を上下に4回ふり、頭を右、左、右、左に曲げる。都度両屈膝する。

うたがとくいで　いちにちじゅう（8呼間）

　全生羽ばたきスキップで（又は歩いて）右からその場をまわる。

ちゅんちゅんちちち　ちゅんちゅんうたってる（8呼間）

　一生は右まわりで子雀の方を向き、右人差指を立て、右手をタクトをふるように、右上から左下へ、左上から右下へふることを2度行う。

　子雀は、2呼間で掌前向きで、両手を口前へあげ、（図⑨）次の2呼間は斜右上へのばす。（図⑩）次の4呼間は、両手を口前へもどしてから斜左上へのばす。

かあさんがごはんと　さがすころ（8呼間）

全生羽ばたき、スキップで左からその場を一まわりする。

おそらはちゅんちゅん　ゆうやけよ（8呼間）
　第3節「ちゅんちゅんちちち　ちゅんちゅんうたってる」と同動作を行う。

後奏（8呼間）
1）4呼間
　　一生はいそいで上手においてあるバケツの側へ走り、バケツを持つ。子雀は一生を見ている。

2）4呼間
　　一生はバケツを持って立ち、両手を上へのばす。子雀は羽をふり、すり足で一生の左右へ進み、立膝しバケツを見て終る。（図⑪）

参考文献
1. 全日本児童舞踊協会『児童舞踊70年史』(1977) 全日本児童舞踊協会
2. 邦正美『教育舞踊原論』(1960) 万有出版
3. 印牧バロー研究会編『学校舞踊講座』(1934) 京文社
　協力：社団法人全日本児童舞踊協会、キングレコード株式会社

　　　　　　　　（初出：『鶴見大学紀要』第20号　第3部　保育・保健歯科編、1983）

第1章　教育舞踊、そして児童舞踊への発展

| 資料：丸岡嶺振付作品曲目 | The List of the Choreographic Works by Rei Maruoka

【昭和28年以前】

一寸法師	北原白秋	作詩	草川　信	作曲
こんこう踊	葛原しげる	作詩	弘田龍太郎	作曲
さくらの花			（日本児童音楽協会）	
つばめのかあさん			（日本児童音楽協会）	
雨だれ太鼓	葛原しげる	作詩	黒沢隆朝	作曲
蝶々の使ひ	鹿島鳴秋	作詩	草川　信	作曲
雀	葛原しげる	作詩	小松耕輔	作曲
ぽっくり	傅田治朗	作詩	黒沢隆朝	作曲
人形の行方	清水かつら	作詩	弘田龍太郎	作曲
兎の電報	北原白秋	作詩	佐々木英	作曲
おてんとうさんありがとう	鈴木ヘキ	作詩	佐藤長助	作曲
小人の十字行進	加藤省吾	作詩	クワバラ・テツロー	作曲
皇太子さま	長田恒雄	作詩	山口保治	作曲
プリンセス	加藤省吾	作詩	山本雅之	作曲
おめでとうタローとジロー	山崎喜八郎	作詩	小谷　肇	作曲
みんなの日の丸	松坂直美	作詩	河村光陽	作曲
すてきなナイトさん	山崎喜八郎	作詩	小谷　肇	作曲
波のこども	島田芳文	作詩	山本雅之	作曲
青い空高い雲	長田恒雄	作詩	山本雅之	作曲
赤いわ白いわ			山本雅之	作曲
星のステーション	夢　虹二	作詩	山本雅之	作曲
ワルツ・バラの精	山崎喜八郎	作詩	山本雅之	作曲
希望の丘こえて	長田恒雄	作詩	山本雅之	作曲
夢の角笛	山崎喜八郎	作詩	山本雅之	作曲
南のダンス	加藤省吾	作詩	玉山英光	作曲
粉雪の踊り子	宮本隆美	作詩	河村光陽	作曲
走れ赤いそり	山崎喜八郎	作詩	山口保治	作曲
こども船うた	加藤省吾	作詩	クワバラ・テツロー	作曲
灯台ぴっかりこ	加藤省吾	作詩	クワバラ・テツロー	作曲
笑いマス	夢　虹二	作詩	小谷　肇	作曲
あ、想夫恋	高橋掬太郎	作詩	細川潤一	作曲
女白虎隊	高橋掬太郎	作詩	細川潤一	作曲
幼児てばた体操			クワバラ・テツロー	作曲
ひよこのそうだん	大平よし子	作詩	クワバラ・テツロー	作曲

ハンカチあそび	夢 虹二	作詩	山本雅之	作曲
迷児の蟻さん	太田黒克彦	作詩	弘田龍太郎	作曲
飛行機	（日本児童音楽協会）			
絵日傘	清水かつら	作詩	佐々木英	作曲
あわて床屋	北原白秋	作詩	石川義拙	作曲
雲雀	三木露風	作詩	山田耕作	作曲
椿のお家	清水かつら	作詩	弘田龍太郎	作曲
小鳥の夢	田中忠正	作詩	橋本正彦	作曲
れんげ草	富原義徳	作詩	佐々木英	作曲
水ぐるま	（日本児童音楽協会）			
夕やけ	（日本児童音楽協会）			
夕の星	野口雨情	作詩	弘田龍太郎	作曲
月夜の兎	浜田広介	作詩	中山晋平	作曲
遠足	（日本児童音楽協会）			
玩具の汽車	（日本児童音楽協会）			
とんび	（日本児童音楽協会）			
お星様	（日本児童音楽協会）			
私の誕生日	（日本児童音楽協会）			
うちの赤ちゃん	（日本児童音楽協会）			
水鉄砲	（日本児童音楽協会）			
浦島太郎	（日本児童音楽協会）			
どんぐり山	島田芳文	作詩	山口保治	作曲
村のまつり	栗原とし子	作詩	長谷基孝	作曲
つゆと虫	日本児童音楽協会	作詩 作曲		
うみ	野口雨情	作詩	中山晋平	作曲
雨が降る	富原 薫	作詩	黒沢隆朝	作曲
小犬	葛原しげる	作詩	弘田龍太郎	作曲
ゆきうさぎ	鹿島鳴秋	作詩	弘田龍太郎	作曲
かはいいポチ	（日本児童音楽協会）			
ことり	（日本児童音楽協会）			
まねるお月さま	（日本児童音楽協会）			
舌切雀	（日本児童音楽協会）			
ピエロ			平岡均之	作曲
水ぐるま	山田せんし	作詩	林 松木	作曲
押しくらまんじゅう	水谷まさる	作詩	弘田龍太郎	作曲
小さい星			平岡均之	作曲
我等は日本の小学生	日本児童音楽協会	作詩 作曲		

第1章　教育舞踊、そして児童舞踊への発展

舞踏	川路柳虹	作詩	平岡均之	作曲
【昭和29年】				
スパニッシュ・メロディ			平岡均之	作曲
いいこと	山崎喜八郎	作詩	本多鉄麿	作曲
そうですね	横堀真太郎	作詩	赤城ゆたか	作曲
きゅうこうれっしゃ	相良和子	作詩	山本雅之	作曲
プラットホームのすずめさん	夢　虹二	作詩	中井二郎	作曲
小熊の歌	長田恒雄	作詩	豊田　稔	作曲
ゆかいなチンドンや	時雨音羽	作詩	堀江貞一	作曲
動物村のお電話	長田恒雄	作詩	長谷川堅二	作曲
ペチカもやして	夢　虹二	作詩	長谷川堅二	作曲
あこがれの歌	高山敏章	作詩	緑川映二	作曲
白鳥のワルツ			山本雅之	作曲
【昭和30年】				
うれしいひな祭り	サトウ・ハチロー	作詩	河村光陽	作曲
うぐいす	林　柳波	作詩	井上武士	作曲
こどものはなまつり	賀来琢磨	作詩	本多鉄麿	作曲
こいのぼり		（えほん唱歌）		
おかあさん	長田恒雄	作詩	酷山英光	作曲
むしばの小人	夢　虹二	作詩	小谷　肇	作曲
チクタク時計	長田恒雄	作詩	山本雅之	作曲
おててをきれいに	塚本章子	作詩	今村まさる	作曲
おへんじハイ	山崎喜八郎	作詩	山本雅之	作曲
にこにこごあいさつ	長田恒雄	作詩	玉山英光	作曲
しってるよ	横井　弘	作詩	クワバラ・テツロー	作曲
しまだいの赤ちゃん	中村千栄子	作詩	石松　晃	作曲
つくしんぼう	高田三九三	作詩	長妻完至	作曲
おみやげね	山崎喜八郎	作詩	小谷　肇	作曲
大きな日の丸	長田恒雄	作詩	山本雅之	作曲
先生といっしょ	結城ふじを	作詩	長谷川堅二	作曲
かわいいマーチ			玉山英光	作曲
仲よし行進曲	島村敏夫	作詩	河村貞則	作曲
りんご踊り	志甫昌治	作詩	山本雅之	作曲
ゆかいなポルカ	夢　虹二	作詩	山本雅之	作曲
空の子海の子大地の子	長田恒雄	作詩	篠原正雄	作曲
コスモスのワルツ	かいづみつえ	作詩	緑川映二	作曲
大地を踏んで	山崎喜八郎	作詩	緑川映二	作曲

ポンポコばやし	長田恒雄	作詩	細川潤一	作曲
仲よしおどり	立野 勇	作詩	山本雅之	作曲
うれしいひなまつり	サトウ・ハチロー	作詩	河村光陽	作曲
チクタク時計	長田恒雄	作詩	山本雅之	作曲
たぬくんうさくん	清水洋一郎	作詩	山本雅之	作曲
ふりそで人形	山野三郎	作詩	河村光陽	作曲
坊やのえかきさん	結城ふじを	作詩	翠川映二	作曲
金魚の花よめさん	おさらぎ信夫	作詩	山本雅之	作曲
ナワトビ	坂口 淳	作詩	河村光陽	作曲
いってらっしゃい	結城ふじを	作詩	緑川映二	作曲
おねむり人形	西岡小朗	作詩	長妻完至	作曲
こっくりこ	山崎喜八郎	作詩	長谷川堅二	作曲
雀の善光寺まいり	関沢欣三	作詩	原 賢一	作曲
やりもちやっこ	鶴岡千代子	作詩	小谷 肇	作曲
おじぞうさん	かいづみつえ	作詩	長谷川堅二	作曲
さばくのランプ	夢 虹二	作詩	小谷 肇	作曲
すいれんのワルツ	かいづみつえ	作詩	緑川映二	作曲
うらしまさん	山崎喜八郎	作詩	長谷川堅二	作曲
大きな日の丸	長田恒雄	作詩	山本雅之	作曲
先生といっしょ	結城ふじを	作詩	長谷川堅二	作曲
旗体操			小谷 肇	作曲
木のは	吉丸一昌	作詩	梁田 貞	作曲
金太郎	石原和三郎	作詩	田村虎蔵	作曲
昔ばなし	長尾 豊	作詩	弘田龍太郎	作曲
ふみきりばんのおじいさん	山崎喜八郎	作詩	山本雅之	作曲
木こりのおじさん	浜口静夫	作詩	石松 晃	作曲
雪の踊り子	山崎喜八郎	作詩	山本雅之	作曲
ひかりの子のバレエ	小久保 たもつ	作詩	緑川映二	作曲
白雪姫	かいづみつえ	作詩	山本雅之	作曲
手に手に花を	山崎喜八郎	作詩	山本雅之	作曲
秋晴れ	夢 虹二	作詩	細川潤一	作曲
プロメテウスの火祭り	夢 虹二	作詩	小谷 肇	作曲

【昭和31年】

楽隊あそび	根上 清	作詩	山本雅之	作曲
おともだち	夢 虹二	作詩	山口保治	作曲
いいおかお	夢 虹二	作詩	山口保治	作曲
あかいながぐつ	夢 虹二	作詩	緑川映二	作曲

第1章 教育舞踊、そして児童舞踊への発展

お坊さま	北原白秋	作詩	山口保治	作曲
ポチくんとみけちゃん	夢 虹二	作詩	山口保治	作曲
兎のおもちつき	近藤吐愁	作詩	長谷川堅二	作曲
お山のきつね	夢 虹二	作詩	山本雅之	作曲
ケニヤの月祭	村山二永	作詩	石松 晃	作曲
千鳥の舞	五十嵐まさ路	作詩	山口俊郎	作曲
北風こぞう	夢 虹二	作詩	山本雅之	作曲
月のトロイカ	夢 虹二	作詩	長谷川堅二	作曲
砂漠の旅人	夢 虹二	作詩	山本雅之	作曲
エンヤホー	坂口 淳	作詩	山本雅之	作曲
森の孔雀	かいづみつえ	作詩	山本雅之	作曲
日の丸あそび	山崎喜八郎	作詩	山本雅之	作曲
つみ木の汽車ぽっぽ	成瀬左千夫	作詩	山口保治	作曲
おてんきいいな	夢 虹二	作詩	本多鉄麿	作曲
まんまるちゃん	山崎喜八郎	作詩	山口保治	作曲
チューリップ・マーチ	長田恒雄	作詩	長谷川堅二	作曲
こびとの楽隊	長田恒雄	作詩	小谷 肇	作曲
豊年にこにこおどり	夢 虹二	作詩	山本雅之	作曲
にこにこぴんぴんの歌	葛原しげる	作詩	弘田龍太郎	作曲
明るい子供	山崎喜八郎	作詩	豊田 稔	作曲
お花のうずまき	長田恒雄	作詩	緑川映二	作曲
日の出行進曲	佐藤惣之助	作詩	河村光陽	作曲
野球体操			長谷川堅二	作曲
スポーツ日本の朝	夢 虹二	作詩	長妻完至	作曲
【昭和32年】				
シャベルでホイ	夢 虹二	作詩	本多鉄麿	作曲
あおぞらこうしんきょく	武田雪夫	作詩	山口保治	作曲
もみじのおてて	山崎喜八郎	作詩	豊田 稔	作曲
おはなのトンネル	佐々木緑亭	作詩	玉山英光	作曲
おひさまひかってる	加藤武夫	作詩	玉山英光	作曲
きみとぼく			小谷 肇	作曲
日の丸ランラン	山崎喜八郎	作詩	山本雅之	作曲
ブンブンひこうき	長田恒雄	作詩	クワバラ・テツロー	作曲
はたと花	山崎喜八郎	作詩	山本雅之	作曲
仲よしいいこ			山口保治	作曲
たのしいハイキング	神野夏子	作詩	石松 晃	作曲
ぼくらは海の子	夢 虹二	作詩	小谷 肇	作曲

森のひろば	夢　虹二	作詩	山本雅之	作曲
花園	法喜聖二	作詩	山本雅之	作曲
おどる万里旗	長田恒雄	作詩	堀江貞一	作曲
みどりの牧場			飯田三郎	作曲
七色のリズム	山崎喜八郎	作詩	山本雅之	作曲
丘のしらゆり	夢　虹二	作詩	山本雅之	作曲
日本よい国花の国	夢　虹二	作詩	山本雅之	作曲
親子そろって	長田恒雄	作詩	河村光陽	作曲
ひのまるいいな	山崎喜八郎	作詩	山本雅之	作曲
トントントンネル	夢　虹二	作詩	山本雅之	作曲
あまだれ電車	加藤省吾	作詩	桑原研郎	作曲
ひらいたつぼんだ	山崎喜八郎	作詩	山口保治	作曲
赤ちゃんこうま	夢　虹二	作詩	山本雅之	作曲
おもちゃの楽隊	加藤省吾	作詩	渡辺　茂	作曲
キューピーちゃんの大行進	夢　虹二	作詩	豊田　稔	作曲
みどりの風車	加藤省吾	作詩	玉山英光	作曲
光のダンス	山崎喜八郎	作詩	山口保治	作曲
ペンギン船隊	加藤省吾	作詩	山本雅之	作曲
こどもスポーツの歌	夢　虹二	作詩	山本雅之	作曲
小学生行進曲	加藤省吾	作詩	クワバラ・テツロー	作曲
アジアの子供	長田恒雄	作詩	小谷　肇	作曲
日本晴れ			佐藤長助	作曲
花のページェント	夢　虹二	作詩	山口保治	作曲
制服の白い花	野寺　徹	作詩	山本雅之	作曲
若草のリズム			石川皓也	作曲
がっこうおんど	長田恒雄	作詩	小谷　肇	作曲
ぞうさんのおはな	安藤殉之介	作詩	渡辺　茂	作曲
ここまでおいで	夢　虹二	作詩	玉山英光	作曲
おさるのでんしゃ	山崎喜八郎	作詩	山口保治	作曲
花びら地蔵	西原　康	作詩	山口保治	作曲
かわいいチューリップさん	加藤省吾	作詩	山本雅之	作曲
秋だみのりだ	加藤省吾	作詩	山本雅之	作曲
もえろよ聖火			佐藤長助	作曲
スポーツ大行進			細川潤一	作曲
親子でしゃんしゃん	長田恒雄	作詩	細川潤一	作曲
紅白総おどり	夢　虹二	作詩	山口保治	作曲
みんなともだち	長田恒雄	作詩	小谷　肇	作曲

第 1 章　教育舞踊、そして児童舞踊への発展

夢の人形	西原　康	作詩	山口保治	作曲
月のたいこ	夢　虹二	作詩	山本雅之	作曲
花売りクーニャン	山崎喜八郎	作詩	山本雅之	作曲
やさしい和尚さん	加藤省吾	作詩	八州秀章	作曲
夕やけ原っぱ	永　六輔	作詩	小谷　肇	作曲
キャラバンの鈴	若杉雄三郎	作詩	山本雅之	作曲
雀追い	夢　虹二	作詩	小谷　肇	作曲
から松林の夕ぐれ	加藤省吾	作詩	八木　伝	作曲
母校よさらば	石川守男	作詩	山本雅之	作曲
御卒業おめでとう	石川守男	作詩	山本雅之	作曲
ひのまるひのまるうれしいね	夢　虹二	作詩	山本雅之	作曲
ひよこのピクニック	長田恒雄	作詩	山口保治	作曲
ぐんぐんのびろ	加藤省吾	作詩	山口保治	作曲
お花になって	山崎喜八郎	作詩	山口保治	作曲
こしきのグループ			中田喜直	作曲
おさかなまつり			小谷　肇	作曲
とんがりぼうしと三色旗	山崎喜八郎	作詩	山口保治	作曲
みんなの青空	五十嵐まさ路	作詩	渡辺　茂	作曲
ひまわりの園	加藤省吾	作詩	山本雅之	作曲
大きなたいこ	小林純一	作詩	中田喜直	作曲
大という字	根本つとむ	作詩	中田喜直	作曲
おもちのぼうさん	矢辺たけを	作詩	山本雅之	作曲
赤ちゃんのことば	春日こうじ	作詩	山口保治	作曲
かえるさんねんね	夢　虹二	作詩	山本雅之	作曲
おかしの町	夢　虹二	作詩	山本雅之	作曲
月夜の細道	小菅正路	作詩	山口保治	作曲
大きなかきのみ	夢　虹二	作詩	小谷　肇	作曲
ずるいこうもり	立野　勇	作詩	山本雅之	作曲
さくら絵日傘	山崎喜八郎	作詩	山口保治	作曲
おとうさん	加藤省吾	作詩	湯山　昭	作曲
そよ風のささやき	加藤省吾	作詩	小谷　肇	作曲
こがねのそり	夢　虹二	作詩	堀江貞一	作曲
すずめそこのけ	加藤省吾	作詩	三橋美智也	作曲
牛追いわらべ	加藤省吾	作詩	三橋美智也	作曲
惜春の調べ			小町　昭	作曲
アラビアの幻想			江口浩司	作曲
ひのまるばんざい	山崎喜八郎	作詩	山口保治	作曲

きのこの花笠おどり	加藤省吾　作詩	山口保治　作曲
でんわをかけましょ	飯沢　匡　作詩	服部　正　作曲
かわいいこうま	加藤省吾　作詩	山本雅之　作曲
あさがおラッパ	加藤省吾　作詩	小谷　肇　作曲
わんわんちゃん		山本雅之　作曲
かわいいお友だち		小谷　肇　作曲
はなはないいな	夢　虹二　作詩	山口保治　作曲
タクトあそび	夢　虹二　作詩	山本雅之　作曲
仲よしダンス	加藤省吾　作詩	渡辺　茂　作曲
ことりのおしくら	夢　虹二　作詩	小谷　肇　作曲
ブンブンブン	服部鋭夫　作詩	折本吉数　作曲
トランプ・マーチ	加藤省吾　作詩	小谷　肇　作曲
世界の友よ早くこい	長田恒雄　作詩	山本雅之　作曲
五輪の栄光		小町　昭　作曲
ほたる草	加藤省吾　作詩	山口保治　作曲
豊年だいこ	山崎喜八郎　作詩	佐藤長助　作曲
雀ホイホイ節	加藤省吾　作詩	青木　悟　作曲
次郎長おどり	たなかゆきを　作詩	藤本秀光　作曲
富士の雲笠おどり	沢登初義　作詩	古屋丈晴　作曲
海野太郎節	村上行示　作詩	佐伯としを　作曲
こぶたさん	柴野民三　作詩	一宮道子　作曲
ぽっぽの鳩時計	結城よしを　作詩	山口保治　作曲
仲よしお花と蝶々さん		渡辺　茂　作曲
おみこしわっしょい	並木二郎　作詩	渡辺　茂　作曲
うさぎとかめ	石原和三郎　作詩	納所弁次郎　作曲
赤いゆうびん馬車	五十嵐まさ路　作詩	山本雅之　作曲
良寛さん	市原三郎　作詩	山口保治　作曲
銀の笛	山崎喜八郎　作詩	山本雅之　作曲
日の丸のはた	小林純一　作詩	山本雅之　作曲
あそびましょ	小林純一　作詩	中田喜直　作曲
バラのトンネル	小林純一　作詩	中田喜直　作曲
おもちゃの行進	夢　虹二　作詩	小谷　肇　作曲
青い海白い船	加藤省吾　作詩	山本雅之　作曲
たいこでおどろう	加藤省吾　作詩	山本雅之　作曲
まるいわ花のわ	加藤省吾　作詩	渡辺　茂　作曲
白鳥	夢　虹二　作詩	山本雅之　作曲
○と□と△と	小林純一　作詩	小谷　肇　作曲

第1章 教育舞踊、そして児童舞踊への発展

この道ゆけば	まどみちを	作詩	小町　昭	作曲
もぐら追い歌	夢　虹二	作詩	八洲秀章	作曲
それひけやれひけ	加藤省吾	作詩	八洲秀章	作曲
花びらお舟	賀来琢磨	作詩	本多鉄磨	作曲
おこりっこなしよ	深尾須摩子	作詩	中田一次	作曲
うがい	都築益世	作詩	草川　信	作曲
おつめをきりましょ	塚本章子	作詩	本多鉄磨	作曲
七つの子	野口雨情	作詩	本居長世	作曲
れんげのおやど	野村メデル	作詩	山口保治	作曲
とんぼとすずむしさん	加藤省吾	作詩	小町　昭	作曲
かかしのねがいごと	高田三九三	作詩	山口保治	作曲
いなごのとのさま	島木赤彦	作詩	山本雅之	作曲
祭りのよい	林　柳波	作詩	中田喜直	作曲
日の丸ふれふれ	若谷和子	作詩	中田喜直	作曲
お空へぽん	加藤省吾	作詩	山本雅之	作曲
ゆかいなハイキング	小林純一	作詩	小町　昭	作曲
いもほりほいほい	西原　康	作詩	佐藤亘弘	作曲
またあした	賀来琢磨	作詩	賀来琢磨	作曲
おともだちのうた	小林純一	作詩	中田喜直	作曲
こびとのマーチ	夢　虹二	作詩	小谷　肇	作曲
こうまになって	夢　虹二	作詩	山口保治	作曲
小川をはさんで	若谷和子	作詩	中田喜直	作曲
世界のこども	夢　虹二	作詩	湯山　昭	作曲

【昭和34年】

シンデレラ姫	長田恒雄	作詩	山本雅之	作曲
おもちゃのチャチャチャ	野坂昭如	作詩	越部信義	作曲
じゃんじゃん横町	石浜恒夫	作詩	野口源二郎	作曲
かぐや姫	武内利栄子	作詩	長妻完至	作曲
権兵衛さん	長田恒雄	作詩	山本雅之	作曲
ひのまるあげて	加藤省吾	作詩	山本雅之	作曲
あめんぼ	小林純一	作詩	中田喜直	作曲
タントントン	加藤省吾	作詩	山本雅之	作曲
ペンギンちゃん	藤村まこと	作詩	山本雅之	作曲
バトンあそび	夢　虹二	作詩	佐藤亘弘	作曲
ひよこのうんどうかい	加藤省吾	作詩	山口保治	作曲
おたまじゃくし	市原三郎	作詩	山口保治	作曲
とうさんみたいに	小林純一	作詩	磯部　淑	作曲

花とこびと	夢　虹二	作詩	山口保治	作曲
なかよしオリンピック	賀来琢磨	作詩	賀来琢磨	作曲
いそがしい	賀来琢磨	作詩	賀来琢磨	作曲
日の丸オリンピック	夢　虹二	作詩	小町　昭	作曲
親子でたのしく	加藤省吾	作詩	佐藤長助	作曲
おけさ花笠	夢　虹二	作詩	細川潤一	作曲
りんどうの咲く道	加藤省吾	作詩	湯山　昭	作曲
じどうしゃごっこ	夢　虹二	作詩	山本雅之	作曲
チューリップのパレード	加藤省吾	作詩	小町　昭	作曲
キューピーマーチ	小林純一	作詩	村上太郎	作曲
はたのなみ	加藤省吾	作詩	山口保治	作曲
すずふりこうま	夢　虹二	作詩	小谷　肇	作曲
なみのおにごっこ	賀来琢磨	作詩	賀来琢磨	作曲
よい子に花を	夢　虹二	作詩	山本雅之	作曲
すてきなヨット	中村千栄子	作詩	磯部　淑	作曲
親子でにこにこ	夢　虹二	作詩	細川潤一	作曲
お月見おどり	賀来琢磨	作詩	山口保治	作曲
やぎさんのさんぽ	大日方千秋	作詩	山口保治	作曲
とんとんとんシャシャリンシャン	サトウ・ハチロー	作詩	三橋美智也	作曲
ブルドック坊や	サトウ・ハチロー	作詩	高毛札誠	作曲
星と花の子もりうた	夢　虹二	作詩	山本雅之	作曲
ゆき	岸田衿子	作詩	中田喜直	作曲

【昭和41年】

ばらのごもん	小林純一	作詩	大中　恩	作曲
あかちゃんこじか	夢　虹二	作詩	山本雅之	作曲
かみなりごろちゃんおにごっこ	加藤省吾	作詩	山口保治	作曲
はやいな超特急ひかり号	加藤省吾	作詩	小町　昭	作曲
大きな花と小さなちょうちょ	加藤省吾	作詩	山口保治	作曲
大きな日の丸	小林純一	作詩	中田喜直	作曲
たべすぎブーちゃん	夢　虹二	作詩	山本雅之	作曲
こどものマーチ	保富康午	作詩	小谷　肇	作曲
はやおきすずめ	夢　虹二	作詩	小谷　肇	作曲
太陽と子どものコーラス	夢　虹二	作詩	小谷　肇	作曲
きいろいかさ	木村三郎	作詩	山口保治	作曲
いっしゅうかん	名村　宏	作詩	小谷　肇	作曲
ペロッとたべちゃった	夢　虹二	作詩	山本雅之	作曲
あっぷあっぷあっぷりけ	半田与一郎	作詩	服部克久	作曲

第1章 教育舞踊、そして児童舞踊への発展

あくしゅでこんにちは	まどみちを	作詩	渡辺　茂	作曲
おちゃめなすずめ	加藤省吾	作詩	山本雅之	作曲
おどり花手	加藤省吾	作詩	小谷　肇	作曲
私はマリオネット	サトウ・ハチロー	作詩	寺島尚彦	作曲

【昭和42年】

日の丸あかちゃん	小林純一	作詩	中田喜直	作曲
お花のジャングル	若谷和子	作詩	湯山　昭	作曲
こりすのダンス	夢　虹二	作詩	山本雅之	作曲
ちびいぬとちびねこ	若谷和子	作詩	小谷　肇	作曲
わんわんちゃんの宇宙飛行	夢　虹二	作詩	小谷　肇	作曲
仲よしうんどうかい	加藤省吾	作詩	山本雅之	作曲
鳴子音頭	夢　虹二	作詩	佐藤長助	作曲
もくせいの花の想い出	若谷和子	作詩	小川寛興	作曲
山と海と太陽と	加藤省吾	作詩	小町　昭	作曲
日本の夜明け	高橋掬太郎	作詩	細川潤一	作曲
いい子のえひがさ	夢　虹二	作詩	山本雅之	作曲
かわいいアンコさん	加藤省吾	作詩	山本雅之	作曲
怪獣カバゴン	保富康午	作詩	藤家虹二	作曲
おひなさまとうぐいすさん	加藤省吾	作詩	山口保治	作曲
サボテンさん	加藤省吾	作詩	山本雅之	作曲
光あふれて	太田武彦	作詩	中村八大	作曲
むかしのむかし	広瀬竜一	作詩	中田喜直	作曲

【昭和43年】

きいろいはたふって一二三	加藤省吾	作詩	山口保治	作曲
つくしぼうやのせのび	若谷和子	作詩	山本雅之	作曲
わっかであそぼう	若谷和子	作詩	山口保治	作曲
ママと二人で	賀来琢磨	作詩	賀来琢磨	作曲
まっかっか	賀来琢磨	作詩	本多鉄磨	作曲
あひるのジェンカ	加藤省吾	作詩	湯山　昭	作曲
お陽さまと握手しよう	保富康午	作詩	藤家虹二	作曲
勝利はメキシコで			小川寛興	作曲
線路は続くよどこまでも	佐本　敏	作詞	（アメリカ民謡）	
リンゴの花の咲くときは	サトウ・ハチロー	作詩	飯田三郎	作曲
えひがさとちょうちょ	加藤省吾	作詩	山本雅之	作曲
でーきたできた	賀来琢磨	作詩	高田　弘	作曲
ないしょのおはなし	若谷和子	作詩	小谷　肇	作曲
大きな大根	西原　康	作詩	篠原正雄	作曲

流れ雲のおじさん	加藤省吾	作詩	山本雅之	作曲
タンバリンたたいて	夢　虹二	作詩	山本雅之	作曲

【昭和44年】

きみきみいなかへいらっしゃい	賀来琢磨	作詩	小谷　肇	作曲
ころころこぐま	夢　虹二	作詩	佐藤亘弘	作曲
りすとこびと	名村　宏	作詩	小町　昭	作曲
まんまるの日の丸	名村　宏	作詩	山本雅之	作曲
ちゅうりっぷのこてきたい	夢　虹二	作詩	高田　弘	作曲
この道ゆけば	まどみちを	作詩	小町　昭	作曲
ハイホー花馬車	夢　虹二	作詩	山本雅之	作曲
光がさしてくる方へ	小林純一	作詩	佐藤亘弘	作曲
ハッスル音頭	加藤省吾	作詩	細川潤一	作曲
いっぱいいっぱい	今関和子	作詩	寺島尚彦	作曲
よかったね	若谷和子	作詩	松野正照	作曲
かいじゅうぼうや	五十嵐まさ路	作詩	寺島尚彦	作曲
一年生になったら	まどみちを	作詩	山本直純	作曲
こぐまとこぶた	賀来琢磨	作詩	高田　弘	作曲
おねだりすずめ	若谷和子	作詩	寺島尚彦	作曲
赤い絵日傘	名村　宏	作詩	寺島尚彦	作曲
みんなの日の丸	加藤省吾	作詩	寺島尚彦	作曲

【昭和46年】

お花がわらった	保富康午	作詩	湯山　昭	作曲
小人の鼓笛隊	若谷和子	作詩	佐藤亘弘	作曲
太陽にアタック	名村　宏	作詩	藤家虹二	作曲
紅日親子音頭	夢　虹二	作詩	山口俊郎	作曲
カスタでチャチャチャ	沢本美恵	作詩	山本雅之	作曲
明るい町	賀来琢磨	作詩	小谷　肇	作曲
きのこの行進	夢　虹二	作詩	佐藤亘弘	作曲
ゴーゴー電車	名村　宏	作詩	小谷　肇	作曲
かけっこしたいな	名村　宏	作詩	小谷　肇	作曲
ロケットアポロ	宮沢章二	作詩	中田喜直	作曲
花のように	若谷和子	作詩	寺島尚彦	作曲
うきうき野良仕事	小林純一	作詩	磯部　淑	作曲
雨にも負けず	宮沢賢治	作詩	飯田三郎	作曲
開拓の鼓動			飯田三郎	作曲

【4】日本における教育舞踊の歴史
—その変遷過程（3）　児童舞踊 2

History of the Educational Dance in Japan — Its Process of Change (3)
the Children Dance 2

1　序

　今や日本の児童舞踊は世界の注目を浴びるところとなった。わが国独得の児童舞踊といって安閑としていられる時代ではなく、子どものダンスは世界共通の研究課題となり、「国際子どもとダンス」という国際会議をもつまでになった。「国際子どもとダンス」の会が、あらゆる子どもの成長のすべてに於いて大切な動きのダンスを研究することを目的としているのに対して、日本の児童舞踊家は、舞踊を作ること、ステージダンスを中心として、教育舞踊は、教育者にまかせたままになっているのではないだろうか。児童舞踊の根本が教育舞踊にあることを忘れているのではないだろうか。現在日本に於ける舞踊界（クラシックバレエ、日本舞踊、現代舞踊）の中で、児童舞踊は、童謡舞踊、お遊戯という意識で低くみられているのではないだろうか。

　童謡で踊るという意義を、先達の教育者として、また児童舞踊家として幅広く活躍した賀来琢磨（1906～1975）の業績を振り返り追究すると共に、今忘れられている教育の中の児童舞踊の理念を考察したい。

　賀来琢磨は児童舞踊家の中では特異な存在で、舞踊家として活躍するだけでなく、作詩作曲を手がける一方、保育学校で教鞭を取り多くの学生の指導をした。社会的には仏教界の伝道に協力、児童舞踊のためには協会設立に力をそそぎ、舞踊コンクールでは児童舞踊を1つの部門として独立させ、児童舞踊の存在を明らかにさせた。

　戦前の資料は焼失のため少ないので、戦後のものだけとなった。

2　賀来琢磨の教育思想

　賀来琢磨の教育思想は、禅の心を元として幼児教育者倉橋惣三、青柳義智代等の影響の上になりたっている。

　舞踊を始めた動機が、釈尊のかぎりない人類愛とかぎりない平和思想に感激し、伝道活動をするために舞踊をしたことによる。社会人のための舞踊から幼児教育の表現活動に至るまで、その思想は変らないものであった。

　仏教のことば「身心一如」そのものが教育舞踊である。からだと心のバランスのとれた人間をつくることが基本教育である。教育の根本は愛情である。どう生きていかなければいけないかの生活態度、すなわち社会に生きていく生活のことばを、からだのことばにして、からだに体験させねばならない。自然の中での生活体験を模倣し、想像から創造までに発展させ、からだのことばとして、体感、体験させることが根本である。

　このようなことを、幼児教育を対象とした著書『表現リズム選集』にやさしく解説している。

　賀来琢磨はこの思想をもとに教育標語をいくつか残している。
　○保育は準備より
　○保育は接触より
　○形は心のシルエット
　○自由の中に規律あり
　○継続　努力　くじけない
　○教育は合掌に始まり合掌に終る
　○頭で考え、胸であたため、身体で表現する

　このような教育標語を、舞踊を指導する時にその作品の中で身体をもって表現し、体得するようにしていたことが、他の舞踊家と違った支持を得る結果となった。

3　賀来琢磨の作詩、作曲、台本の傾向

　人を1つの集団としてまとめていくことは大変困難なことである。音

第1章　教育舞踊、そして児童舞踊への発展

楽を使って人間集団を統率することは原始時代からあり、現在の幼稚園に於いても、朝のお集まりからすべて音楽の合図によって行動をさせるところがある。音楽によってすべての行動をさせるということは、反射運動と同じであり、自分から行動を起こすことが出来なくなるということもある一方、これ程集団を1つに統率するのに手早いものはない。その上に動きをつけることは楽しさを増すことになる。

　あえてこの弊害を知りながら、この利点を教育の中に取り入れた賀来琢磨は、戦後の混乱した世の中の子ども達の生活からたてなおすために、このような歌を作詩したと思われる。

　「**ぼくはくつ**」　　作詩・作曲　賀来琢磨
　　　ぼくはくつ
　　　はなればなれになるのは　こまる
　　　右と左、いつもそろえてくださいな
　「**すいどうのせん**」　　作詩・作曲　賀来琢磨
　　　おいしい　おいしい　すいどうの
　　　おみずをのんだ　そのあとは
　　　せんをしっかりしめておこう　しめておこう

　この他にも生活指導を目的とした歌がある。一方、仏教の教えを歌った歌も、子どものものから大人のものまであり、いかに生きていかなくてはいけないか、わかりやすく歌った。

　「**しっている**」　　作詩：賀来琢磨　作曲：本多鉄麿
　　　ののさまは　口ではなんにもいわないが
　　　ぼくのしたことしっている　しっている
　「**みほとけに**」　　作詩：賀来琢磨　作曲：中田喜直
　　　みほとけは　◎あなたの胸に
　　　みほとけは　◎私の胸に
　　　つねに　いましたもう
　　　強く生きよ　きよらにあれ

その日　その時　おこたるなかれ
　　正しくあれと　つねにいましたもう
以下2、3番は1番の◎印のところが次の言葉となる。
　〈2番〉花咲く野辺に　くさもゆ土に
　〈3番〉嵐の海に　夜空の星に
　台本も取り上げるテーマが、その中に子どもへの教訓といったものが入っているものが多かった。「ありときりぎりす」は働くということ、「少年と笛」「きんのとり」は弱い者いじめをしないということ等々、踊りの中から自然に、どう生きるか、どう生活するかを体験として学ばせることを主張していた。

4　賀来琢磨の振り付けの特徴及び指導法

　賀来琢磨が50年に互る舞踊生活の中で特に力を入れたのは、保育の中での舞踊であり、「平和音頭」、「柔道の歌」（講道館選定）等大人を対象としたものから、学校ダンスのためのもの、舞踊発表会のものを手がけたが、後半は保育の現場にたった体験をもとにした作品が多く見られる。他の児童舞踊家が、お遊戯会のためのもの、運動会を目的とした作品が多いのに対して、賀来琢磨は平常の保育のための作品が多く、一見他の舞踊家の作品に比べ、やさしく簡単に見える。
　2拍1動作を16呼間つづけることがある。これは「幼児は1つの動きを確認することに時間がかかる、次々と新しい動きをすると、その動きに追われて、消化出来ずに子供の心に満足感を与えることが出来ない」と子どもの心を大切にした指導を心がけた。
　そのような観点から、指導法を次の3段階にして子どもの心を中心に工夫されていた。
　第1段階として言語の理解、第2段階として音楽の理解、第3段階として模倣より創造へもっていくことであった。
　第1段階においては、教師のそばで歌の内容を教師が童謡的に話すことばにより、子どもに教材への興味をもたせる。

第1章　教育舞踊、そして児童舞踊への発展

　第2段階においては、音楽の理解、安定、不安定のリズム、静と動、1拍1動作、2拍1動作等々を、歌詩と音楽を使い相互に理解して身体で表現させる。
　第3段階においては、教材の発展であり、自分にも出来ると安心感を与えた上で、自由に表現させる。
　このような指導法によって、子どもに動く喜びを与えた。
　賀来琢磨と同時代に、同じレコード会社所属で同じ印牧季雄門下の丸岡嶺がいる。(1章【3】参照) 2人の振り付けを比較してみると、賀来琢磨は唱歌的、丸岡嶺は日本民謡的といえる。賀来琢磨の場合は、動きのフレーズが歌曲の小節によって区切られている。7拍目で動きを止め、8拍目は次の動きの準備をした。丸岡嶺の場合は、前の小節から次の小節へと動きがつながる間の動きがある。文章で動きを現わすことは難しく、振付カードの上には違いが見えないが、実際に動くと拍手1つにせよ音の取り方が違った。2拍に1回拍手をする場合、賀来はイチニ、イチニであるのに対して、丸岡の場合はイーチニ、イーチニと拍手をして息を吸い、吐くといったように、身体も一緒に動いた。日本民謡でとる手拍子の変化といった動きで、日本独得の動きであった。
　賀来は作曲をすることも出来ることから、音楽を大切にしたのであろうと思うと同時に、私立といえども学校に席があったため、唱歌遊戯的となったのではなかろうか。
　いずれにせよこの2人の活躍した時代が、児童舞踊の講習が多い時代で、舞踊教育への貢献度は大である。
　情緒的、間の取り方等、良い面も児童舞踊にはあるが、子どもの心身の発達をうながすことを考えた時、児童舞踊家は忘れているものがあるのではないか。音楽的には緊張、弛緩のリズムをとっているが、肉体の中からの筋肉の動きを把握させる指導が欠けているように思う。これからの児童舞踊家は、その方面での指導を取り入れていくとよいと思う。

5　童謡で踊る意義

　童謡はわが国独得の文化である。子どもの歌は各国にあるが、これ程まで多くのものはないのではないだろうか。

　ルソーは「各民族の音楽の根源は、そのことばにある」といった。童謡はわが国のことばで出来た音楽である。

　かつて児童舞踊は童謡舞踊という名称であった。現在の児童舞踊の隆昌は、童謡舞踊の土台があってのことである。大正時代より始まった童謡運動は、その童謡がレコード化されることにより盛んとなった。1930年（昭和5）、童謡レコードに児童舞踊家が振り付けをし、レコードと共に解説カードを発売した。西条八十、中山晋平、武内俊子、河村光陽、弘田龍太郎等々の童謡作家の作品に、児童舞踊家、島田豊、印牧季雄、河野たつろ、賀来琢磨等が戦前は振り付けをした。戦後は加藤省吾、海沼実、山本雅之等の活躍に、前出の児童舞踊家や則武昭彦、丸岡嶺、牛島武夫等が振り付けをし、全国的に講習をして歩き、その後の作曲家中田喜直、小林純一、夢虹二、小谷肇、少し遅れて湯山昭等が童謡全盛時代を築いた。

　童謡レコードに振り付けすることが、児童舞踊と童謡を切り離すことの出来ないものにしていた。童謡の盛んな童謡レコード時代までは、何故童謡で踊るのかということも問わずにいた児童舞踊家であった。1950年（昭和25）頃より、それまで作詩、作曲者によって作られたレコードに振り付けをしていた児童舞踊家の中から、作詩、作曲をする島田豊、則武昭彦、賀来琢磨等が出て来て、レコードの企画をするまでになった。踊りが先か、音楽が先か、この頃より童謡だけでなく、詩のない、曲だけのものも使うようになった。

　舞踊そのものが、身体表現による哲学であり、詩であると私は思う。

　1979年6月3日、日比谷公会堂に於いて、参加団体25団体をもって、第32回児童舞踊合同公演が開かれた。その時に使用された音楽は、洋楽（ジャズも含む）系統のもの約44%、童謡32%、児童舞踊のために作られた日本的な曲21%であった。

この結果が示すように、現在の児童舞踊家が使用している音楽の中から童謡は減少している。洋楽が増えたことは、ジャズダンスのブームの影響が児童舞踊の中にも現われたことによると見られる。第1回児童舞踊合同公演（1952年）のプログラムでは、童謡がすべてであった。この30年間の舞踊教育の成果が、詩のない曲だけのものが増えた原因と思う。詩に頼ることなく「からだのことば」で詩を表現することが出来るようになったことは、喜ばしいことである。

　童謡による踊りも、いわゆる「当て振り」は姿を消し、高度なテクニックと身体表現による感情表現へと変化して来た。これでこそ、童謡も生かされて使われたことになる。「当て振り」はレクリエーションに使われる手遊びとなって移行していった。

　童謡で踊る意義を今一度見なおすようになった動機は、現在のジャズダンスの影響、またアメリカ帰りの人々のダンスを見てのことである。

　日本の文化には間の文化がある。かつてモダンダンスの始祖イサドラ・ダンカンは、日本の貞奴の踊りにひかれ、日本に来たいと思った。二十世紀バレエ団のベジャールも日本の文化を大切にしている。何故であるか。

　子どもを指導した体験から、現代の子ども達がリズムばかりのものに喜んで動くかと思うと違う。日本の童謡を暗いといった子どもも、リズムのはっきりしたものばかり与えているといらだってくる。そこに日本の童謡を与えると、ほっとした安どの色を見せる。ルソーが「各民族の音楽の根源はそのことばにある」といったことは、動きにもつながることであり、話すことばの呼吸がそのまま動く呼吸となり、母国語での呼吸が動きとなった時、安定が得られると思う。日本語の間の呼吸は、ヨーロッパ人の求めるところである。童謡は日本のことばの文化であり、その間だけでなく、ことばの表現に深みがあり、情操的なものを育てるのに役立つ。子どもに曲だけを与えても、自由表現のイメージの広がりは少ない。そこにことばがついて、表現は大きくなる。例えば雨にもいろいろとある。

「**雨さんこんにちは**」　　作詩：吉岡治　作曲：八城一夫
　おやまにふるあめは
　ザンザザン　ザ　ザンザンザン　かけっこしている
　ザンザザン　ザ　ザンザンザン　あめさんこんにちは
　のはらにふるあめは
　ジャブジャブ　ピチャ　ピチャ　ピチャ　かくれんぼしてる
　ジャブジャブ　ピチャ　ピチャ　ピチャ　あめさんこんにちは
　おがわにふるあめは
　プッチプッチ　ピンピンピン　スキップしてる
　プッチプッチ　ピンピンピン　あめさんこんにちは

　雨の音をいろいろに感じとることが出来、子どもの表現を豊かにすることが出来る。アメリカの「ムーブメントを通して学ぶ」実践教育者アン・バーリン女史の玉川学園小学校での授業を見学したことがあるが。その折に雨をテーマにムーブメントを行ったが、女史のことばにより雨を感じるというやり方であった。感性のそなわった子どもだと反応も早いと思うが、一般の子どもには童謡でいろいろな雨を体験して、身体表現をした方がよいのではないか、日本では雨にもいろいろなことばがある。時雨、五月雨、梅雨、春雨、雷雨等々、その１つひとつのことばを「からだのことば」として表現出来ることが、身体にことばをもつことになる。童謡で踊ることは、母国語のことばの文化と身体表現が重なったものであり、「当て振り」でなく「からだのことば」で踊って初めて童謡で踊る意義がある。

　現在の日本に於ける児童舞踊家は、自分のスタジオをもって子どもの指導をする者、または講習会に於いて、幼稚園、学校の行事のための舞踊を指導する者がいる。

　講習会も童謡全盛期の頃はさかんであったが、その頃と違い教師が舞踊教育を学んでいるので、自分で創作する力を持ち、既成品に頼ることがなくなったことにより減少して来ている。

　研究所で指導する者にもいろいろと差があるが、バレエの子どもと

いった技術のみを教えるところがある。

　児童舞踊は、年齢にあった子どもの心を忘れず、母国語で身体表現をするものである。単に他国の模倣をするのではなく、日本独得の伝統文化のもとに、新しい力を入れていくべきだと思う。

参考文献
1．金田一春彦・安西愛子編『日本の唱歌』上・中・下（1977〜82）講談社
2．賀来琢磨『動きのリズム』ひかりのくに
3．賀来琢磨『動きのリズム』全音
4．全日本児童舞踊協会『児童舞踊70年史』（1977）
5．"ballet:dance"（4-4）、テス・カルチャーセンター
6．賀来琢磨『保育実用教材』1集〜7集、キングレコード
7．賀来良江『保育実用教材』8集、キングレコード
協力：キングレコード株式会社

　　　　　　　　　　（初出：『鶴見大学紀要』第22号 第3部 保育・保育歯科編、1985）

資料：賀来琢磨振付作品曲目　　The List of the Choreographic Works by Takuma Kaku

（1）幼児教育のためのもの
1）遊戯会用
【昭和21年～25年】

うさぎとかめ	石原和三郎	作詩	納所弁次郎	作曲
おひなまつり	立原えりか	作詩	飯沼信義	作曲
ふりそで人形	山野三郎	作詩	河村光陽	作曲
花咲爺	石原和三郎	作詩	田村虎蔵	作曲
印度の王様	野口宗嗣	作詩	江口夜詩	作曲
ナイトさん小人さん	山崎喜八郎	作詩	山本雅之	作曲
シンデレラ姫	長田恒雄	作詩	山本雅之	作曲

【昭和26年～30年】

お人形さんの舞踏会	西岡水郎	作詩	長谷川堅二	作曲
おじぞうさん	かいづみつえ	作詩	長谷川堅二	作曲
花咲じいさん	賀来琢磨	作詩	小谷肇	作曲
花ふぶき	山崎喜八郎	作詩	山本雅之	作曲
大きな大根	西原康	作詩	篠原正雄	作曲
踊る汐くみ	夢虹二	作詩	篠原正雄	作曲
お面ばやし	高橋掬太郎	作詩	細川潤一	作曲
こけし人形の京上り	山崎喜八郎	作詩	小谷肇	作曲
雪舟さん	山崎喜八郎	作詩	山本雅之	作曲
動物村のお店屋さん	夢虹二	作詩	長谷川堅二	作曲

【昭和31年～35年】

おしゃれなカラス	塚本章子	作詩	堀江貞一	作曲
ゆりかごのうた	斉田喬	作詩	クワバラ・テツロー	作曲
赤ずきんちゃん	かいづみつえ	作詩	山本雅之	作曲
ジャックと豆の木	長田恒雄	作詩	山本雅之	作曲
正直な靴屋さん	かいづみつえ	作詩	山本雅之	作曲
たぬくんうさくん	清水洋一郎	作詩	山本雅之	作曲
さるのいきぎも	塚本章子	作詩	細川潤一	作曲
金の斧	高橋良和	作詩	山本雅之	作曲
あぶなかった蝶々さん	斉田喬	作詩	渡辺茂	作曲
ねずみの嫁入り	山崎喜八郎	作詩	山口保治	作曲
おさるとまつぼっくり	坂本美川遠	作詩	鈴木栄	作曲
ひよこの帽子	夢虹二	作詩	山口保治	作曲
ずるいこうもり	立野勇	作詩	山本雅之	作曲

第1章　教育舞踊、そして児童舞踊への発展

大きな柿の実	夢　虹二	作詩	小谷　肇	作曲
幸福をひろった若者（杜子春より脚色）	加藤省吾	作詩	小町　昭	作曲
水れんとにじの小人	立野　勇	作詩	小町　昭	作曲
かくれみの	加藤省吾	作詩	細川潤一	作曲
ありとかぶと虫	夢　虹二	作詩	山本雅之	作曲
にげだしたエンピツ	山崎喜八郎	作詩	湯山　昭	作曲
なわとびじゃんけん	夢　虹二	作詩	小谷　肇	作曲
すいすいたいのこ	夢　虹二	作詩	山口保治	作曲
やさしい女の子	立野　勇	作詩	本多鉄麿	作曲
ふくろうのめがねやさん	加藤省吾	作詩	小谷　肇	作曲
汽車のなか	夢　虹二	作詩	山口保治	作曲
たこつぼ	斉田　喬	作詩	渡辺　茂	作曲
雷のたいこ	夢　虹二	作詩	細川潤一	作曲
赤とんぼとすず虫さん	加藤省吾	作詩	小町　昭	作曲

【昭和36年～40年】

たすけてー、おおかみだ	立野　勇	作詩	小谷　肇	作曲
七つの子	野口雨情	作詩	本居長世	作曲
くだもの旅行	加藤省吾	作詩	小谷　肇	作曲
ある日の小川	夢　虹二	作詩	小谷　肇	作曲
くまとこどもたち	加藤省吾	作詩	小町　昭	作曲
やぶっかずもう	夢　虹二	作詩	細川潤一	作曲
小川の春	夢　虹二	作詩	山口保治	作曲
動物村のえんそく	賀来琢磨	作詩	小谷　肇	作曲
たぬきのドドンパ	夢　虹二	作詩	山本雅之	作曲

【昭和41年～45年】

白いとり黒いとり	賀来琢磨	作詩	山口保治	作曲
ありときりぎりす	賀来琢磨	作詩	小谷　肇	作曲
少年と笛	賀来琢磨	作詩	小谷　肇	作曲
たけのこうしのこ	夢　虹二	作詩	山口保治	作曲
金のとり	賀来琢磨	作詩	小谷　肇	作曲
ぶんぶく茶釜	賀来琢磨	作詩	小谷　肇	作曲
花咲じじい	賀来琢磨	作詩	小谷　肇	作曲
あさの教室	夢　虹二	作詩	小谷　肇	作曲
いい子の絵日傘	夢　虹二	作詩	山本雅之	作曲
五人のこびと	名和　宏	作詩	山口保治	作曲

２）運動会用

【昭和21年〜25年】

日の丸ふって	長田恒雄	作詩	山本雅之	作曲
めだかの運動会	島村敏夫	作詩	河村直則	作曲
南国のおまつり	松村又一	作詩	山本雅之	作曲
幼稚園行進曲	立野　勇	作詩	河村光陽	作曲

【昭和26年〜30年】

日の丸踊り	田中忠正	作詩	山本雅之	作曲
そよ風行進曲	結城ふじを	作詩	長谷川堅二	作曲
鈴つけお馬	横堀恒子	作詩	赤城ゆたか	作曲
馬っこ花っこ	金井正一	作詩	緑川映二	作曲
お花のダンス	夢　虹二	作詩	長谷川堅二	作曲
仲よしおどり	立野　勇	作詩	山本雅之	作曲
親子馬	長田恒雄	作詩	島　耕二	作曲
もぐらの電車	夢　虹二	作詩	小谷　肇	作曲

【昭和31年〜35年】

日の丸あそび	山崎喜八郎	作詩	山本雅之	作曲
つみ木の汽車ぽっぽ	成瀬左千夫	作詩	山口保治	作曲
ことりのごあいさつ	長田恒雄	作詩	秋山雄之	作曲
かっぽん子馬	五十嵐まさ路	作詩	塀江貞一	作曲
チューリップマーチ	長田恒雄	作詩	長谷川堅二	作曲
すいすい赤とんぼ	夢　虹二	作詩	クワバラ・テツロー	作曲
豊年にこにこおどり	夢　虹二	作詩	山本雅之	作曲
にこにこぴんぴんのうた	葛原しげる	作詩	弘田竜太郎	作曲
オリンピックこどものうた	本間ちづ子	作詩	山本雅之	作曲
宇宙音頭	矢野　亮	作詩	飯田三郎	作曲
日本よい国花のくに	夢　虹二	作詩	山本雅之	作曲
ぼくらは海の子	夢　虹二	作詩	小谷　肇	作曲
日の丸ランラン	山崎喜八郎	作詩	山本雅之	作曲
ほがらか音頭	横井　弘	作詩	細川潤一	作曲
体操あそび	立野　勇	作詩	本多鉄麿	作曲
あかいタンバリン	夢　虹二	作詩	山口保治	作曲
おもちゃのがく隊	加藤省吾	作詩	渡辺　茂	作曲
日の丸いいな	山崎喜八郎	作詩	山本雅之	作曲
赤ちゃんこうま	夢　虹二	作詩	山本雅之	作曲
トントントンネル	夢　虹二	作詩	山本雅之	作曲
あまだれ電車	加藤省吾	作詩	桑原研郎	作曲

第1章　教育舞踊、そして児童舞踊への発展

お月見おどり	賀来琢磨	作詩	山口保治	作曲
ぐんぐんのびろ	加藤省吾	作詩	山口保治	作曲
おてんとうさんありがとう	鈴木ヘキ	作詩	佐藤長助	作曲
すてきなナイトさん	山崎喜八郎	作詩	小谷　肇	作曲
みんなの日の丸	松坂直美	作詩	河村光陽	作曲
手ぶりそろえて	立野　勇	作詩	八洲秀章	作曲
お米がどっさりこ	山崎喜八郎	作詩	山本雅之	作曲
ハンカチあそび	夢　虹二	作詩	山本雅之	作曲
日の丸日の丸うれしいね	夢　虹二	作詩	山本雅之	作曲
ひよこのピクニック	長田恒雄	作詩	山口保治	作曲
お花になって	山崎喜八郎	作詩	山口保治	作曲
なるこにあわせて	山崎喜八郎	作詩	小谷　肇	作曲
ホームラン音頭	たなかゆきを	作詩	佐伯としを	作曲
紅白音頭	髙橋掬太郎	作詩	細川潤一	作曲

【昭和36年～40年】

日の丸ばんざい	山崎喜八郎	作詩	山口保治	作曲
きのこの花笠おどり	加藤省吾	作詩	山口保治	作曲
かわいい子馬	加藤省吾	作詩	山本雅之	作曲
朝顔ラッパ	加藤省吾	作詩	小谷　肇	作曲
タクトあそび	夢　虹二	作詩	山本雅之	作曲
仲よしダンス	加藤省吾	作詩	渡辺　茂	作曲
ことりのおしくら	夢　虹二	作詩	小谷　肇	作曲
ぶんぶんぶん	服部鋭夫	作詩	折本吉数	作曲
はなはないいな	夢　虹二	作詩	山口保治	作曲
日の丸のはた	小林純一	作詩	山本雅之	作曲
あそびましょ	小林純一	作詩	中田喜直	作曲
おもちゃの行進	夢　虹二	作詩	小谷　肇	作曲
まるいわ花のわ	加藤省吾	作詩	渡辺　茂	作曲
ひよこのつなひき	夢　虹二	作詩	小谷　肇	作曲
動物たいそう	夢　虹二	作詩	服部公一	作曲
たいこでおどろう	加藤省吾	作詩	山本雅之	作曲
○と□と△と	小林純一	作詩	小谷　肇	作曲
この道ゆけば	まどみちを	作詩	小町　昭	作曲
のびろのびろのびてゆけ	小林純一	作詩	中田喜直	作曲
日の丸ふれふれ	若谷和子	作詩	中田喜直	作曲
お空へぽん	加藤省吾	作詩	山本雅之	作曲
こびとのマーチ	夢　虹二	作詩	小谷　肇	作曲

仲よしオリンピック	賀来琢磨	作詩	賀来琢磨	作曲
【昭和41年～45年】				
はやいな超特急ひかり号	加藤省吾	作詩	小町　昭	作曲
風とあそぼ	賀来琢磨	作詩	本多鉄麿	作曲
フレーフレー音頭	夢　虹二	作詩	細川潤一	作曲
日の丸かあちゃん	小林純一	作詩	中田喜直	作曲
お花のジャングル	若谷和子	作詩	湯山　昭	作曲
Qちゃん万博へゆく	東京ムービー企画部	作詩	広瀬健次郎	作曲
わんわんちゃんの宇宙旅行	夢　虹二	作詩	小谷　肇	作曲
みんなでゴーゴー	若谷和子	作詩	陸奥芳明	作曲
日の丸ロケット	夢　虹二	作詩	山本雅之	作曲
かえるのピョンすけ	夢　虹二	作詩	佐藤亘弘	作曲
きいろい旗ふって一、二、三	加藤省吾	作詩	山口保治	作曲
風車のダンス	加藤省吾	作詩	山本雅之	作曲
まんまる日の丸	名村　宏	作詩	山本雅之	作曲
かけっこしたいな	名村　宏	作詩	小谷　肇	作曲
１たす１は？	若谷和子	作詩	佐藤亘弘	作曲
宇宙のこども	市原三郎	作詩	山本雅之	作曲
やせがまんのマーチ	夢　虹二	作詩	寺島尚彦	作曲
【昭和46年～50年】				
お花がわらった	保富康午	作詩	湯山　昭	作曲
小人のこてき隊	若谷和子	作詩	佐藤亘弘	作曲
紅白親子音頭	夢　虹二	作詩	山口俊郎	作曲
ひみつの城づくり	賀来琢磨	作詩	藤家虹二	作曲
はたは空のまん中で	若谷和子	作詩	小谷　肇	作曲
蛙がおうちをたてました	賀来琢磨	作詩	小谷　肇	作曲
ぴょんぴょんカンガルー	若谷和子	作詩	小谷　肇	作曲

３）平常用
【昭和21年～25年】

一寸法師	北原白秋	作詩	草川　信	作曲
グッドバイ	佐藤義美	作詩	河村光陽	作曲
浦島太郎	（日本児童音楽協会）			
仔牛のうた	安藤掬之介	作詩	本多鉄麿	作曲
みつばちさん	塚本章子	作詩	本多鉄麿	作曲
春のお店	楠田敏郎	作詩	本多鉄麿	作曲
時計屋のお店	安藤掬之介	作詩	本多鉄麿	作曲

第1章　教育舞踊、そして児童舞踊への発展

そのかたどなた	塚本章子	作詩	本多鉄磨	作曲
お節句きました	江崎小秋	作詩	中川真次	作曲
南京言葉	野口雨情	作詩	中山晋平	作曲
南京玉	西村酔香	作詩	中山晋平	作曲
だんだんばたけ	斉藤信夫	作詩	山口保治	作曲
日暮の橋	都築　益	作詩	室崎琴月	作曲
ぽっぽのお家	北原白秋	作詩	弘田龍太郎	作曲
さよなら三丁目	斉藤信夫	作詩	山口保治	作曲
かにの床屋	坂口　淳	作詩	山本雅之	作曲
くつのおうち	西条八十	作詩	山本雅之	作曲
赤いとりことり	北原白秋	作詩	成田為蔵	作曲
たのしい遠足	武内俊子	作詩	山本雅之	作曲
すずめのお宿	浜田宏介	作詩	本多鉄磨	作曲
てるてる坊主	浅原鏡村	作詩	中山晋平	作曲
ほほずき	江崎小秋	作詩	本多鉄磨	作曲
お名前なあに	立野　勇	作詩	本多鉄磨	作曲
早おき時計	富原　薫	作詩	河村光陽	作曲
つばめの旅	三苫やすし	作詩	海沼　実	作曲
ミルクの歌	佐世文子	作詩	本多鉄磨	作曲
交通せいりのおまわりさん	塚本章子	作詩	曽我晃也	作曲
よっといで	正美健二	作詩	島田逸平	作曲
お山の小雀	立野　勇	作詩	吉川孝一	作曲
赤とんぼ	三橋あきら	作詩	本多鉄磨	作曲
狸の赤ちゃん	五十嵐まさ緒	作詩	本多鉄磨	作曲
こなゆきホイ	加藤省吾	作詩	海沼　実	作曲
たきび	巽　聖歌	作詩	渡辺　茂	作曲
山茶花	加藤省吾	作詩	海沼　実	作曲
つばなつんばな	加藤省吾	作詩	鈴木市蔵	作曲
熊まつり	坂口　淳	作詩	山本雅之	作曲
春はいつくるの	サトウハチロー	作詩	古関裕司	作曲
リンゴのひとりごと	武内俊子	作詩	河村光陽	作曲
楽しいクリスマス	中村みちを	作詩	曽我晃也	作曲
四角	立野　勇	作詩	本多鉄磨	作曲
小ぎつね	勝　承夫	作詩	（外国曲）	
夕やけ坂みち	若杉雄三郎	作詩	山本雅之	作曲
蜂のかくれんぼ	夢　虹二	作詩	山本雅之	作曲
お手々と指で	サトウハチロー	作詩	渡辺浦人	作曲

おちばのはがき	高橋良昭	作詩	松　　基	作曲
指切りチョンチョン	五十嵐まさ路	作詩	今村まさる	作曲
おさそい	北原白秋	作詩	弘田龍太郎	作曲
お手々をきれいに	塚本章子	作詩	今村まさる	作曲
てるてる坊主	宮本旅人	作詩	室方雄吉	作曲
おじいちゃま	島田芳文	作詩	長妻完至	作曲
おねむり人形	西岡小朗	作詩	長妻完至	作曲
ピアノ	長田恒雄	作詩	高橋室一郎	作曲
でんでん虫	立野　勇	作詩	本多鉄磨	作曲
おうちのにわ木	柴野民三	作詩	曽我晃也	作曲
俵はごろごろ	野口雨情	作詩	本居長世	作曲
おべんとうのうた	三橋あきら	作詩	本多鉄磨	作曲
いいこと	山崎喜八郎	作詩	本多鉄磨	作曲
ごめんなさいね	山崎喜八郎	作詩	本多鉄磨	作曲
草のつゆ	賀来琢磨	作詩	本多鉄磨	作曲
にげるよこがに	塚本章子	作詩	本多鉄磨	作曲
お山の郵便屋さん	五十嵐まさ路	作詩	戸崎瞬祐	作曲
お星さま			（日本児童音楽協会）	
まっかっか	賀来琢磨	作詩	本多鉄磨	作曲
もうすぐ冬が	塚本章子	作詩	本多鉄磨	作曲
はい電報	立野　勇	作詩	本多鉄磨	作曲
こんやは十五夜	塚本章子	作詩	本多鉄磨	作曲
わたしのかっこ	大鹿照雄	作詩	玉山英光	作曲
お山の細道	葛原しげる	作詩	宮城道雄	作曲
ラヂオ体操はじまるよ	山崎喜八郎	作詩	山本雅之	作曲
三匹の子豚	長田恒雄	作詩	長谷川堅二	作曲
動物村の電話	長田恒雄	作詩	長谷川堅二	作曲
おつかいありさん	関根栄一	作詩	団伊久磨	作曲
ゆきうさぎちゃん	鹿島鳴秋	作詩	弘田龍太郎	作曲
追いかけごっこ	立野　勇	作詩	本多鉄磨	作曲
たこよ	与田隼一	作詩	小松耕輔	作曲
夢のそり	山崎喜八郎	作詩	山本雅之	作曲
あちらのことばで	しばさきそうすけ	作詩	中井二郎	作曲
チューリップの踊り	若杉雄三郎	作詩	山本雅之	作曲
桃の花	野田しげみ	作詩	山本雅之	作曲
キュッキュッキュッ	相良和子	作詩	芥川也寸志	作曲
人形の国のお客さま	くずはらしげる	作詩	則武昭彦	作曲

第1章　教育舞踊、そして児童舞踊への発展

【昭和26年～30年】

お花のごもん	塚本章子	作詩	本多鉄磨	作曲
ようちえんのこどもさん	立野　勇	作詩	本多鉄磨	作曲
つばめのおやこ	立野　勇	作詩	曽我晃也	作曲
あめあめこんこ	山崎喜八郎	作詩	玉山英光	作曲
おつめを切りましょ	塚本章子	作詩	本多鉄磨	作曲
わかめのおつゆ	立野　勇	作詩	本多鉄磨	作曲
誰れかしら	立野　勇	作詩	今村まさる	作曲
ポストさん	小春久一郎	作詩	今村まさる	作曲
かなりや	西条八十	作詩	成田為三	作曲
つみ木	今里隆子	作詩	曽我晃也	作曲
小鳥の赤ちゃん	サトウハチロー	作詩	山口保治	作曲
チューリップボーアさん	山崎喜八郎	作詩	山本雅之	作曲
ロバのパン屋さん	明石喜好	作詩	山口保治	作曲
今日もよい子	長田恒雄	作詩	山本雅之	作曲
ほっぺちゃん	長田恒雄	作詩	山本雅之	作曲
小鳥のごあいさつ	夢　虹二	作詩	長谷川堅二	作曲
水鉄砲		（日本児童音楽協会）		
かみなりごろちゃん	富原　薫	作詩	桑原哲郎	作曲
のみさんのみさん	長　好雄	作詩	長谷川堅二	作曲
おせんたく	長田恒雄	作詩	篠原正雄	作曲
にわとりさん	長田恒雄	作詩	中井二郎	作曲
お星さまピカピカ	三橋あきら	作詩	本多鉄磨	作曲
ボートレース	おおきみのる	作詩	佐々木すぐる	作曲
虫のくつやさん	酒井朝彦	作詩	小松耕輔	作曲
お山のお月見	三井ふたばこ	作詩	佐々木すぐる	作曲
べにがらとんぼ	加藤省吾	作詩	山口保治	作曲
あかとんぼ	三橋あきら	作詩	本多鉄磨	作曲
小鳥のコーラス	時雨音羽	作詩	緑川映二	作曲
夜まわりごろ助	夢　虹二	作詩	長谷川堅二	作曲
坊やのポッケ	結城ふじを	作詩	緑川映二	作曲
あひるの行列	西原　康	作詩	中井二郎	作曲
べこの子うしの子	サトウハチロー	作詩	中田喜直	作曲
ロバのお使い	平木二六	作詩	長谷川堅二	作曲
こりすの夢	横堀恒子	作詩	山本雅之	作曲
私はなんでしょう	立野　勇	作詩	長谷川堅二	作曲
ルーシーとプーシー	しばさきそうすけ	作詩	山本雅之	作曲

おちばのけむり	酒放朝彦	作詩	磯部　淑	作曲
おりこうさん	西岡水朗	作詩	長谷川堅二	作曲
あの子はだあれ	細川雄太郎	作詩	海沼　実	作曲
おひなまつり	立原えりか	作詩	飯沼信義	作曲
はねつき	塚本章子	作詩	本多鉄磨	作曲
ハイドド木馬	野口宗嗣	作詩	玉山英光	作曲
お菓子のくに	長田恒雄	作詩	山本雅之	作曲
すてきだな	塚本章子	作詩	本多鉄磨	作曲
お砂場あそび	豊田次雄	作詩	長谷川堅二	作曲
お星さまとんだ	小春久一郎	作詩	本多鉄磨	作曲
芋ほり	若杉雄三郎	作詩	本多鉄磨	作曲
にこにこちゃん	長田恒雄	作詩	山本雅之	作曲
ちょっくらちょっとな	夢　虹二	作詩	緑川映二	作曲
いってらっしゃい	結城ふじを	作詩	緑川映二	作曲
ママのお部屋	五十嵐まさ路	作詩	緑川映二	作曲
ほらねあのうた	おさらぎ信夫	作詩	戸崎舜裕	作曲
シグナルさん	野田しげみ	作詩	山本雅之	作曲
小猫の鏡	長田恒雄	作詩	豊田　稔	作曲
ドーナッツころころ	しばさきそうすけ	作詩	本多鉄磨	作曲
からすの勘さん	山崎喜八郎	作詩	篠原正雄	作曲
いつもいっしょに	水谷まさる	作詩	室崎琴月	作曲
からすの赤ちゃん	海沼　実	作詩	海沼　実	作曲
坊やの父さん	成瀬左千夫	作詩	戸崎舜裕	作曲
ころころ坂	時雨音羽	作詩	長妻完至	作曲
雀の善光寺まいり	関沢欣二	作詩	原　賢一	作曲
ランランランドセル	山崎喜八郎	作詩	緑川映二	作曲
金魚の花嫁さん	おさらぎ信夫	作詩	山本雅之	作曲
お池のおまつり	横井　弘	作詩	山本雅之	作曲
坊やの社長さん	山崎喜八郎	作詩	緑川映二	作曲
赤ちゃん笑った	夢　虹二	作詩	長谷川堅二	作曲
ナイフとフォークがトテチリチン	夢　虹二	作詩	山本雅之	作曲
小人の花嫁さん	五十嵐まさ路	作詩	クワバラ・テツロー	作曲
お人形さんとねんね	かいづみつえ	作詩	クワバラ・テツロー	作曲
木こりのおじさん	浜口静夫	作詩	石松　晃	作曲
赤ちゃんおんぶして	野口宗嗣	作詩	本多鉄磨	作曲
あれあれなあに	長田恒雄	作詩	山本雅之	作曲
おてつだい	長田恒雄	作詩	山本雅之	作曲

第1章　教育舞踊、そして児童舞踊への発展

さざなみちゃっぷこい	山崎喜八郎	作詩	山本雅之	作曲
ママはお茶目さん	金井正一	作詩	クワバラ・テツロー	作曲
千代紙人形のお姫さま	横井　弘	作詩	山本雅之	作曲
ころころ水玉	夢　虹二	作詩	玉山英光	作曲
ひなまつり	立原えりか	作詩	飯沼信義	作曲
つみ木の町	夢　虹二	作詩	小谷　肇	作曲
迷子のこやぎ	立野　勇	作詩	長谷川堅二	作曲
おててとあんよ	島田芳文	作詩	本多鉄磨	作曲

【昭和31年～35年】

にこにこごあいさつ	長田恒雄	作詩	玉山英光	作曲
お返事ハイ	山崎喜八郎	作詩	山本雅之	作曲
むしばの小人	夢　虹二	作詩	小谷　肇	作曲
うれしいお弁当	山崎喜八郎	作詩	堀江貞一	作曲
れいすいまさつ	立野　勇	作詩	本多鉄磨	作曲
ぶらんこ	立野　勇	作詩	立野　勇	作曲
歯をみがこ	立野　勇	作詩	立野　勇	作曲
うれしい指切り	夢　虹二	作詩	小谷　肇	作曲
ぽちゃぽちゃおふろ	多胡純策	作詩	クワバラ・テツロー	作曲
けむりのわ	園生羊児	作詩	河村光陽	作曲
ほっぺのお弁当	夢　虹二	作詩	山本雅之	作曲
ね、きれいでしょう	山崎喜八郎	作詩	玉山英光	作曲
あの音ほらね	中村千栄子	作詩	石松　晃	作曲
指切りげんまん	サトウハチロー	作詩	弘田龍太郎	作曲
ひよこのきょうだい	結城よしを	作詩	吉川孝一	作曲
かにの汽かん車	夢　虹二	作詩	長谷川堅二	作曲
おひさまひかってる	加藤武夫	作詩	玉山英光	作曲
動物園のおひるすぎ	豊田次雄	作詩	本多鉄磨	作曲
水あそび	立野　勇	作詩	本多鉄磨	作曲
にこにこあくしゅ	横井　弘	作詩	山口保治	作曲
雪よふれふれ	斉田　喬	作詩	堀江貞一	作曲
しゅうちゃん	夢　虹二	作詩	小谷　肇	作曲
いっちゃった	加藤省吾	作詩	小谷　肇	作曲
すうじのうた	夢　虹二	作詩	小谷　肇	作曲
ピョンコのたんじょう日	斉田　喬	作詩	山口保治	作曲
ぞうさんのおはな	安藤殉之介	作詩	渡辺　茂	作曲
おしゃれなこねずみ	武田雪夫	作詩	山本雅之	作曲
ほたるのおどりこ	夢　虹二	作詩	山本雅之	作曲

ネオンがパッチリコ	山崎喜八郎	作詩	山本雅之	作曲
カラスのおかねもち	山崎喜八郎	作詩	山本雅之	作曲
皇太子さま	長田恒雄	作詩	山口保治	作曲
プリンセスおめでとう	加藤省吾	作詩	山本雅之	作曲
あのことわたし	林　柳波	作詩	弘田龍太郎	作曲
そめました	立野　勇	作詩	本多鉄磨	作曲
字あそび	立野　勇	作詩	弘田龍太郎	作曲
小りすと木の実	長田恒雄	作詩	山口保治	作曲
お手々をみせて	鷲森かずさ	作詩	山口保治	作曲
たのしいすべりだい	長田恒雄	作詩	堀江貞一	作曲
赤いもみじきいろいもみじ	加藤省吾	作詩	小町　昭	作曲
蝶々のかくれんぼ	加藤省吾	作詩	クワバラ・テツロー	作曲
うさぎの首かざり	加藤省吾	作詩	本多鉄磨	作曲
赤いぽっくり	山崎喜八郎	作詩	山本雅之	作曲
やさしい和尚さん	加藤省吾	作詩	八州秀章	作曲
親王さまおたんじょう	夢　虹二	作詩	山本雅之	作曲
月夜の細道	小管正路	作詩	山口保治	作曲
お菓子の町	夢　虹二	作詩	山本雅之	作曲
幼稚園のこどもさん	立野　勇	作詩	本多鉄磨	作曲
赤ちゃんほっぺ	都築　益	作詩	山本雅之	作曲
しらんかお	山崎喜八郎	作詩	小谷　肇	作曲
雨	杉山米子	作詩	小松耕輔	作曲
時計のうた	筒井敬介	作詩	村上太朗	作曲
七五三お祝いのうた	塚本章子	作詩	本多鉄磨	作曲
おじぞうさんさようならね	山崎喜八郎	作詩	山本雅之	作曲
日曜は大好き	横井　弘	作詩	小町　昭	作曲
でんでん虫	立野　勇	作詩	本多鉄磨	作曲
大という字	根本いとむ	作詩	中田喜直	作曲
大きなたいこ	小林純一	作詩	中田喜直	作曲
お父さん	加藤省吾	作詩	湯山　昭	作曲
さくら絵日傘	山崎喜八郎	作詩	山口保治	作曲
【昭和36年〜40年】				
でんわをかけましょ	飯沢　匡	作詩	服部　正	作曲
ぼくはくつ	賀来琢磨	作詩	賀来琢磨	作曲
水道のせん	賀来琢磨	作詩	湯山　昭	作曲
こぶたさん	柴野民三	作詩	一宮道子	作曲
どこの犬だろ	筒井敬介	作詩	村上太朗	作曲

第1章　教育舞踊、そして児童舞踊への発展

くつやのおじさん	森田路夫	作詩	箕作秋吉	作曲
いなばの白うさぎ	夢　虹二	作詩	小町　昭	作曲
こぶたのトリオ	若谷和子	作詩	宇賀神光利	作曲
なんこなんこいくつ	若谷和子	作詩	村上太朗	作曲
おべんとうつけてどこいくの	若谷和子	作詩	松野国照	作曲
うずらちゃぽ	若谷和子	作詩	桑原研郎	作曲
たかいたかい	与田隼一	作詩	細谷一郎	作曲
風さんだって	芝山かおる	作詩	中田喜直	作曲
サンタクロースさん早くこい	加藤省吾	作詩	小谷　肇	作曲
ゆかいなハイキング	小林純一	作詩	小町　昭	作曲
いもほりほいほい	西原　康	作詩	佐藤亘弘	作曲
またあした	賀来琢磨	作詩	賀来琢磨	作曲
お友だちのうた	小林純一	作詩	中田喜直	作曲
こんにちは赤ちゃん	永　六輔	作詩	中村八大	作曲
かわいいちび助豆だぬき	若谷和子	作詩	菊川逸夫	作曲
クワンクップクップくすぐったい	サトウハチロー	作詩	中田喜直	作曲
なみのおにごっこ	賀来琢磨	作詩	賀来琢磨	作曲

【昭和41年〜45年】

はなのごもん	小林純一	作詩	大中　恩	作曲
たべすぎブーちゃん	夢　虹二	作詩	山本雅之	作曲
せいくらべ	賀来琢磨	作詩	賀来琢磨	作曲
雷ごろちゃんおにごっこ	加藤省吾	作詩	山口保治	作曲
赤ちゃんこじか	夢　虹二	作詩	山本雅之	作曲
黄色いかさ	木村三郎	作詩	山口保治	作曲
一週間	名村　宏	作詩	小谷　肇	作曲
さくらんぼ列車	結城ふじを	作詩	山口保治	作曲
ペロッとたべちゃった	夢　虹二	作詩	山本雅之	作曲
握手でこんにちは	まどみちを	作詩	渡辺　茂	作曲
とんでいったバナナ	片岡　博	作詩	桜井　順	作曲
おめめがさめれば母さん	サトウハチロー	作詩	中田喜直	作曲
じゃんぽんぽん	名村　宏	作詩	小谷　肇	作曲
びっくりしゃっくり	加藤省吾	作詩	高田　弘	作曲
おばけとおどろ	夢　虹二	作詩	山本雅之	作曲
わらいましょう	ゆきてつお	作詩	小谷　肇	作曲
うれしいうた	サトウハチロー	作詩	寺島尚彦	作曲
たいこのおけいこ	筒井敬介	作詩	小林昭宏	作曲
サッちゃん	阪田　夫	作詩	大中　恩	作曲

ころころこぐま	夢　虹二	作詩	佐藤亘弘	作曲
はなとことり	夢　虹二	作詩	小谷　肇	作曲
まねっこあそび	小林純一	作詩	（イギリス曲）	
こぐまとこぶた	賀来琢磨	作詩	高田　弘	作曲
いっぱいいっぱい	今関和子	作詩	寺島尚彦	作曲
かいじゅう坊や	五十嵐まさ路	作詩	寺島尚彦	作曲
カスタでチャチャチャ	沢本美恵	作詩	山本雅之	作曲
ゴーゴー電車	名村　宏	作詩	小谷　肇	作曲
ちっちゃな山男	加藤省吾	作詩	寺島尚彦	作曲
友だちつくろ	賀来琢磨	作詩	賀来琢磨	作曲
ハートのキング	サトウハチロー	作詩	藤家虹二	作曲

【昭和46年〜50年】

じんじん			（沖縄民謡わらべ唄）	
ピリカピリカ	近藤鏡二郎	作詩	林　光	作曲
お花のホテル	加藤省吾	作詩	海沼　実	作曲
西部劇	宮沢章二	作詩	小川寛興	作曲
へんなさんすう	小林純一	作詩	小森昭宏	作曲
グッピーグッピー	上野雅典	作詩	渡辺浦人	作曲
豆、豆、煮豆	渡部千津子	作詩	小谷　肇	作曲
ランランちゃんカンカンちゃん	サトウハチロー	作詩	小川寛興	作曲
ジャイアントパンダのうた	サトウハチロー	作詩	中田喜直	作曲
もぐらの電車	夢　虹二	作詩	小谷　肇	作曲
てをつなごう	中川季枝子	作詩	諸井　成	作曲
あめふりくまのこ	鶴見正夫	作詩	湯山　昭	作曲
地球の病気	藤田圭雄	作詩	伊藤翁介	作曲

（2）学校教材のためのもの

【昭和21年〜30年】

お伽列車	西原　康	作詩	杉山長谷夫	作曲
ひまわり時計	坂口　淳	作詩	山本雅之	作曲
花のほろ馬車	横堀恒子	作詩	赤城ゆたか	作曲
めんこい子馬	サトウハチロー	作詩	仁木池喜雄	作曲
希望の虹	坂口　淳	作詩	山本雅之	作曲
きくの花	立野　勇	作詩	本多鉄磨	作曲
鳴子ひいたら	夢　虹二	作詩	細川潤一	作曲
雪の踊り子	山崎喜八郎	作詩	山本雅之	作曲

第1章　教育舞踊、そして児童舞踊への発展

【昭和31年～40年】
巡礼おつる	夢　虹二	作詩	山本雅之	作曲
月夜のかげふみ	小久保たもつ	作詩	玉山英光	作曲
月のたいこ	夢　虹二	作詩	山本雅之	作曲
中国の花うりむすめ	山崎喜八郎	作詩	山本雅之	作曲
今年はよい年こどもの年だ	立野　勇	作詩	山本雅之	作曲
すずめそこのけ	加藤省吾	作詩	三橋美智也	作曲
牛追いわらべ	加藤省吾	作詩	三橋美智也	作曲
ソーランわらべ唄	山崎喜八郎	作詩	山本雅之	作曲
豊年だいこ	山崎喜八郎	作詩	佐藤長助	作曲
すずめホイホイ節	加藤省吾	作詩	青木　悟	作曲
日本音頭	サトウハチロー	作詩	林伊佐緒	作曲
スポーツ音頭	加藤省吾	作詩	山本雅之	作曲
一年生くん弟くん	小林純一	作詩	磯部　淑	作曲
手のひらに太陽を	やなせたかし	作詩	いずみたく	作曲

【昭和41年～50年】
天草四郎さんの子守唄	黒瀬昇次郎	作詩	吉田矢健治	作曲
林間学校	賀来琢磨	作詩	深沢一郎	作曲
世界はメリーゴーランド	若谷和子	作詩	桑原研郎	作曲
世界は万博音頭	夢　虹二	作詩	佐藤長助	作曲
お陽さまと握手しよう	保富康午	作詩	藤家虹二	作曲
きみきみいなかへいらっしゃい	賀来琢磨	作詩	小谷　肇	作曲
ホロロン峠	横井　弘	作詩	山口俊郎	作曲
ヤングヤング音頭	サトウハチロー	作詩	細川潤一	作曲
みどりのトンボ	なかがわあきら	作詩	小室　等	作曲
あるけあるけマーチ	まなべひろし	作詩	小林亜星	作曲
ゆう子のグライダー	神崎みゆき	作詩	神崎みゆき	作曲
かけざん九九体操	白川三根子	作詩	鈴木邦彦	作曲
とんぼの中にぼくがいる	夢　虹二	作詩	湯山　昭	作曲

(3) 仏教伝道のためのもの
1) 儀式用
【昭和21年～22年】
献灯（四弘誓願）	（仏典より）		小松　清	作曲
献華（法の深山）	土岐善静	作詩	信時　潔（雅楽越天楽より）	作曲

２）平常用

【昭和21年～30年】

曲名	作詩	作曲
道元さま	賀来琢磨 作詩	河村光陽 作曲
二十と一つ	立野　勇 作詩	本多鉄磨 作曲
お盆のうた	立野　勇 作詩	海沼　実 作曲
三日月さま	北原白秋 作詩	本多鉄磨 作曲
コスモスの花	賀来琢磨 作詩	本多鉄磨 作曲
こどもの花まつり	賀来琢磨 作詩	本多鉄磨 作曲
お寺のぽっぽ	賀来琢磨 作詩	玉山英光 作曲
しっている	立野　勇 作詩	本多鉄磨 作曲
ののさまに	賀来琢磨 作詩	賀来琢磨 作曲
花まつりこどものうた	賀来琢磨 作詩	海沼　実 作曲
たのしい花まつり	立野　勇 作詩	山本雅之 作曲
水と道元さま	賀来琢磨 作詩	本多鉄磨 作曲
草御堂	江崎小秋 作詩	室崎琴月 作曲
珍念さん	立野　勇 作詩	本多鉄磨 作曲
氏神さまへ	立野　勇 作詩	本多鉄磨 作曲
たのしいお盆	塚本章子 作詩	本多鉄磨 作曲

【昭和31年～40年】

曲名	作詩	作曲
花びらお舟	賀来琢磨 作詩	本多鉄磨 作曲
ののさんにあげよ	塚本章子 作詩	玉山英光 作曲
砂の米	賀来琢磨 作詩	本多鉄磨 作曲
今日はその日よ	賀来琢磨 作詩	本多鉄磨 作曲
清らに飾れ	賀来琢磨 作詩	本多鉄磨 作曲
お彼岸まつり	賀来琢磨 作詩	本多鉄磨 作曲
母さま人形	賀来琢磨 作詩	今村まさる 作曲
瑩山さま	賀来琢磨 作詩	下総莞一 作曲
花と少女	賀来琢磨 作詩	本多鉄磨 作曲
ごーんごーん	賀来琢磨 作詩	本多鉄磨 作曲
すずめのがんかけ	稲穂雅己 作詩	山口保治 作曲
永平寺	賀来琢磨 作詩	北原雄一 作曲
いかせいのち	賀来琢磨 作詩	湯山　昭 作曲

【昭和41年～50年】

曲名	作詩	作曲
おみやのすずめ	賀来琢磨 作詩	北原雄一 作曲
みほとけは	賀来琢磨 作詩	中田喜直 作曲
山のお寺のおねはんえ	賀来琢磨 作詩	北原雄一 作曲
こわれます	賀来琢磨 作詩	北原雄一 作曲

第1章　教育舞踊、そして児童舞踊への発展

赤ちゃん雀	塚本章子	作詩	藤家虹二	作曲
蛙のはかまいり	賀来琢磨	作詩	寺島尚彦	作曲
こどものかんのんさま	賀来琢磨	作詩	小川寛興	作曲
銀の舟こぶね	賀来琢磨	作詩	小谷　肇	作曲
かんぜおん	水上正二	作詩	北原雄一	作曲
そのかたはおしゃかさま	賀来琢磨	作詩	中田喜直	作曲

3）盆踊り用

【昭和21年～30年】

平和音頭	サトウハチロー	作詩	細川潤一	作曲
豊年音頭	サトウハチロー	作詩	細川潤一	作曲
ぱっと咲いた	長田恒雄	作詩	山本雅之	作曲
花っこおどり	立野　勇	作詩	山本雅之	作曲
サザエさん音頭	大下文代	作詩	細川潤一	作曲
こども盆踊り	平松一郎	作詩	山本雅之	作曲
子供盆まつり				

【昭和31年～40年】

にこにこ音頭	立野　勇	作詩	山本雅之	作曲
東京ばやし	高橋掬太郎	作詩	細川潤一	作曲
幼年こども盆おどり	賀来琢磨	作詩	小川寛興	作曲
九州ふるさと子	賀来琢磨	作詩	細川潤一	作曲

（4）社会教育のためのもの

【昭和22年～】

明るい町	立野　勇	作詩	佐々木すぐる	作曲
いつかえる（NHK引揚促進のうた）	賀来琢磨	作詩	海沼　実	作曲

【昭和36年～】

花いっぱい音頭	夢　虹二	作詩	細川潤一	作曲
花いっぱいのうた	清水みちる	作詩	小谷　肇	作曲
柔道のうた	古賀残星	作詩	細川潤一	作曲

【昭和46年～】

太陽がくれた季節	山川啓介	作詩	いずみたく	作曲
歌はともだち	高垣　葵	作詩	藤家虹二	作曲

（注：塚本章子、立野　勇は賀来琢磨のペンネーム）

日本の児童舞踊の組織のあゆみ
Footprint of System of the Children Dance in Japan

経歴　　1940年（昭和15）　大日本舞踊教育家聯盟　発足
　　　　1948年（昭和23）　全日本児童舞踊家連盟　発足
　　　　1970年（昭和45）　社団法人全日本児童舞踊協会　発足
　　　　1971年（昭和46）　社団法人日本芸能実演家団体協議会　加盟
　　　　1977年（昭和52）　音楽議員連盟振興会議　加盟

活動　・研修　　　年2回の実技・講演会開催
　　　・舞踊公演　協会主催、他社協賛の舞踊公演
　　　・顕彰　　　社団法人全日本児童舞踊協会　協会賞制定
　　　　　　　　　児童舞踊家に特別賞、功労賞、奨励賞の授与
　　　　　　　　　当協会会員門下生を対象に表彰状の授与
　　　　　　　　　他に舞踊コンクール賞
　　　・刊行　　　『児童舞踊五十年史』（1958年／昭和33年発行）
　　　　　　　　　『児童舞踊70年史』（1977年／昭和52年発行　文化庁助成）
　　　　　　　　　『日本の子どものダンスの歴史　児童舞踊100年史』
　　　　　　　　　（2004年／平成16年発行　文化庁助成）
　　　　　　　　　年2回、「児舞協ニュース」発行（No.1、1982年／昭和57年9月〜）
　　　　　　　　　（2006年／平成18年10月に「ぽるか」と改称、年3回発行）

第 2 章　児童舞踊コンクール

The Second Chapter：Children Dance Concours

【1】日本における教育舞踊の歴史
—その変遷過程（4）　児童舞踊コンクール

History of the Educational Dance in Japan — Its Process of Change (4) Children Dance Concours

1　はじめに

　児童舞踊の発達で触れなくてはならないものに、東京新聞主催、文化庁後援の全国舞踊コンクールがある。このコンクールは、1939年（昭和14）第1回創設以来、現在まで44回を数える。日本に於いて一番歴史のあるこの舞踊コンクールに作品参加をしたこと、また審査員をした経験から、コンクールの意義を歴史と参加自己作品を通して考察してみる。戦後このコンクールが再開された1949年（昭和24）第6回から、児童舞踊部門が新設された。舞踊コンクールのなかに、従来の日本舞踊、また西洋舞踊と違う性格を持った児童舞踊が1部門として認められたことが、児童舞踊の発展の原動力となった。当時参加の児童舞踊家は、民間教育の舞踊家として、それぞれに学校ダンスを全国的に講習している者が主になっていた。その児童舞踊家が、舞台活動の頂点の場として、創作意欲を燃やしたのがコンクールである。

　この当時は、児童舞踊の2大流派ともいえる印牧季雄、島田豊の門下生をはじめ、地方から可西希代子、向坂幸子など多数の団体が参加していた。昭和30年代前半は、児童舞踊部門の参加者は増える一方で、第14回においては、各部門の参加者数（1419名）の内、児童舞踊部門が50%を占める勢いで、第17回には参加曲数200曲を越えた。

　印牧季雄門下からの丸岡嶺、島田豊門下の島田正男は特によい作品を参加させて、トップ争いをしていた。しかしながら、コンクールには成績が付きものであり、その結果に満足できずに、翌年から参加を断念するものも出てきた。

このようなことのみでなく、一般社会の生活の変化がある。子どもに稽古事をさせ楽しみにしていた人達の目が、一般社会に普及したテレビに行くようになってきたこと、学習塾の繁栄に子どもを取られたことなどの影響で、参加者が徐々に減少してきた。

丸岡嶺、島田正男の男性舞踊家の後を追っていたのが女性舞踊家であるが、1960年（昭和35）第17回において、賀来良江が1位に入賞した。それ以後、向坂幸子、可西希代子、橋本知奈、黒田呆子の女性舞踊家がトップを占めるようになった。

昭和30年代には200曲にも達した参加曲数であるが、昭和50年代後半からは減少ぎみで、1987年（昭和62）現在においては、参加曲数43曲である。その中で参加者にこれからの若い人々の顔が見えてきたのが救いである。社会情勢もあるが、他の部門の繁栄もあることを考えた時に、今一度、児童舞踊部門を見直すことは出来ないだろうか。

2　児童舞踊コンクールと音楽

児童舞踊コンクール作品の音楽は、1953年（昭和28）頃までは既製の童謡レコードに振りを付けることが主であった。

平多正於の記録によると、1954年（昭和29）1位「小獅子の踊り」の音楽で、初めて舞踊構成を先に考え、新しく音楽を依頼したとある。この頃、各レコード会社は、専属の児童舞踊家を抱えて、学校ダンスのために教材レコードを争って製作していた。

コンクール参加の児童舞踊家の中にも、ビクターは平多、キングは丸岡、賀来が専属舞踊家として活躍し、その舞踊家の企画のレコードを製作していた。そのような立場から、コンクールの為の音楽を作ることも出来た。

舞踊構成を先にしたものも、詩があり、曲がつくものであった。私（賀来）は、1960年（昭和35）、自作「あやとりわらべ」において、詩がなく、曲だけのもので1位となった。平多はこの年に三味線音楽を「あやとり三番叟」で使っている。舞踊家が企画したものとはいえ、従来の舞踊音

楽に対しての疑問を、平多も私も形こそ違うが持った結果がこのように表われたのではないか。詩があることにより、その言葉にとらわれて動きに限度を感じる。従来の当て振りにものたりなさを感じる。その壁を破ることが詩を除くことになった。同時に、踊る子どもたちの表現能力の伸びと、振り付け者の構成力がよくなり、詩に頼ることなく、十分に身体表現で詩を語ることが出来るようになったことを物語っている。

　この頃から段々に詩のついたものが減少して来た。踊りが先か、音楽が先か、舞踊を先に作ることを好む人、音楽を聞いてイメージが湧く人、それぞれだが、私の場合は前者である。身体表現は母国語で語るのがよいのではないかと思うことから、日本の「間」を大切にした身体の音楽を持ちたい。

3　小道具と舞踊構成

　児童舞踊コンクール作品において、小道具を使用することが近年多く見受けられる。児童舞踊に小道具を使用することはかなり古く、日本舞踊の影響から得た、笠、扇、手拭など、また学校ダンスの形式から、旗、タンバリン等を使用していた。時代の影響で剣や鉄砲を使用した時期もある。

　コンクールにおける小道具の使用は、戦後、舞踊コンクールの再開と同時に飛躍的に変化をもたらした。子どもの生活の中にある、毯、座ぶとん、本、なわとび等、また音の出るささら、たいこも使用している。

　特に橋本知奈の小道具の扱いは特筆すべきものがある。1972年（昭和47）1位「十二の月のうた」のパラソルの中に子どもが入り、それを友達がそりのように引いてゆく、いかにも子どもが楽しく冬の外で遊んでいる姿、1980年（昭和55）2位「春の絵本」の羽をラストシーンで細かく動かす叙情的な動き、1987年（昭和62）2位「子供大工さん」における、板、そして梯子に小さい子どもをのせて遊ばせているかと思うと、何時の間にか組立てられた形が出来る等、童心をうたうことに長けている。

　小道具の使用を邪道視する人々もいる。小道具をどのように扱うかに

より、その踊りを生かすことも殺すことも出来る。中には道具がじゃまになり動きが見えない。小道具を取りに舞台袖に入り、踊りの流れを止めてしまうこともある。わずか4分間という与えられた制限時間の中で、舞台を出たり入ったり、騒々しいものになっているものもある。小道具の為ばかりではないと思うが、特に第44回の予選、決選を通じて、参加曲の80%が出入を何等かの形でしている。このような事がらが小道具を使うことを嫌う原因かと思う。

全てを身体表現で表すことは素晴らしいことであると思うが、小道具も使用方法によっては、作品をよりよく見せる場合がある。小道具が身体の一部分になって使用されて、初めて小道具の効果が出る。

平多正於作品の、1956年（昭和31）1位「雷ゴロちゃん雨太鼓」の太鼓、1957年（昭和32）1位「かかしの神様」のささらのように、身体についた物のように扱うといいものになる。自作品1960年（昭和35）1位「あやとりわらべ」（後記参照）も、小道具の効果を生かした作品である。

4　参加者の年齢と作品

この児童部門においての年齢制限は、4月1日現在で15才未満になっている。小学校1年生から中学校3年生まで、年齢の開きが大きい。

この年齢の時代は、身体的にも知的な面でも、発育、成長状態が年齢によっていちじるしく異なる。その中で、年齢差を利用した組合せをして作品を作る楽しさもある。

小学校1年生の同学年だけを集めての群舞は、あどけなさが作品の中心となり、芸術性を求めることは出来ない。一方、中学生を主体とした作品においては、大人の世界を模倣したようなものもある。

審査の対象はどこにおくべきなのか、考えたい。

5　賀来良江の作品による時代別の児童舞踊の追究

1953年（昭和28）から参加してきた舞踊コンクールは、私の児童舞踊の追究の場である。何も疑問を感じないままに、既製レコードに振り付

けていた時代から、今日に至るまでの過程を作品によって追ってみる。
- 1953～56年（昭和28～31）
  既成のレコードに対して振りを付けた時代であり、歌詞に忠実に従った当て振りで、簡単な体型変化を入れたものであった。
- 1957～75年（昭和32～50）
  遊びの中から題材を中心に群舞の構成でみせた。
- 1957年（昭和32）
  「どんどやき」で自分から題材を決めて、作曲を依頼する。子どもの遊びをテーマとする。
- 1960年（昭和35）
  「あやとりわらべ」で従来の童謡舞踊からの脱皮をする。
- 1975～85年（昭和50～60）
  題材も難しいものになると共に、テクニックの上達の時代になった。

以下作品例を挙げる。

(1) 身近な遊びをモチーフに

〈1960年（昭和35）1位「あやとりわらべ」〉

この作品が、連続1位の平多正於作品を抜いて1位に入賞したのは、どのような原因があろうか、次のような点が考えられる。

①子どもの身近な遊びをモチーフにしたこと
　大人が与えたものでなく、子どもに理解できるものであり、共に作品を作りあげ、子どもが創造の喜びを知った。

②音楽に先行されるのでなく、動きを先行させたこと
　それまでの平多の作品は、踊りのために新たに作詞作曲をしたものであるが、動きが詩についていくという部分があった。

③舞踊構成が従来のものではなかったこと
　群舞は7、8人の構成が多い中、4人という少ない人数で、小道具となったゴムテープを有効に使い、舞台効果をあげたことによる。

④テーマの中に哲学があったこと

花柳千代の指摘によると、この「あやとりわらべ」の中には、人生がうたわれていると言う。小さくたたまれた糸が、段々に広がり、形を作り、壊され、からみあいながら、また形を作る、それは人生そのものであるとのことである。
　この部分は、まだ作者自身が若く、考えが及ばないところであったが、子どもの作品であっても、良いものは、意識しなくても自然に哲学が生まれることを学んだ。
　この作品を作るのには、舞踊構成図を画くことをすると共に、裁縫台の上の作業が役にたった。待針と糸を利用して女だから考えられたのである。生活環境の中から、無理をせずに作った作品の1つである。
　以後、作品のテーマを子どもの生活環境の中から選ぶことになり、子どもの理解できない大人のものに、題名のみ子どもと付けることを避けるようにした。
　「どんどやき」「ひな人形五人ばやし」「おてだまあそび」等を通じて、子どものあそびをテーマにしてきたものの、時代の流れは、子どもの生活環境をも変えてきた。
　子どもの遊びのなかから題材を選ぶことにいきづまり、民話に、民謡に、わらべうたにと題材を求めた。昭和50年代に入ると、子どもの減少によって、各研究所共に同年齢の子どもだけで1つの作品を作ることが難しくなってきた。大きい子どもと小さい子どもの組合せの作品が、参加曲の中に少しずつ増加してきた。その組合せの面白さを使い、1975年（昭和50）「ドレミのうた」で、鼠を擬人化して母親と子どもの楽しい生活をホームドラマのような作品にした。児童舞踊の場合には動物を擬人化したものが多い。1976年（昭和51）「蟻」は、蟻の生活をテーマに、自然界の弱肉強食をドラマを持った振り付けとして試みた。

(2)　テクニックと構成を中心に

〈1977年（昭和52）3位「棋道」〉
　前年度の「蟻」も、小学生のテーマとしては適当なものであったが、

動きは高度のものであった。踊る子どもの年齢が高くなったことと共に、参加団体の固定により、テクニックの向上がある。

舞台構成も、観客の目を中心として、センターに向い半円にすることが多くなり、コンクールパターンが出来てきた。このパターン化された舞台構成に、他の方法はないかと考えての振り付けであった。

「棋道」は、将棋の駒の動きを舞踊化したものである。舞台を将棋盤の目として、上手と下手にわかれたグループが向きあい、それぞれの駒の特徴に合わせた動きをして、各自が縦横に動いた緊張したテクニックとした。

1つひとつの駒の進み方の違いを同時に行い、複雑な踊跡を出した。また、子どものテクニックの差を考慮して、振りに1人ひとり変化をつけた。児童舞踊では、このようなことは、同時に年齢の違う子どもを踊らせることがあるので、往々にしてあることである。

このことは、後日接したマース・カニングハムの言っている、舞台のどの場所も興味のある点であるという空間の考え方、また、同時にいろいろな振りを行い、複雑な面白さを出すと言ってることと同じである。

この作品「棋道」を大人が踊るのであれば、モダンダンスとして芸術性の高いものとなる。子どもが踊り手ではそこまでは評価されない。児童舞踊の限界か、また、日本の児童舞踊のような形が世界に無いことから評価されないのであろうか。

(3) 再び童謡に帰る

〈1985年（昭和60）入選「赤い帽子白い帽子」〉

児童舞踊部門においては、群舞が多い。その中にデュエットで参加することは、子どもの実力と内容がともなわないと出来ない。賞を度外視しての参加であった。敢えてこの「赤い帽子白い帽子」の童謡を選んだ理由は、次のような事柄を考慮してのことである。

　　　赤い帽子白い帽子　仲良しさん
　　　いいつも通るよ　女の子

ランドセルしょって
お手手をふって
いいつも通るよ　仲良しさん

①この詩は昭和初期のものであるが、現代の子どもの通学途中にも見られる風景であること
②現代の子どもの動きが、落着きのないものになっていることを考えたときに、エイトビートのリズムだけで色々なリズムを知り、休止譜のある動きを学ばせること

しかしながら、現代の子どもは、テンポの遅いものは拒否する。リズムのハッキリしたものを好む傾向にある。

振り付けの留意点として、次のようなことを考慮して動きをつけた。

このステップは弾むリズムであるが、過去の先輩の振りでは、ツーステップか、普通歩を用いていた。

このように1にアクセントを持っていき、先打ちのリズムとして肩を交互に前に出して、踵を蹴りながらビートの効いた歩き方をした。
その結果、古い童謡であるが、新しく感じることが出来た。

⑷　子どもの見たものをモチーフに

〈1979年（昭和54）3位「インディアンの詩」〉

　児童舞踊の作品内容は、参加者の年齢により違う。どのようなものをテーマにしたらよいのか、迷いを感じていた。小学校低学年の子どもと中学生とでは、内容の理解度が違う。
　このテーマを選んだ理由は、次の点にある。

この作品に参加を希望した子どもの中に、前年度アメリカ公演に行き、インディアンの博物館を見学した者が半数を占めていた。また、この時期を同じくして、短大の授業の中で、体で音を出すことを学生と一緒に研究していた。自分の体から音を出す、手と手をこすり、足で音を出し、口笛を吹く。何時の間にか祈りが出て来た。この体験を元に、トーテムポールをセンターに置き、祈りを出した。作品の参加者の年齢構成は、低学年3名と高学年、中学生14名であった。

　雨乞いをするインディアンから始まり、小さい子どもをトーテムポールの精として、大きい子どものインディアンが祈りを捧げる中を、這ったり、背中に乗ったりした激しい動きを山とし、終りは静かな祈りとした。

　激しい振りは、リーダーとなった子どもを中心にした子ども同士の話合いが何度も持たれて、動きの練習がなされた。このような作品がはたして児童舞踊と言えるのか、あどけなさを正面に押し出したのがよいのか、仕込まれた媚びを求めるような、作られたあどけなさは嫌気がする。

　このような時、黒田呆子作品の1980年（昭和55）1位「新入生」は、明るく素直な子どもらしいよいものであった。

　以後1980年（昭和55）「蝶」、1981年（昭和56）「折紙の幻想」、1982年（昭和57）「メカニズムプレイ」（ゲームウォッチがテーマ）、1983年（昭和58）「おかあさんてば」（受験戦争がテーマ）等々、子どもの環境の中のものを、子どもと一緒に作品にしていった。

(5)　与えるものと引き出すもの

〈1987年（昭和62）3位「**子供のこころ**」〉

　近年のコンクールを見て感じることとして、とてもよくできた作品であり、子どものテクニックも十分発揮されていながらも、子どもが生き生きしていない、大人が作った作品をなぞらえていることがある。

　作者として作品評価に気を取られると、子どもの心を忘れてしまう。

思い切って、学校教育の中で行っている自由表現を子どもにさせてみた。
　当時私の持つスタジオの近辺の学校では、暴力のことが問題であった。
　スタジオで遊ぶ子どもを見て、現代の子ども達が求めていることは何か、決して殺伐とした気持だけではないことを、子どもと共に考えて作った作品である。
　モチーフとして童謡の「コンピューターおばあちゃん」を使った。コンピューターに夢中になって遊ぶ子ども、そしていつの間にかコンピューターの中に入り込んでしまい、機械と戦い、疲れてしまう。疲れた心を癒すのは、暖かいゆりかご（母親のふところ)、そこに子どもの未来がある。何処まで子どもに理解出来るか解らないが、子どもの心をこの作品で昇華できればとの願いであった。
　音楽構成としては、下記のようにした。
①「コンピューターおばあちゃん」（童謡）
②シンセサイザー
③「ゆりかごのうた」(童謡)
　舞踊構成としては、下記のようにした。
①各自が椅子にすわり、コンピューターと遊び、人のことを考えず、孤立して遊ぶ。従って、動きは11名が１人ひとり違った動きをする。その中で一番小さい子どもが、コンピューターと遊べず、大きい子どもに別の遊びを誘うが跳ねつけられる。
②コンピューターに魅せられ、その中のものになりきって遊ぶ。機械に振り回わされて、くたくたになってしまう。
③静かに心の落ち着きを取り戻して、未来への希望に眼を向ける。
　動きは子どもと一緒に自由に遊びながら、子どもの動きの面白い所を１つひとつ拾っていき、各自の動きを決めた。
　ある程度決められた動きをして、その他の所は、子どもの想像による自由表現で即興で動かした。

結果として、予選ではのびのびしたよい動きをしていた。決選では稽古のしすぎによる緊張で萎縮したものになった。子どもは、上からの押えられた稽古より、自分の中から出て来たもののほうが生き生きしていることの証明であった。
　児童舞踊は、指導者が与えるものと、子どもから引き出すものとが1つになった時に、良いものが出来るのではないだろうか。

6　おわりに

　児童舞踊コンクールへの参加目的は、初期の頃は子どもの奨励と上達を願ってのことであった。1988年（昭和63）の募集要綱によると、このコンクールの目的は、「日本の舞踊芸術発展のため、時代を担う舞踊家の育成発掘を目的とする」となっている。児童舞踊部門に参加する者の目的は、この主旨に添って考えた時に、参加する子どもだけのことではなく、児童舞踊家自身の育成だと思う。平常は、兎角安易に作品を作りがちである。年に一度、時間をかけて、子どもと共に1つの作品を追及することは、子どもの心に、真の身体表現の価値を学ぶことになる。

子どもの頃児童舞踊部門に参加し、成長して現代舞踊に進んでいった人々の多くは、子どもの頃の年齢にあった、心と体を1つにしたものを体得したことを忘れずに、踊りの表現に生き生きしたものを出している。舞踊家として進んだ者のみでなく、画家として活躍している者からも、子ども時代に舞踊コンクールに参加して、1つの作品に真剣に取り組んだ経験が基礎になっている、と言われている。

　児童舞踊コンクールに参加することは、子どもにとって人間形成の大事な時期に何等かの影響を与えている。子どもから引き出すことと、子どもに与えることの指導が一致した時に、成績に関係なく良い作品が生まれる。児童舞踊家としての努力が認められることでもある。手がかかることではあるが、真の芸術家を産みだす基礎教育であると思う。

参考文献
1．『東京新聞舞踊コンクール記録』中日新聞東京本社
2．『音楽舞踊新聞』音楽舞踊新聞社
3．全日本児童舞踊家連盟編『児童舞踊五十年史』(1958) 全音楽譜出版社
4．ジャクリーヌ・レッシャーヴ、石井洋二郎他訳『カニングハム　動き・リズム・空間』(1987) 新書館

　　　　　　　　　　（初出：『鶴見大学紀要』第25号 第3部　保育・保健歯科編、1988）

児童舞踊と舞踊コンクール
The Children Dance and Dance Concours

　全国舞踊コンクールは東京新聞主催、文化庁、東京都後援のもとに毎年3月～4月中旬にかけて行われ、日本のコンクールで一番歴史がある。日本舞踊協会、現代舞踊協会、日本バレエ協会、全日本児童舞踊協会が協賛している。

　第1回コンクールは、1939年（昭和14）東京新聞の前身、都新聞のときに創設され、1944～1948年（昭和19～23）の5年間、戦争のため中断、1949年（昭和24）再開され、現在に至っている。

　第1回は、大人と子どもの区別、部門の区別もなく行われた。その結果、子どもが1、2位をしめ、大人が3位であった。

　第2回は、第1回の反省からか、一般の部、児童の部となっているが、部門の区別がない。児童の部を作るにあたり子どもはコンクールの対象にすべきではないという意見もあったが、この時に児童の部が作られたことが、後の児童舞踊の発展に繋がったのではないだろうか。一般の部に準入賞の石井よしこ（後の児童舞踊協会会長若葉陽子）の名前をみる。

　第3回の1941年（昭和16）から参加部門の区別ができ、第1部（日本舞踊、新舞踊）第2部（現代舞踊、教育舞踊）と別れ、一般の部、児童の部で行われた。この教育舞踊には、舞踊研究所の子どもだけでなく、小学校からの参加もあった。

　第5回は、児童部の名称が少国民舞踊部となった。戦前の指導者には丸岡嶺、河藤たつろ、賀来琢磨等のほか、小学校教員であった近藤有宜が芸名で参加している。

　第6回は戦後再開され、この回において、従来の教育舞踊部門が児童舞踊部門と改称され、児童舞踊の性格を打ち出すことになった。昭和20年代、参加した上位入賞者には丸岡嶺をはじめ印牧門下の活躍が目立つ中で、島田正男（後の平多正於）が参加し成績を上げ、昭和30年前半をリードする。昭和30年代後半から作品内容の向上のためか、また上位入賞者が固定されたためか、参加作品数が徐々に減少した。一方地方から参加した向坂幸子（金沢）、可西希代子（富山）や、平多房子、賀来良江、橋本知奈等、女性指導者の活躍が多くなった。以後地方から参加の黒田

呆子（北九州）、藤井信子（秋田）、平多宏之（岐阜）、さらに関原生子、岸理江子等の参加が続いた。

　橋本知奈、平多武於と平多正於門下の参加曲数が群を抜いて多い。長い歴史の中で、舞踊技術、作品の向上はあるが、同時に1つのパターンが生まれてきた。「一部の児童舞踊家のものになっている」ということで、コンクールを避け、それ以外の活動に力を入れる児童舞踊家もいる。現在、新しく参加する指導者もあり、子どもの心と体の発達に即し、考慮した作品が多く生まれることを期待する。

舞踊コンクールの変化
Changes of Dance Concours

　1989年（平成元）に入ってから、コンクールは東京新聞主催以外に各地で始まった。

　教育界では、日本女子体育連盟等が主催する「全日本高校・大学ダンスフェスティバル(神戸)」が1988年から行われている。

　東京新聞のコンクールは50年の歴史があり、そこには1つの形ができてきた。別の考えを持つ現代舞踊の人々が、新たな考えで自分の住む地域にコンクールを開設したことからコンクールブームが始まった。

　その時代その時代の社会情勢から、民謡、エアロビックス、バレエ、フラダンス、フラメンコ、ヒップホップと、1900年代と違い舞踊は多種多様に増えてきた。そこにはコンクールが必ずある。しかし児童舞踊は無い。東京新聞の「全国舞踊コンクール」のみ、2012年現在も児童舞踊部門がある。かつて、参加作品数は1960年代に200曲を超え、80年代には50曲と減少。90年代にはまた減少した。

　減少の要因として次のことがあげられる。児童舞踊は群舞作品が主となっており、参加人数が17名以内となっている。少子化時代の声と共に学習塾や他の稽古事に子どもは時間を取られ、群舞で積み重ねの稽古をすることが難しくなったこと、コンクール自体の作品内容が偏り、本来の児童舞踊の良さがなくなったことが減少に追い討ちをかけた。現在のコンクールで活躍している団体は、地方の土地に伝わる民俗舞踊の素質

があるところが成績を上げている。

　児童舞踊でのステージ舞踊の発達は、東京新聞のコンクールの成果といえる。日本の伝統である児童舞踊を、今無くすことはできない。児童舞踊の原点にかえり、新しい児童舞踊を作ることを研究して欲しいと思う。

　1999年に始まった「なかの洋舞連盟コンペティション」は、他のコンクールと違い幅広い種類の踊りを認め、輝くもの、感動を与えるものを選出している。その中に児童舞踊もある。2011年度には、テクニックとしては子どものもので、他のソロの技術の優れた人には及ばないものだが、群舞として大きい子どもが小さい子どもの面倒を見ながら1つの作品をまとめている「カルガモのマーチ」が、親子のコミュニケーションを、子どもの年齢の縦社会を使い表現した。親子の関係が薄くなっている現代社会に、温かい表現で感動を呼んだとして、審査委員から特別賞が出た。児童舞踊としては嬉しい賞である。

　それぞれのコンクールの主催者が、自らコンクールの性格を打ち出していくことが求められると同時に、そのことが舞踊界の発展につながっていくと考えられる。

第2章　児童舞踊コンクール

【2】日本において独自的発達をした児童舞踊の現状
　——舞踊コンクールからみる

Present Situation of the Children Dance which has been originally developed in Japan——Seeing from the Viewpoint of Dance Concours

1　目的
　日本の「児童舞踊」に興味をもつ海外の子どものダンス指導者がいる。しかし日本においては、舞踊を専門としている研究者からさえ「児童舞踊とは？」と問われることがある。また、「児童舞踊」の初期活動である童謡舞踊、お遊戯のイメージをもたれていることがある。過去において舞踊家の印牧季雄、邦政美、柿沢充、賀来琢磨、丸岡嶺が「児童舞踊論」を闘わせたことがあるが、現在はわずかに評論家である桜井勤が取り上げるほか、雑誌『音楽広場』(1992年)に児童舞踊特集が組まれたこと以外、「児童舞踊」はほとんど目に触れない。
　現在、社団法人全日本児童舞踊協会は、会員の参加による合同の4公演を持つほかに、各団体がステージを盛んに行っている。しかし、「児童舞踊」というと軽く見なされる傾向が多い。そこで「児童舞踊」の意義を問い、活動状況の1つである舞踊コンクール参加作品を通して、「児童舞踊」がステージにおいてははるかにお遊戯の段階を越えたものであることを考察する。

2　方法
　東京新聞主催、第50回（1993年／平成5年）、第51回（1994年／平成6年）舞踊コンクール児童舞踊部入選作品59曲を対象として、題名、テーマ、振り付け、舞踊構成、テクニックを分析する（分析結果はpp.112～113の表を参照）。児童部参加の規定の参加者の年齢は、第50回は1977年4月2日以降の誕生者、第51回は1978年4月2日以降の誕生者、すなわ

ち中学3年生以下となる。制限時間4分以内、題名は自由でよい。

3 　題名、テーマ

　多種多様な題名、テーマを、自然、子どもの環境、心理、童話、動物、民謡、その他に種別した。自然、子どもの環境から選んだものが多い。しかし一様にみただけでは子どもに適したものか、参加者の年齢に幅があり解らない。

4 　表現の方法

　テーマに対して物語を作り、子どもに理解ができるように具現化したものが多く見られる。作品構成は、4分の作品に対して場面転換が多く、そのために舞台の出入りが激しく、説明だけに追われる作品がある。バック音楽は、ほとんどの作品が構成されたものであり、細かくきざみ過ぎているものもある。上位入賞作品はこの点の整理が出来て内容が打ち出されている。人数構成は、参加規程によると、ソロで参加することも可能であり、群舞構成は16名を限度とされている。参加曲数59曲中、3名以下の参加はなく、4名以上の群舞構成による参加であり、5名以内の少人数の参加曲数は3曲のみ、10名以上の構成が多数である。

5 　表現のテクニック

　テクニックはその作品の指導者の舞踊体験により表現方法が異なる。どのようなものであっても子ども自身の技術は高度になっている。子どもの成長過程の中で、その年齢のときでないとできない動き、大人にはまねのできない子どもの自然な動きが、児童舞踊の特徴として作品に表れている。

6 　結論

　児童舞踊コンクールは日本的作品が多いといわれていたが、現在の児童舞踊においては、指導者自身が子どものときから、舞踊に携わってい

た者が多く、何らかの形で舞踊テクニックをもち、創作方法を舞踊教育で自然に身につけている。長い全日本児童舞踊協会の歴史的指導方法として形から入る方法を取っている、すなわち先生の振り付けを先生を見ながら覚える方法のところもあり、綺麗にまとまりすぎてしまう。また一方、子どもから引き出したものをまとめていく方法がある。子どもから引き出した作品は生き生きとしているが、美的感覚が薄れる。これらは、2代目会長、島田豊の日本舞踊を元にしたものと、初代会長、印牧季雄のイングマンの流れを汲む指導法が現在にも影響しているといえるのではないだろうか。いずれにしてもテクニック、創作方法ではレベルの向上があり、お遊戯を越えたものになっている。

　しかし、作品のテーマ、内容においてはよい作品であるが、これが児童舞踊と言っていいのか、と思うものもある。児童部門が設けてあることに鑑み、これからの児童舞踊を育てていくべきだと思う。

参考文献：
1．全日本児童舞踊協会『児童舞踊70年史』(1977) 全日本児童舞踊協会
2．全日本児童舞踊家連盟編『児童舞踊五十年史』(1958) 全音楽譜出版社
資料提供：東京新聞
協力：社団法人全日本児童舞踊協会

（初出：第38回舞踊学会、1994）

テーマと表現方法
1993年（平成5）の作品

作品名	自然	子どもの環境	心理	童話	動物	民謡	その他	具体的	抽象的	子どもらしい	民謡	日本	モダン	バレエ
1 二十四の瞳				●				●					●	
2 不思議な雪ダルマンボ	●							●		●				
3 童子花祝祭						●		●		●	●			
4 鳥になりたい	●							●					●	
5 アアいそがしい		●	●					●					●	
6 まちかど横丁		●						●					●	
7 春のむすめ	●													
8 小さな修行僧							●	●				●		
9 妖精たちの森	●							●					●	
10 北風と太陽				●				●		●				
11 ちょいと此処らでひと休み			●				●	●		●		●		
12 それいけ！どくろ丸		●						●		●				
13 ぼさつ		●		●				●		●				
14 心躍る祭りの日		●							●	●				
15 恵比寿漫才より めで鯛 目出鯛							●	●	●				●	
16 仔犬物語		●			●			●		●				
17 チャップリン								●					●	
18 安来の里						●		●			●			
19 みやびの駒									●			●		
20 さとうきび畑	●	●						●					●	
21 ひとりぼっちじゃないよ		●	●					●		●				
22 やまぶどうの夢	●								●					
23 赤ちゃんがやって来た		●	●					●						●
24 俵つみうた	●	●						●				●		
25 神鶏、舞						●		●				●		
26 神々の伝言						●		●				●		
27 そして稔りの時期がきた	●							●				●		
28 マリオネットの夢		●	●					●	●					

第2章　児童舞踊コンクール

1994年（平成6）の作品

	作品名	テーマの種別							表現の方法		表現テクニックの種別				
		自然	子どもの環境	心理	童話	動物	民謡	その他	具体的	抽象的	子どもらしい	民謡	日本	モダン	バレエ
1	秋のスケッチ	●							●						
2	雨情ーその心のやさしさ			●						●					●
3	けいみつ	●					●			●					
4	秋みーつけた	●							●						
5	ブンタラ、カンタラ		●						●						
6	ダンシング・ザ・フトン							●	●						
7	霊安室のクリスマスイブ		●	●						●				●	
8	僕たちの夢を目指してゴー		●						●						
9	セーヌ河畔に秋深く	●		●					●					●	
10	パッチワークに凝っています							●	●						
11	錨をおろせ！		●												
12	コンポンチャムー悲しみの中の少年たち							●		●				●	
13	ある絵画よりケンタッキーの働く子供達	●	●						●						
14	からすが鳴いてまんじゅしゃげ	●							●				●		
15	ウサギが旅する春うらら					●									
16	白虎隊							●	●	●				●	
17	勇気ある愉快なノーム							●	●						
18	野菜たち	●	●												
19	幸福の苗を植えよう									●					●
20	雲の雲っこ	●													
21	金のガチョウ				●				●		●				
22	おむすびころりんとこへいく				●				●				●	●	
23	黄緑色のシンフォニー	●							●		●				●
24	おじいさんのりんご園	●							●						
25	陵王楽							●	●						
26	あ・き・た・の・た・ぬ・き				●	●									
27	ふるさとの仲間	●	●						●				●		
28	街道を行く		●						●	●				●	
29	闘犬小冠者						●		●						
30	スノーマンと雪わたり	●							●		●				
31	したしいー彼岸花によせて	●											●		

113

児童舞踊についての先輩の言葉
The Words concerning to the Children Dance by the Superiors

　先輩の言葉は年代順に追っていくと言葉の中からその時代を感じる。まさに100年の歴史が児童舞踊にはある。児童舞踊から切り離せないものは教育的意義を考えた創作舞踊である。青少年の学校教育の中にダンスが入ったが、発達に合わせた動きを考えるべきであり、そこから新しい息吹を取り上げていきたい。

印牧季雄（1899〜1983）〈初代全日本児童舞踊連盟会長。学校舞踊理論を元に学校ダンスを主として行っていた。〉
　「日本人の服装・着物から解放された身体について、身体の動きと基本運動を取り入れた。
　リズム教育は生活上大切なものである。芸術的に情緒を育てる。自己の心を円滑に発揮させる。目的は人間教育である。」
　　　　　　　　　　　　　　　　　（「全日本児童舞踊協会会報」より）

島田豊（1900〜1984）
　「男女の区別なく『リトミック』の上からリズミカルな人間が現今の必要なる以上に男の子に対しての作品の考え方を考慮すること。
　自由は放縦ではなく、柵内に於ける自由、柵の外に出るといけない。定まった中に於ける自由ということを踊りの上では忘れてはいけない。」
　　　　　　　　　　　　　　　　　（「全日本児童舞踊協会会報」より）

丸岡嶺（1902〜1972）
　「児童舞踊は、その名称の示す通り、義務教育の中の（又これに準じる）児童生徒を対象とする踊りである以上、芸術の分野に属しつつも、その傾向や、内容、形式において種々制限のあることは当然であって、人間形成の最も大切な時期にあるこれら児童生徒の心身の発達段階に応じて、無理なく舞踊訓練を施し、身体的にも、思想、感情にもあくまで教育的立場を守らなくてはならない。
　従って、児童舞踊はその目的が直接芸術家や特殊な職業人を養成する

ことにあるのではなく、リズム教育の指導、身体的発達の助長や、情操性、創造性の伸展をはかり、同時に人間育成の糧とすることからである。
　即ち、子どもが舞踊をするということが、同時に子ども自身の生活であり、子ども自身の生活そのものを舞踊芸術の中に再現するものある。」
　　　　　　　　　　　　　　　　　　　　　（『児童舞踊70年史』より）

柿沢充（1901～1992）
　「子どもの舞踊教育の研究は浅い、大人の縮小版として指導してはいけない。児童には児童の感じ方、理解の仕方があって、必ずしも大人と一致するものではない。」　　　　　　　　（『児童舞踊70年史』より）

泉田哲彦（1912～1992）
　「児童舞踊は芸術性というより教育的にやや比重がかかっていて、特に子どもの生活の場や生活感情をより多く取り上げた踊りといえる。
　子どもの発想を重んじた創作舞踊といえる児童舞踊では、踊りのことば、即ちリズム指導・基本テクニックを無理なく指導をして内心の発想を育てる踊りといえる。」　　　　　（「全日本児童舞踊協会会報」より）

平多正於（1918～1985）〈児童舞踊コンクールに対してのことば〉
　「児童舞踊として素直に受取り易い素材、何か新しさを感じさせる素材、子どもらしい品格があって誰にも好意を与えるもの。作品構成の土台をなす起承転結、或いは序・破・急など時間構成を考える必要がある。
　新しい舞踊分野の開拓を目指して、児童演劇、児童絵画は大人が演じ、大人が画いてもいるように、児童舞踊も大人と子どもで作品を作って児童舞踊の新しい分野として行くことを望む。」
　　　　　　　　　　　　　　　（「全日本児童舞踊家連盟ニュース」より）

若葉陽子（1924～2005）
　「色々なジャンルの舞踊をどうとり入れ『何を踊る』ということは、現在の課題と思う。質的向上は、ややもすると技術に走りすぎるきらいも出てくる。真に児童舞踊らしい作品づくりが大切である。」
　　　　　　　　　　　　　　　　　（『全国舞踊コンクール50年史』より）

第3章　遊びからの発想、創作過程

The Third Chapter：The Ideas from the Play,
their Creative Processes

【1】 舞踊制作の中に現われた子どもの状況
—ブリューゲル「子供の遊戯」振り付けの場合

Children's Situation appeared in making Dance —The Case Studies of Arranging Dance of Brügel's "Children's Play"

1　はじめに

　全日本舞踊連合から、「絵画の空間に時間を忍び込ませる舞踊の秘儀」というゼミナールのテーマのもとに、児童舞踊を創作するように依頼され、1989年9月28日に発表した。

　どのような絵画を主題としてもよいとのことで、ブリューゲル（1530～1569）の「子供の遊戯」を取り上げた。

　既に私が創作する児童舞踊のモチーフは、子どものあそびをテーマにしており、「あやとりわらべ」「かげふみ」「お手玉あそび」等日本の伝統的あそびから、「ゲームウォッチ」「ぼくらコンピューター」等の新しいあそびも取り上げている。

　ブリューゲルの「子供の遊戯」は、西洋のものであり、それが製作された16世紀とは時代の隔りがあるが、絵の中にある遊びは、日本の子ども達にもなじみのものがある。

　児童舞踊は、子どもの心身の発達段階に即した、子どもに理解出来るものをテーマにすることが望ましい。今回もそのことを意識してテーマを選んだ。ブリューゲルの「子供の遊戯」を舞踊作品として表現するために選んだ子ども達には、充分に理解出来るテーマであり、子どもが心の内面から楽しく踊ることの出来る作品をつくることを目的とした。

　然しながら、子ども達と共に創作を始めると、種々の問題が出て来た。子ども達を取りまく環境は、時代と共に急激に変化しており、身体を使ってのあそびを子ども達は知らない。また作品発表の結果、この古い時代のあそびが、とても新鮮な舞踊作品であると見られた。

私の子どもの時代のあそびをかみ合わせてはいるものの、ほとんどが絵画の中のあそびをいろいろなステップで連結したもので、つい最近まで日本でも遊ばれていたものに類似したものだけを取り上げたにもかかわらず、それが新しくみえるのは何故だろうか。

同じ1989年、現代舞踊家米井澄江が、ブリューゲルの絵をモチーフとした作品「ELCK」を発表し、新しい傾向の舞踊として多大の評価を得ている。

今、私達は、急激に変化する環境の中で見失ったものを、ブリューゲルの絵画の中に見い出せるのではないだろうか。

幸いにこの舞踊作品の創作中に発刊された森洋子著『ブリューゲルの「子供の遊戯」』を参考に、その創作過程を追いながら、この問題を考えてみたいと思う。

2　踊る子どもを選ぶ

この舞踊作品に参加出来る人員は、10名と決められている。現在の子ども達は、自己を主張することが強く、舞台に出ることを好む傾向にあると同時に、積み重ねの努力を好まず、その場だけの華を好む。私の"遊び"から"舞踊"への追求は、根気のいるものということもあり、次の条件を考慮して選ぶことにした。

①絵の中に出て来る子どもの年齢に合わせること
　　年齢の幅をもたせ、縦割りとする。
②作品発表の日に、夕方5時迄に楽屋に入れること
　　当然のことながら、子ども達には学校の授業を休ませることは出来ない。会場に近いことが条件に入る。
③絵の内容をつかめること
　　言われた通りの型を踊るのではなく、自分で内容を理解し把握出来て、心の中から表現出来ることが条件となる。
④いろいろな環境から選ぶこと
　　ブリューゲルの「子供の遊戯」には、当時の風俗のいろいろな面

が遊びに出ている。1つの学校の子どもだけでなく、異なった学校に通う数校の子どもを集める必要がある。
⑤集中出来ること
　現在の子ども達の生活は、塾通いのために大人以上の忙しいスケジュールで一日を送っている。短いけいこ時間の中で、集中して覚えることの出来ることを優先するようにする。

以上の基準で選ばれた10名の子ども達は、次の通りである。（　）内はけいこ回数。

　A子　6年　私立小学校、兄と2人の末子　（週1回）中学受験勉強中
　B子　6年　公立小学校、妹と2人の長女　（週3回）
　C子　6年　私立小学校、3人姉妹の末子　（週3回）家庭教師につく
　D子　6年　公立小学校、兄2人女1人の末子　（週3回）
　E子　6年　私立小学校、妹と2人の長女　（週1回）3年間フランスにいた帰国子女
　F子　5年　公立小学校、姉と2人の次女　（週3回）
　G子　4年　公立小学校、姉と2人の次女　（週3回）
　H子　4年　公立小学校、男女女3人の長女　（週2回）
　I子　3年　公立小学校、H子の妹　（週3回）
　J男　2年　公立小学校、兄と2人の次男　（週3回）

3　振り付けに入る前の子ども達に対する導入

振り付けをする場合、踊り手に対しての導入、働きかけの方法としては、2つのものが考えられる。
　①作品の中で必要な動きから入る方法
　②テーマの内容を理解させて、何かを感じ取らせてから入る方法

この2つの方法のどちらかを私は使っている。今回は絵画をテーマとした作品をつくるので、まず、子ども達にテーマの絵画を鑑賞させた。

1つの画面の中に、90種類近いあそびが画かれている。当然子ども達は、絵の中のあそびをすぐに模倣するものと私は予想していたが、実際

の子どもの反応は、年齢の低いI子が「模様みたい」と言い、「点みたい」と言っただけで、他の子ども達はただ見ているだけで言葉も出ず、動きの誘導にはならなかった。私自身、絵を見れば見る程、1つひとつの動きの楽しさ、そして、1つの画面の中で多くのあそびが無駄なく生かされているのに、子どものあそびだから楽しく踊ればいい、と安易に考えていたことを反省しなければならなかった。

　絵を見た印象を踊るか、具象的に絵の中の形を踊るか、そのどちらを取ったらよいか、まず子ども達と絵の中のあそびをいくつか再現してみることにした。

4　絵の中のあそびを選んで遊ぶ

・引っぱりっこ

　絵の中央で眼につく。2人ずつ向いあって引っぱりあう。始めは両手で引きあっていたが、片手で引くもの、足を引くもの、後向きとなった友達の腰を引くもの、キャッキャッと喜んで遊ぶ。

・馬とび

　絵の中央、引っぱりっこの上に画かれている。子どもになじみのあそび。大きい子どもの上を小さい子どもが跳ぶとき、「低くして」と声をかけあい、上手に順に跳びこえて行く。メンバーからはずれた子ども達が、いつのまにか入って来て一緒に遊んでいる。

2つのあそびを子ども達に与えただけで、新しい動きを見つけて遊ぶ。選ばれた高学年の子どもより、低学年の子どもがリーダーとなる。一番体力があると思われる5年生6年生がおとなしく、動きがにぶい。疲れた身体を、先生にいわれたから動かすといった態度に見える。しかし子ども達に問うと、楽しく遊んでいるという。身体が疲れているということに気づかずにいる。選ばれた子ども達が、作品に入ってからどのようにあそびを表現出来るだろうか。

5 振り付けに入る

　数多い画面の遊びから、出だしをどの遊びにするかなかなか決められずにいた。画面を図1のように切って、中心にある「引っぱりっこ」を作品の出だしの山に持って行くこととした。

　「子供の遊戯」のスライドをバックにし、音楽を流して、スライドに重ねて「お手玉あそび」をする。次に「先頭につづけ」を上手と下手から出し、「引っぱりっこ」に持っていった。

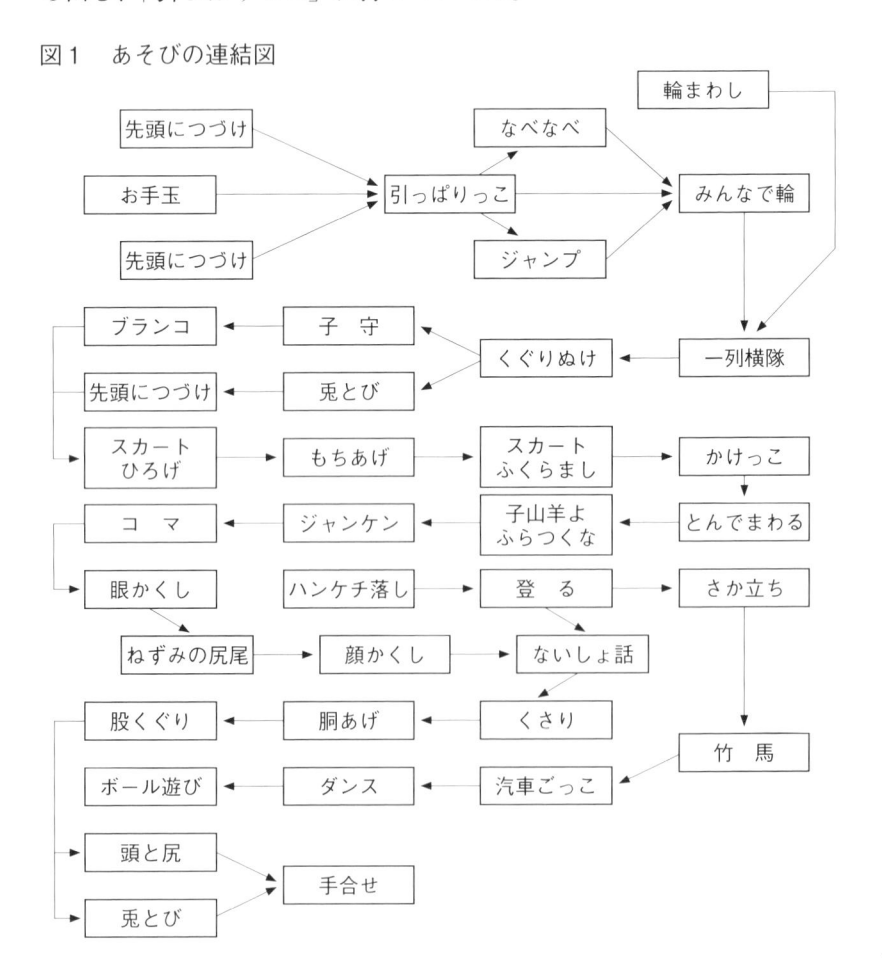

図1　あそびの連結図

```
先頭につづけ ─┐                 ┌─ なべなべ       輪まわし ─┐
お手玉 ──────┼──→ 引っぱりっこ ─┼──────────→ みんなで輪 ←┤
先頭につづけ ─┘                 └─ ジャンプ                │
                                                          ↓
ブランコ ←─ 子 守 ─→ くぐりぬけ ←─────────────── 一列横隊
先頭につづけ ←─ 兎とび ─┘
スカートひろげ ─→ もちあげ ─→ スカートふくらまし ─→ かけっこ
コ マ ←─ ジャンケン ←─ 子山羊よふらつくな ←─ とんでまわる
眼かくし ─ ハンケチ落し ─→ 登 る ─→ さか立ち
ねずみの尻尾 ─→ 顔かくし ─→ ないしょ話
                                    ↓
股くぐり ←─ 胴あげ ←─ くさり       竹 馬
ボール遊び ←─ ダンス ←─ 汽車ごっこ
頭と尻 ─┐
兎とび ─┴─→ 手合せ
```

122

第 3 章　遊びからの発想、創作過程

お手玉

先頭につづけ

頭と尻あそび

眼かくし

絵をどのように舞踊化するかと悩んだ時間が多く、子ども達といろいろ遊んだのが良い結果となったのか、振りに入ってからは作品の1/4は短時間で振り付けられた。

絵を見ているだけでは難しいと思われたあそびとあそびのつながりは、いざ動き出すと自然のあそびの流れが次々と生み出され、特に子ども達自身がそれを発展させてくれる。

「引っぱりっこ」までの振り付けをしているうちに、いつの間にかブリューゲルの「子供の遊戯」だけにこだわらないで、子ども達が生み出す発展と私の幼い頃の遊びとを綴っていた。

しかしながら、子ども達が踊っている姿は、決して楽しく見えない。子ども達は、面白い、楽しいと、いつものけいこより出席はよいものの何かもの足りない。絵の中の子ども達と何処が違うのだろうか。

その中には、現在の子ども達が置かれている環境の問題がある。学校だけでなく、けいこ事の過密スケジュールを子ども達の1人ひとりがもっている。たえず時間を気にしての行動には、1つの事に夢中になったり、全力をあげることが出来ない状態がある。時間のみならず、体力的にも力の分散になって、順番を記録するだけに終っている。

今一つ、子どもの身体が動かない。この踊りを踊る子ども達は、少なくとも3年間は週1回、または3回スタジオに通い、ダンスのレッスンを受けている。型の決ったアラベスク等のテクニックはある程度こなすことが出来る。その子ども達であるにもかかわらず、足を高くあげて歩くことは出来ない。

「子供の遊戯」の絵を見ると、子どもの姿が丸く描かれている。現在の子ども達は、姿勢は悪く、筋肉がこわばり、直線のようで、膝が曲がらない。膝が曲がらないことが動きにアクセントをなくしてしまい、面白さがなくなっている。膝だけでなく、身体をひねる、しゃがむこともない。

ダンスレッスンの中には、バーレッスンでプリエも入れている。膝を使う訓練はしているが、遊びの中でする膝の曲げ方とは筋肉の使い方が

違うのだろうか。それとも、現代の子ども達の特徴と思える「これはこれ」「あれはあれ」と割り切っての行動なのだろうか。日常生活の中で身体を使って物事を覚えて来た私達には、理解出来ない身体の動きに振り付けも進むことが出来なくなり、訓練のみをする日が続いた。

① ジャンケンをして負けた子どもが次々と台になり、その上に乗っていく遊びは私達もした。ブリューゲルの絵の中では、「牡山羊、牡山羊、ふらつくな」(森洋子著からの引用)という遊びと似ている。この遊びをみんなでしようとしたところ、A子が「この遊び、学校で禁止されているの」と動きを止めてしまった。どうやったらけがをしないように遊べるかということを、私達に年上の子どもが教えてくれた。今の子どもの遊び仲間は、年齢に縦の関係は出来にくい。また学校の先生も遊びを知らず、その先生方のために遊び方を指導する研修会があると新聞に書かれていた。首をどこに入れ、どこに手をつけたら台になる子どもに危険がないか、ということを指導して、また子ども達にも工夫させて再び動きを始めた。

② スカートの膨らましは、スカートがなくては出来ない動きなので、スカートを持参するようにいった。子ども達がなかなかスカートを持って来ない。気づかずにいたが、子ども達の日常の服装は、ティーシャツにショートパンツがほとんどであった。常にスカートを着ているのは、フランス帰りの子だけであった。くるっと回ってスカートを膨らませる、子どもの頃新しい洋服を着た時によくやった遊び、とても嬉しく、スカートがきれいに広がるのを競争したように覚えている。この遊びも、子ども達はいわれたからやるといった調子で、早く回そうとはしない。もっと早く回るときれいにスカートが開くと教えたが、眼が回るという。学校の授業の中でも、学生が1回まわっただけで眼が回ったといったが、平衡感覚がうまく働かないのではないか。

持ち時間の半分を振りつけたところで、夏休みに入った。全員が集まれる日がなかなか出来ない。特に6年生は、受験のための夏期講習に参

加しているので時間がない。この日だけは全員集まることを条件として振り付けを進めた。

「眼かくし鬼」から始めて、一気に終曲までもっていった。

「子供の遊戯」に出て来る遊びを全部取り上げることは出来なかったが、図1のように遊びをつなげて、1つの舞踊作品とした。

この中には、ブリューゲルの他の作品から取った「頭と尻」もある。「頭と尻」や「スカートのふくらまし」が入っていると、ブリューゲルの絵画を知らない人たちからは、「子どもにこんなことをさせて」という批判もあった。

6　制作の中での子ども達

1）J男の場合

この作品を作る直前まで、「もうぼく止めるから、おけいこに来ないから」とさんざん文句をいっていたJ男が、見違えるように元気に遊んでいる。男の子であるが踊ることが好きで、4歳の時に自分から教室に入って来て、4年のけいこ歴がある。同年齢の子どもとのけいこはいやがり、年齢の上の子と動くことを好む。おじいさんが持っている「ブリューゲルの絵本」を持って来て貸してくれた。今迄にも、「先生こんなの使って」といって、テープを持って来てくれたこともある。

ブリューゲルの「子供の遊戯」には、男の子のものが多い。男の子が遊ぶ空間は、家の中にはなく、サッカーのクラブに入りたいといっているが、部員に空きがないので順番待ちをしている状態で、乱暴に身体を動かしたい時であった。遊具のこま、輪まわし、竹馬を使うことが出来て得意になり、自信がつき、女の子をリードする。

2）H子の場合

年子の姉妹の姉のH子が、この作品にとりかかったのと同じ時期に、塾通いを始めた。いつも2人が一緒だったので、下のI子が甘えて同じ年齢の子どもより幼く見えていた。I子は姉と一緒でなくなると、急にしっかりとして来た。姉のH子は、この作品に入る前まではこの年齢の

リーダーであった。塾通いを始めたために、けいこを休むことが多くなり、振り付けのテンポについていくことが苦しくなって来た。

　夕食を持っての塾通いの疲れも重なり、眼をしょぼしょぼさせ、「眠たいの？」と聞いても答えられない。何度かこのような日が続いた後、急にしくしく泣き出した。理由もなく泣くＨ子を抱きながら、他の子どもにどんどん振りを付けていく。Ｈ子に「もう泣き止みなさい、こんなにやせて塾と踊りの両方をすることは無理だから、どちらか1つにしなさい」とＨ子の手を取りながらいうと、涙を一杯ためた大きな眼で抵抗を示した。Ｂ子とＤ子が寄って来て、Ｈ子を慰めようとしたのを、「ほっときなさい、泣きたいだけ泣かせなさい。Ｈ子は慣れれば両方出来るから」と放っとき、他の子の振りをどんどんしていると、泣き顔のままＨ子が踊りの中に入って来た。「出来るのね」と一言Ｈ子にかけるとうなずいた。この日を境として、Ｈ子は良い動きをするようになった。泣くことがＨ子のストレス解消になったのか、子どもながら両立出来るのか不安だったに違いない。

　3）Ａ子とＥ子の場合

　Ａ子の場合も同じように中学受験への不安が身体に出て来た。小さい頃から運動神経の発達がよく、表現力もすばらしい子どもだったが、身体が固くなり、落着きがなくなって来た。けいこに来ても次に行く塾の時間を気にしている。順番だけは覚えるが、小さい頃に出してくれた表情は出てこない。動きも固く、棒が動いているように見える。「眼かくし鬼」の鬼になっても、同じ高さのところをさがす。緊張で筋肉が膠着し、あそびをしているのに、心に余裕がなく、時間に追われている。本人の性格もあるが、同じ6年生のフランスからの帰国子女のＥ子は、自分から「フランスではクラシックバレエをやったので、身体が固くなった」といった。けいこを復活してから1ヶ月でこの作品に入ったが、自分のペースであせらずにいる。そして他の人がけいこをしている間も、集中力で自分の振りをすみでけいこしている。Ｅ子を見ていると、その場その場で、今何をするのがよいかをしっかり自覚し、それに集中する

力を持っているのがわかる。

4）C子とその他の子の場合

C子の場合は、中心になって遊んでいると、次々と新しい遊びへ発展してくれる。しかしけいこの終る頃になると「おなかが痛い」という。次の勉強に行くことへの拒否反応のように私は思った。

けいこごとの数が少ない他の４人は、時間と体力に余裕があり、のびのびと活動していつの間にか中心となり、この４人が、みんなのまとめ役となり、休みがちの子どもを落ちこぼれのないようにしてくれた。

7　結び

「子供の遊戯」を舞踊化したことは、私自身の子どもの指導法の反省となった。ダンス指導の前に、自由にまりつきと縄とびをすることを常として、子どものあそびを中心として来たにも関わらず、子どもの動きに妥協して、全身を使うことを忘れてパターン化された指導をしていることを気づいた。

子どもに対しての振り付けも、簡単な動きと、クラシックバレエのテクニックにとらわれたきまった型のものとなった。

正木健雄が『子どもの体力』の中で、スポーツをすることが体力を養うことだと思い違いをしていると指適したように、偏った動きは、子どもの発育という点からは、望ましいことではない。

楽しく全身を使ったあそびから、子どもたちは自分の身体の機能を知り、自分の身体を守る方法を身につけるのではなかろうか。

危いからとあそびを取り上げる前に、いかにあそびを与えるかを考えたい。

ブリューゲルの絵画を見ていると、人間の生活の場には、自然な動きが無限大にあるように思われる。

私達はあまりにも発達した科学の進歩のために、自分の身体が持つ機能を使うことなく、衰えさせている。

現代舞踊家の米井澄江が、ブリューゲルの絵画から「ELCK」という

舞踊作品を、1989年に発表している。運動生理学も勉強している米井が作品で訴えたことは、動きの面白さだけでなく、身体を極限まで使うとはどういうことかを、自ら試したのではないだろうか。子どもの世界だけでなく、大人の世界も身体を動かすことなく過ぎて行く中で、米井の動きは目新しく写った。

ブリューゲルは、失なわれて行く風俗を後世に絵画として残した。今、私達は、どのようにしてますます進む機械化についていけばよいのだろうか。大人の愚考かも知れないが、子ども時代に大いにあそぶ必要があるのではなかろうか。

森洋子は、『ブリューゲルの「子供の遊戯」』の中で、「ブリューゲルは子どもが大人になるために、遊びがどんなに大切であるかについて考えていたのではなかろうか。子どもが遊びを始めるとき、目標を定め、場所、道具、遊具、仲間を選ぶ。同じ遊びにあきたら、別の新しいパフォーマンスとルールを案出する。一度遊びが始まると子どもは何時間でも疲れを知らず、それに没頭する。子どもは遊びによって、運動神経や感覚器官を磨き、考える力を養い、情緒を豊かにし、物の特質を探り、人間関係のありかたを学ぶ。このような遊びは子どもの成長にとってもっとも重要な活動と考えるブリューゲルは、この絵の中に子どものユートピアを描こうとしたのではなかろうか。」といっている。

現在の子ども達のおかれている環境は、舞踊作品の制作過程に現われているように、一面恵まれているように見えながら、実際は貧弱な環境といえる。流れ作業のように、学校から塾へ、けいこごとへと通い、遊ぶ仲間がいない。仲間と一緒になる場所が塾であり、けいこ場である。外遊びをしないし、仲間と遊ぶのではなく、機械と遊び、人間関係のわずらわしさをきらう。数人集まった場所でも、1人ひとりがマンガを読んで本を貸しあうこと、ゲームのソフトを貸すことで友達として成り立っている。この子ども達が、都会生活者だからという理由なのだろうか。

1989年度鶴見短期大学保育科の入学者から、次のようなことを感じた。

身体的に見た場合、見た目には立派な体つきであるが、動かしてみると、その動きは筋肉が膠着し、関節は堅くぎこちなく、柔軟性に欠ける。社会生活に大切な協調性がない。

動きの中で、「2人向い合って」と言葉かけをして2人が向い合っても、孤立したままで相手を意識しない。

子どもの時代から、孤立した状態で行動し、時間に流され、遊びにも没頭出来ないで育った学生だから、「今、何も燃えるものがなくてつまらない」という言葉が出て来るのではなかろうか。どうして燃やすかという体験がなく、何をどのようにして発展させればよいかということが解らない。

森洋子の説の通り、ブリューゲルの絵画が示唆するものが、現在の子ども達の一番必要としていることではなかろうか。現在の子どもの置かれている状況を考えると、全身を使うあそびをする時間を生み出す事は、子どもの力では出来ないように思われる。

あそびの中で学んだ人間関係、運動神経、感覚器官の磨き、考える力、情緒を育てること等の活動が楽しく出来る場を作ることこそ、私達の役目であると思う。

新教育要領の「表現」という領域が、この穴をうめることが望まれる。

参考文献：
1．森洋子『ブリューゲルの「子供の遊戯」、遊びの図像学』(1989) 未来社
2．正木健雄『子どもの体力』(1979) 大月書店

(初出：『鶴見大学紀要』第27号 第3部 保育・歯科衛生編、1990)

【2】児童舞踊作品「ねんど」を通して考える教育舞踊・身体表現の道

The Way of the Educational Dance and Physical Expression, considering through the Work of the Children Dance "Clay"

1　はじめに

　児童舞踊という分野に携わり、作品を創り活動を続けてきた。しかし児童舞踊とはと問われたときに、その作品は果たして自分の求めているもの、子どもの内面から打ち出すエネルギーを表現してきたのかと疑問に思う。この疑問を持ちながら、新しく作品を創る時が来た。

　また学校教育の現場では、幼稚園教育要領の変更にともない、今まで担当していた教科「音楽リズム」「ダンス」が、「表現」という中に「音楽」「図画」「身体表現」とともに繰り入れられた。これを機会に原点にかえり、先輩邦正美等の諸氏の文献を読みなおした。そこには、現在私が求めている児童舞踊、教育舞踊への示唆があり、また新教育要領への道があった。そこでできたのが児童舞踊作品「ねんど」である。

　その創作過程を追い、「児童舞踊」「教育舞踊」「表現」について考えたい。

2　先達者のことば

　既に邦政美の児童舞踊に対する意見は、以前に『鶴見大学紀要』第20号「日本における教育舞踊の歴史—その変遷過程（2）」（1章-【3】）で取り上げた。その主旨は、子どもの内面から出てきたものを大切に作ったものが児童舞踊ではないか、との意見であった。

　また前述の通り倉橋惣三の意見にも、大人の模倣に終わらないようにとある。

　印牧季雄は、『児童舞踊新聞』3号（1967年6月）で次のようにいっている。

我々子供の舞踊に携わるものから特にいわせてもらうならば、世の人々は子供の舞踊について、あまりにも無知である。勿論我々も事ある都度、啓蒙に努力してきたのであるが、特に大人の舞踊を簡単にしたものが子供の舞踊である、と言うような大きな誤りを犯していることであり、その結果、はなはだしい例は大人の頽廃的な歌曲によるものさえも時には見受ける。子供は大人をそっくり小さくしたものではない。思想的にも、感情的にも、身体的にもすべてにおいて、全然異なったものである。子供に与えるものは、直接に間接に、好むと否とかかわらず、人間形成と云う大それたことに通じるのである。

　人を作り、人として作られる教育者の心を厳に保持しなければならない。これらは、一人子供の舞踊にたずさわる者のみに非ずして、すなわち音楽、文学、劇、絵画等々に共通しているといえる事であり、同じ配慮がなされなければならないであろう。

時代がたった現在においても、これらの事柄は大切にしなくてはならないことであり、また技術的にも大人と同じものを要求することもない。表現教科の示唆ともいえよう。

3　テーマの選び方

　どのような作品を創るべきかはテーマの選び方にある。この作品を創る目的は舞踊コンクールに参加することであった。参加規定は年齢制限（15歳）、人員制限（16名）、時間制限（4分）である。この規定のもとに参加者を募集したところ、小学2年から中学2年まで16名が集まった。
　年齢の幅、からだの大きさの違いを考慮しながら、私の児童舞踊作品に対する目的である次の項目に沿うようにした。
　①子どもの生活環境から選べるもの。
　②大人が創作したものを与えるのではなく、子どもの創作意欲を燃やして指導者と共に創れるもの。
　③モチーフからの発想、発展が豊かにできるもの。

④決められた動きではなく、体を十分に使える動きから考えたもの。

①については、すでに私の一貫したテーマで、日本の伝統的遊びのあやとり、おてだま、かげふみ等、新しい遊びとしてコンピューターゲーム等の遊びをテーマとしたものを発表してきた。また子どもの感情を表現した作品では、お母さんに対するもの、受験戦争、子どもを取り巻く環境問題を取り上げてきた。

②については、はたして今までどれだけの成果を上げたのかわからな

田中良江（賀来良江）舞踊コンクール児童部参加作品（1954年～1994年）

日本の遊び	動物	自然	その他
「どんど焼き」	「かりかりわたれ」	「北風こぞう」	「子ども山伏」
「あぶくたった」	「陽気なバンビ」	「草っぱはらっぱ」	「つみ木の町」
「あやとりわらべ」	「お猿さん」	「帆風」	「おちゃめな手品師」
「もぐら打ち」	「蟻」	「冬のスケッチ」	「わんぱくマーチ」
「ひな人形五人ばやし」	「蝶」	「下に下に」	「たのしいピクニック」
「だるまさん、だるまさん」	「筑波山麓大合唱団」	「秋みのる」	「歌うあしのうた」
「かげふみ」	「大漁」	「冬の詩」	「やきいもさん」
「雪ばんば」		「あじさいてまり」	「私はマリオネット」
「お手玉あそび」		「ねぼすけつくしんぼ」	「ドレミのうた」
「手合せうた」			「踊るトランプ」
「鹿おどり」			「ドナルド艦隊」
「棋道」			「天の岩戸」
「ちゃぐちゃぐ馬っこ」			「インディアンの死」
「おけさ人形」			「いたずらミッキー」
「折紙の幻想」			「おかあさんてば」
「メカニズムプレイ」			「？」
「HIROSHIMA地方の手まり唄」			「押入れの冒険」
			「友だち讃歌」
「私はそういう者になりたい」			「ひとりぼっちじゃないよ」
「人形風土記」			「マイタウン新宿」
「赤い帽子・白い帽子」			「ねんど」
「子どもの心」			

い。部分的には子どもの動きの工夫をさせたことはあり、感情の導入は子ども自身のものとしてきた。
　しかし、意欲を持たせるまでには行きつかなかった。
　③については、今までにないものを探していくこと、はじめは形の遊びを考えた。
　④については、現代の子どもたちが遊んでいない体を使っての遊び、(くさり)(おしくらまんじゅう)等と、ブリューゲルの絵画からヒントを得た動きを取り入れ、作品にはいる前に自由に子どもたちを遊ばせた。
　①②③④を総合して、「ねんど」をテーマにした作品を創作した。

4　舞踊構成と体の動き

　①各自がいろいろな形を作る
　②作る喜びを表す
　③粘土の材質を表す
　④全員で大きな作品とする
　4つの項目を元に子どもと共に何度も作り直し、子どものアイデアで着ているセーターを使い、おもしろい動きを作った。動きは、粘土の材質のもつ特色から次々と子ども達が生み出した。
　「固まる」「ねじる」「たたく」「引っ張る」「ちぎれる」「ころがる」等。
　大きな灰色の布の中に7名の子どもが入る。ねんどの塊を表現する。布の中で動き、粘土がこねられる状態を出した。
　音楽とは別に、子ども達が動きのなかから出して来たことばをあそびのように入れた。「ペタンペタン」「ぐにゅぐにゅ」等。

5　創作過程の中での子どもの人間関係

　現代の小学生は、私たちの子どものときとは違い、近所の年齢の違う子どもと遊ぶことがあまりない。この作品を創る過程においては、年齢差が大きく、はじめは年齢の差からの仲間外れ、動きの違いからの仲間外れとなる子どもがいた。縦社会への行動を、振りのうえで考慮するこ

とも 1 つの課題であった。

　児童舞踊は、子どもの人間的成長を情緒的に助け、また人間関係、生活環境を学ぶ助けになると思う。1 人ひとりが自分の想いのように創作し、音楽に併せてリズミカルに動くことは、子どもの心の安定になる。群舞をする事により、友達の協力が思いがけず子どもの心を救うことがある。

〈出てきたイメージから考えられる動き〉

　　まるめる　　1 人で丸くなる
　　　　　　　　2 人で丸くなる
　　　　　　　　大勢で丸く固まる
　　　　　　　　手で丸める動作をする
　　ねじる　　　体全体を捻じる
　　　　　　　　2 人で組み捻じる
　　　　　　　　手を捻じる
　　ころがる　　前に転がる
　　　　　　　　後ろに転がる
　　　　　　　　2 人で転がる
　　つぶす　　　手で押し潰す
　　　　　　　　飛んで体を上からたたき落とす

くっつく

第3章　遊びからの発想、創作過程

つぶれる

固くかたまる

ころがる

137

ちぎれる

布が出てくる

大きな布の中に人がはいっていろいろな形を作る

第3章　遊びからの発想、創作過程

だんだんに形を整えていく

大きな造形となる

　舞踊は無作為に子どもの心を表す。
　仲間に入れないのはなぜか。家庭の協力で解決できることが見える子どもは、素直に伸びて行く。そのような友達の様子を見て、だんだんに動きに力が抜けたようになる子どもがいた。理由が解らずにいた指導者に対し、足が痛い、おなかが痛いと訴えてきた。今日は休みたいと電話をかけてくるが、いらっしゃいというと出てくることが度々重なった。

ある日「おかあさんをよんで」と声を張り上げた。キャリアをもつ母親は、自分の仕事に時間をとられていて、朝の食事も子どもが自分で仕度をして学校へ行き、夜はうるさいから早く寝なさいと言われる。居場所をなくした子どもであった。母親に電話をした。その段階では子どもの危機感が母親には解らず、群舞をすることで、話し合いをすることにより、いやがうえにも子ども同志の結び付きができ、孤独から解放された。同時に父親の反省があった。

　1つの作品を目的を持って協力して作ることは、作品の出来上がりのみが成果ではない。印牧季雄の意見そのものだと思う。

6　おわりに

　現代の女性の社会進出は増加している。子どもを取り巻く環境を考えると、母親との交流が少なく、子どもの心は冷たい。このような状況を考えたとき、情緒を育て、身体の発育も無理なく行われ、協調性、創造性を養う舞踊を子どもに与えることは大切なことである。

　しかし、日本における教育舞踊への関心のレベルはまだ低い。教育舞踊は、明治時代から体育に取り上げられているものの、真の理解を示す人は少ない。

　1993年8月に日本において行われたアジア舞踊展で、このことが問題となった。アメリカ、オーストラリアの指導法を見て、日本の表現指導の特徴を大切に、今後どのように指導するかを課題としたい。

（初出：『鶴見大学紀要』第31号　第3部　保育・歯科衛生編、1994）

第4章　身体表現に表れた身体と心の動き

The Fourth Chapter：The Moving of the Body and the Mind appeared in Physical Expression

【1】 身体の動きと心の動き
―今、「身体表現」を考える

The Moving of the Body and the Moving of the Mind ——Now, considering "Physical Expression"

1　はじめに

　遊戯、音楽リズム、動きのリズム、ダンス等、名称こそ異なっても、身体で表現することを「身体表現」ということからすれば、この「身体表現」という言葉で全体を統括することができる。私は現在、環境と目的の異なった場で、この身体表現を指導している。すなわち、
　① 　保育現場の子どもたち
　② 　保育者になるための学生
　③ 　スタジオにダンスをするために集まる子どもと大人
　私は、1970年以来、このような異なった場での指導を体験してきたが、近年の著しい社会環境の変化は、学生、子どもの気質にも、さまざまな変化をもたらした。「新幼稚園教育要領」が出され、「表現」教科の中に音楽リズム、造形が括られて5年を経過し、現場の保育者からの指導方法に関する質問も出されている。
　そこで本稿では、自分の指導現場での実践体験の中に出て来た学生や子どもたちの現在おかれている環境を見ると同時に、身体表現の上に現れた子どもたちの心を考え、今、身体表現に求められているものは何かを、遊戯、音楽指導の歴史の中で先輩たちが述べてきた意見をふまえて考察し、今後の指導方法について検討を加えることにしたい。

2　表現、身体表現の意義

「新幼稚園教育要領」による「表現」とは、感性と表現に関する領域とされている。豊かな感性を育て、自分が感じたことや考えたことを自由

に表現する意欲と創造性を養うことにねらいがあるといわれている。

　すなわち、絵をかくこと、物を作ること、音を出すこと、歌うこと、踊ること等、表現にはいろいろな方法がある。それでは「身体表現」とはどのようなことであろうか。たとえば人と人とのコミュニケーションとしてのボディランゲージは、まさに身体表現そのものである。その身体表現には、人間の自然な姿の無作為的動作、生活の中から学んだ経験的動作、模倣的動作、創造による動作等がある。そして感性とは、物に触れ、人に触れ、肌で感じ、その中から生まれるものではないだろうか。

　ところが、私たちの現在の生活は、朝、家を出て電車に乗るのに、改札も自動化されて口を利くこともない。幼稚園、学校、会社に入る入り口は、自動扉で手を使うこともなく、口を利くこともなく入れてしまい、朝の挨拶も忘れてしまう。こうしていつの間にか人間がロボット化し、無気力、無表情になってしまった。子どもたちは、友達との連絡にポケットベルを使い、実際に顔を見ることもなく用がたせる。生の声を聞くこともなくて自分の殻に閉じこもり、人とのコミュニケーションがうまくとれなくなった。今や世界の情報を知りたいと思えば、パソコン通信でキイを押せば、即座に回答が画面に出てくる。画面を見て買い物をすることも出来るようになる。時の流れに流される生活の中で失われていくもの、それが人間にとってもっとも大切な感性だと思う。感性だけではなく、身体の動きもぎこちなくなっている。本来、動くことは人間の本能であったはずなのだ。そうした環境の中で、どのようにして感性を育て、人間の本来的な動きを取り戻す事が出来るであろうか。私はそれを可能にするのが身体表現の活動であると考える。

　身体表現の活動は、その活動の中に、心と身体を一つにして豊かな感性を育てる要素が備わっているのである。

3　身体表現に現れた子どものこころ

　社会の進歩の中で失われたものは「身体の動き」だけではないと思う。機械化による人と人とのコミュニケーションの不足や、女性の社会進出

ということもあるが、核家族化された家庭では、家庭の暖かさを子どもから奪い、子どもの心に寂しさを残している。

1994年は、「国際家族年」の標語を国際的に用いた年であった。世界的に家族環境の見直しをする時が来たことから、このような標語となったのであろう。この数年来、私自身がスタジオでの指導において考えさせられる子ども達の状態と併せて、「家族年」ということを強く意識した。ステージ活動、また保育指導の中に、自由表現あそびとして、童謡の振り付けに「家族」をテーマとして採り上げ、次のように展開してみた。

(1) **自由表現あそび「まねっこごっこ」**

〈場所：スタジオ、対象年齢：3歳～7歳〉

「好きなところへスキップして、先生がタンバリンをたたいてうさぎといったら、うさぎさんのまねをしてください」

次々と動物の名前を上げて、子どもたちが自由表現に乗って来たところで、「お父さん」と言った。子どもたちが表現した父親は、寝転んでテレビを見ている、あぐらをかいてタバコを吸う姿が多く、また「おかあさん」といった時の母親の表現は、化粧をするところ、包丁を使うところであった。自由表現の場合に注意することがある。それは積極的な子どもの表現を、ほかの子どもたちがまねをしてしまうことである。この場合も、その傾向が強いのではないかと私は考えていた。しかしその場の様子から見ると、私の考えは間違いであった。「お父さんはお仕事しているんじゃないの？」との質問に対して、子どもたちは一斉に「お家ではこうだもん」と答えた。

同じ自由表現あそびを地方都市の保育園で行った。その結果の子どもたちの表現は、前に述べた父親の姿と同じであった。子どもたちの意識の中での父親は、家庭で見る疲れた姿であり、働く父親の姿ではない。

(2) 既製童謡振付作品、「おはなしゆびさん」を使った子どもの反応

　私が既製作品を子どもの指導に使用する理由には次のことがある。昭和50年代（1975年～）においては、子どもたちも学生も伸び伸びと音楽や擬態語によって、自由に身体表現が出来て、童謡の言葉に頼ることもなく、輝くような創作作品が生まれるボディランゲージを持っていた。当時の私自身も、お遊戯の当て振りの動きに物足りなさを感じていて、子どもたちにはもっと全身を使った動きがあるのではないかと思い、子どもの遊びから発展した創作をしてきた。また、保育界の倉橋惣三、児童舞踊家の印牧季雄、教育舞踊家の邦政美の諸先輩のいわれる、「子どもに大人が振り付けたものを与えるのは子どものものではない、子どもの中から出てくるものを大切にして、子どものものとすることがのぞましい」との意見に同調してきた。そして、子どもたちや学生の主体性を大切にし、その中から引き出す自由表現に力を入れて指導してきた。

　しかし、ここ数年の子どもたちや学生の育った社会環境は大きく変化した。子どもたちの外あそびが減少し、大きな子どもと小さな子どもが一緒に遊び、伝承して来た人間関係、自然との触れ合いによる感動の喜びを体験することを失い、ファミコンでゲームをしたり、マスメディアが流すテレビ画面の一方的な空想に遊ぶようになった。ひとりの遊びとなり、人との交流がない。身体を使う遊びをしない子どもの身体は、動こうとしても動かない。だから動くのはいやだと子どもたちはいう。

　このような環境に子どもたちの心は閉ざされ、自己表現をすることが苦手となり、自由表現を嫌い、創造力も貧弱なものとなってきた。楽しく身体を動かす方法として、母国語の童謡を採り上げた。

　童謡「おはなしゆびさん」は、手の指を家族と見なして作詞されたもので、手あそびとして多くの幼稚園、保育園で使われており、子どもたちにもなじみがある。この童謡を全身で表現するように歌詞に合わせて役割を決め、振りを考えた。

「おはなしゆびさん」　　作詞：香山佳子　作曲：湯山昭

1番　お父さん　このゆびパパ　　（父親らしい力強い動作）
　　　　　　　ふとっちょパパ
　　　　　　　やあやあやあやあ
　　　　　　　ワハハハハハハ
　　　　　　　おはなしする

2番　お母さん　このゆびママ　　（母親のやさしさを表現）
　　　　　　　やさしいママ
　　　　　　　まあまあまあまあ
　　　　　　　ホホホホホホ
　　　　　　　おはなしする

3番　お兄さん　このゆび兄さん　　（たよれるお兄さんの動作）
　　　　　　　大きい兄さん
　　　　　　　オスオスオスオス
　　　　　　　ヘヘヘヘヘヘヘヘ
　　　　　　　おはなしする

4番　お姉さん　このゆび姉さん　　（きれいな気取ったお姉さん
　　　　　　　おしゃれなねえさん　　　　を表現する）
　　　　　　　アラアラアラアラ
　　　　　　　ウフフフフフフ
　　　　　　　おはなしする

5番　赤ちゃん　このゆび赤ちゃん　　（はいはい運動をする）
　　　　　　　よちよち赤ちゃん
　　　　　　　ウマウマウマウマ
　　　　　　　アブブブブブブ
　　　　　　　おはなしする

　この「おはなしゆびさん」をスタジオの子どもたちがステージで発表するにあたって、作文を書いてもらった。スタジオで指導をする時に、時々、踊りのテーマを元にした作文を子どもに書いてもらう。既製の振

り付けをしたものであるが、内容を理解して自分のものとした表現が出来るようにするためである。この時は「家族」をテーマとして、400字とした。子どもたちの住んでいる環境は、新都心に近い。

小学2年の3月に書いた4人の作文を原文のまま次に載せる。

〈作文1〉

「私の家族は5人です。

　お父さん、お母さん、お兄ちゃん、妹、私の5人です。

　おとうさんは会社に行きます。

　お母さんは家の仕事をしています。

　お兄ちゃんはファミコンがすきです。

　私と妹はよく二人で遊びます。

　私と妹は、トランプやカルタ、おままごと、おえかきをしたり、たまに、ファミコンをします。

　お兄ちゃんと妹と私でたまにサッカーをします。」

この子どもは、マンションを持っている家庭で、その3階に住んでいる。2階の祖母に迷惑をかけないように静かにしているためか、スタジオに来ると大きな声で遊び、発散している。落ちついた家庭で、母親も穏やかだ。

〈作文2〉

「家族のこと

　私の家族は、5人です。おばあちゃん、お父さん、お母さん、おねえちゃん、私です。それに金魚7匹です。おばあちゃんはゆかいです。お父さんは、ちょっとこわいけれど、私には、ちがう名前でよびます。お母さんは、とてもやさしくて、めったにおこりません。なので、わからない計算や問題も分かりやすく教えてくれます。お姉ちゃんは人のすきな歌を聞いたり、自分で歌を歌ったりして、私は、少しめいわくをしています。

　私は、今、勉強を、がんばっています。

　金魚はとてもかわいいデス。とくに、私のコメットがかわいいです。

こんな家族でずっと幸せでいたいです。」

　この子どもは、しっかりとした元小学校教員の祖母を中心とした家庭。お母さんは、「おばあちゃまが〜〜いいました」というのが口ぐせで、私が子どもに対して話しているときも、母親が取ってしまうおしゃべりな母親。その母親から離れたい気持ちがあるのだが、なかなか離れられない過保護さん。古い方が言われる、「おんぶ日傘で育ったお嬢さん」。まさにそのとおりで、手足の筋肉の力がなく、行動は年齢より幼く見える。作文も、スタジオでの時間では書くことができず、宿題にして書いて来ている。まわりをうるさく感じていることが、姉に対して迷惑しているという表現になったのではないだろうか。金魚に話しかける気持ちが、平常の家庭環境を見ていると、理解出来るように思う。

〈作文3〉
「家族

　わたしの家族はお父さんとお母さんとお兄ちゃんと犬のペケ。家族旅行はいずが多い。ほとんど車で行く。ペケがいっしょに行くのは日帰りが多いけど、去年の夏によこつかに住むいとこの家にとまりに行くとき、いっしょに行った。バックにいれて行った。いとこの家の近くには、遊園地がある。そこにも行った。ほかの日、ディズニーランドへ行った。ホテルへ行った。帰る日が行って家に帰った。両ほうとも楽しかった。わたしはこの家族のままでもいいけど、もっと兄弟がいるといい。」

言葉の間違いと同時に、家族がテーマの作文に対して、犬が中心となっていることが目に付く。いつもショートパンツをはいていて、女の子らしさがなく、落ち着きがない。父親の仕事との関係で、外国で幼児期を送り、幼稚園の年長のときに帰国した。環境の変化を考慮してか、幼稚園では、当該学年である年長組に入らずに年少組に入り、1年間通園している。学校は遅れることなく、当たり前に当該学年に入学にしている。不安なのか、興味が多いのか分からないが、同じ2年生の友達と遊んでいる時に、突然、「アメリカの大統領の名前を順番に言える人?」と言い

出して、周りの友達がキョトンとしてしまう。難しいことを言っているかと思うと、「ねえ、ねえ」と急に甘えて肩をたたかれ、振り向いた時には、もうどこかへいってしまう。こんなことが何度かあるうちに、だんだん友達が離れていった。

〈作文4〉
「私は一人っ子です。」
　たった1行の作文を書いた。いつもペット機能がついている電子手帳を持っているこの子の家族は、父親は単身赴任、母親は勤めに出ている。病気がちな祖母がいて、細かく面倒を見ている。母親や祖母の言うことをよく聞くいい子で、他の3人よりしっかりしたところがあるが、電子手帳を買ってもらう前は、寂しさを食べることで紛らしているところがあって、肥満体であり、動きは鈍く、友達が出来にくい面があった。1995年2月25日の朝日新聞によると、電子手帳の中で飼えるペットが人気をよんでいる、とのことで、餌を食べて大きくなり、芸も覚えるという擬似体験が子どもの心を捕らえているようで、孤独感をいやしているとある。母親も祖母も十分にこの子の世話をしているが、この子の心とは、ずれがあるように思う。

　この4つの作文は、現代の子どもたちの生活の特徴がそれぞれに出ている。ファミコンの遊び、過保護な親、帰国子女の問題、ペットとの係わり、電子手帳の擬似体験、小子化問題とある。その中には、子どもたちの内面の寂しさが浮き出ている。スタジオに集まるのは、ダンスをする以前に、友達を求めているのではないだろうか。リズムに乗り身体を動かすことは、心の解放に繁がる。作文を書いて、「おはなしゆびさん」を友達と擬似家族を作り踊ることで、自分を素直に出すことができたのではないだろうか。このスタジオは、東京新宿に近い所にあり、この子どもたちが住む所は、都庁や高層ビルが立ち並び、現在も地下鉄工事などで、騒音の激しい環境にある。この環境が、子どもたちの心に影響を及ぼすこともあるのではないかと思う。

　同じ題材を、環境の違う自然の豊かな東北の地方都市の保育園で指導

した。年長を対象とした研究保育を行った時のことであった。自由表現で遊んだ後にこの遊戯をした。1番から5番までそれぞれの役を、全員で3回くりかえして動き、各自が動きを覚えたところで、役割分担を希望により決めることとした。男の子はお父さんを希望すると予想していた。

「お父さんになりたい人」と声を掛けたが、反応がなく、今一度「お父さんってやさしくて強くってすてきだよ」と誘いをかけると、やっと2名がおとうさんになり、お兄さんが2名、後の男の子7名は赤ちゃんを希望した。自分の下に、弟や妹がいる子どもだけならばありうることだが、「赤ちゃんになりたい」とあまえる気持ちの子どもが多い。保育園に小さい時から預けられ、親子の触れ合いが少ないことにあるのではないだろうか。自由表現をした時、積極的で元気一杯とみた子どもが、赤ちゃんを希望した。私は意外に思ったが、毎日その子どもを見ていて、家庭環境も知る保母が、「あっ、B君本音がでた」と声を出した。恵まれない家庭環境の中で自分の存在を認めてもらうために、しっかりした行動を取っているが、本音は年相応に甘えたいのではないだろうか。自由表現で、身体を十分に動かし汗をかき、思いのままに自分の存在を認めてもらった上で、童謡「おはなしゆびさん」の詞に合わせ、家族の楽しさを擬似体験したことが、心身共にリラックスさせ、B君の心を開かせたのであろう。

　母国語の童謡は、子どものゆりかごと考えられる。

4　動かない身体、使わない身体

　子どもも学生も、少し身体を動かすと、すぐに疲れたと座る。一般的な日常生活に耐える持久力がなくなり、心を閉ざすばかりでなく、本来子どもが持つ運動能力も落ちて来た。地方に指導に行く度に、子どもの足の弱さ、きちんと立てない身体に気が付く。都会に育つ子どもの足より弱い。このことは大人の世界でも同じであり、なにげなしに見ていたテレビの成人病についての解説の中でも、交通網の発達した都会では歩

第4章　身体表現に表れた身体と心の動き

いて移動する人びとに対して、自家用車に頼らざるを得ない地方の人の足腰の弱さを指摘していた。足腰だけではなく、伸びる、曲げる、ねじる等の動きもぎこちなくなった。私が子どもの頃、友達と遊んだあそびに、スカートを大きく膨らましてクルクル回る遊びがある。同じことを今の子どもたちに遊んでみてもらったところ、1、2回まわるだけで目がまわると座ってしまう。平衡感覚も落ちている。機械化され、便利になると同時に、人間として持って生まれた身体機能を使わないままに失くしてしまい、子どもたちや学生の身体は柔軟性がなくなった。このように私が子どもたちの行動を見ている時、今年（1995年）の10月10日の『朝日新聞』に、「子どもの体力、止まらぬ低下—昨年度柔軟性、筋力など顕著」という見出しで、文部省調査の発表として以下のように示されていた。

　体格がりっぱになったのに、柔軟性や筋力など子どもの基礎体力はどんどん落ちるばかり。こんな結果が9日、文部省の「1994年度体力、運動能力調査」でわかった。十年ほど前から低下が続き、中でも16歳男女でみると、柔軟性を見る「立位体前屈」「伏臥上体そらし」「背筋力」の値が調査を始めて以来、最低を記録した。遊びや社会環境の変化に伴い、体を動かす機会が減ったのが原因といわれるが、文部省は「低下傾向に、いつ歯止めがかかるのだろうか」と心配している。この調査は、一部のテストを除き64年から毎年行われている。94年度は全国の小学生から59歳の間で年齢層に合わせて5～7項目のテストを実施。約8200人のデータを無作為に選び、分析した。文部省によると、94年度の16歳男子体格は64年度との比較で、身長4.6センチ、体重6.2キロ、女子は3.3センチ、2.6キロそれぞれ増えている。だが、反復横とびや握力、伏臥上体そらしなど7項目の体力診断テスト結果をもとに算定した合計点を見ると、年齢に関係なく調査開始から80年頃までは上昇する傾向だったが、85年ごろから低下傾向を示している。テスト項目で落ち込みが顕著なのが、筋力を測る背筋力や柔軟性をみる伏臥上体そらし、立位体前屈、それに持久走。（以下略）

この発表にあるように、子どもの体力が落ちていることを毎日の指導でひしひしと感じる。かつては遊びの中で、わらべうたを歌いながら、伸びたり、しゃがんだり、跳んだり等、身体の動きを自然に鍛え、生活の場で握る、絞る等、手の働きを覚えてきた。落ちた体力を考慮したとき、授業時間にどのように、どの程度身体活動が出来るかと、機能テストを行う。現在の学生の入学時の表情は、無表情で生き生きとした動作は見られない。はじめに、ごく簡単なスキップをする。スキップの足は高く上げられず、関節の潤滑性、筋肉の伸縮性がないために、ドタドタした動きとなり、とびはねる感じはない。学生自身もスキップは簡単にできると思っていたようだが、手と足が一緒に動いたり、かけっこになったり、思うように動かない身体に自分で笑ってしまう。次にスキップに手の動きをつける。1で両手を上から降ろす、2で胸に取り、3で前に出し、4で開く。簡単なものであるが、手の4拍子と、足のスキップのリズムの動きが一緒になると、メチメチャになってしまう。そこで悪戦苦闘する学生に、「知っている童謡を歌いながらやってみましょう」と声を掛ける。「春が来た、春が来た」と歌いながらスキップをすると、いままで出来ないでいた学生も、いつのまにか楽しそうに出来るようになるが、10年前の学生のように軽やかなものではない。現代の童謡ではなく、河村光陽作曲の弾むリズムの童謡「赤い帽子白い帽子」を使うと、少し足が高くなる。

　足の動きだけでなく、身体全体の軟度を見るために、両手を上にして、身体の上体を横にゆらゆらと動かす動きを、西洋のワルツの曲によって動かしてみた。学生たちの動きは、ゆらゆらとした柔らかさはなく、ギコギコとした動きで、まるで棒が動いているようだ。足の動きにワルツステップを加えると、ワルツにはならず、ズズズ、ズズズと、重い身体を引っぱっているようだ。日本の童謡の「ぞうさん」を歌うようにして動くと、多少動きがよくなる。

　童謡の持つ何が一体この学生たちの動きをよくするのであろうか。単に知っている童謡を歌うからだろうか。

5　動きのリズムは、その民族の言語リズム

　スキップのリズムについての考察は、鷲津名都江が『わらべうたとナーサリー・ライム、日本語と英語の比較言語リズム考』の中で、日本語と英語の言語リズムの違いをくわしく述べ、言語と動作の関係について研究されている。そこでは、「子どもたち自身の母国語の言語リズムが行動リズムとなる」といい、英語の言語リズム素は「バウシング・リズム」、弾むリズムであり、日本語の言語リズム素は「ストンピング・リズム」、ドシン、ドシンの重い足取りであるとしている。鷲津は、幼少の時から歌手として活躍されており、その経験等から、童謡の言語リズムから見た動きの考察をこのように述べられている。同じことを、私は踊りを踊ることにより、体験的に学ぶことができた。すなわち、「動きのリズムはその民族の母国語のリズムであり、呼吸である」ことである。

　1986年に、日本児童舞踊協会と韓国の児童舞踊研究会とが初めて交流をした時のことである。ちょうどソウルオリンピックの年であり、韓国の民話を題材とした舞踊劇「キジの恩返し」を、日本児童舞踊協会の合同作品とした。その中に韓国の民族舞踊を採り上げ、日本の子どもたちが踊ったのである。観ていると、すぐにでも踊ることが出来そうな韓国のステップであったが、子どもたちは、なかなかリズムをつかむことが出来ずに苦労していた。かつて私自身が韓国に行き、韓国の現代の児童舞踊を韓国の先生方と踊った時も、リズムの採り方に戸惑いを感じた。それは一体どういうことであろうか。

　日本の私たちの話す言葉は4拍子であり、韓国は騎馬民族で3拍子といわれている。音楽に関するこれらの研究は、多くの文化人類学者によりなされている。その言語リズムの違いを、韓国の舞踊を踊ることにより、肌で感じることができた。同時に、「動きのリズムはその民族の言語リズムにある」ことが理解できる。小泉文夫の対談集『音のなかの文化』に、「韓国の学校で、生徒を教室にいれるのに、オッチニ、オッチニではどうしてもみんなが揃わない。そこでウンタッタ、ウンタッタと

したら、みんなそろった」と書かれていた。韓国の子どもに3拍子が身についているのと同様に、日本の子どもたちにとっても、イッチニ、イッチニが自然に動けるリズムなのである。

　また、日本に来たアルビン・エィリーのダンス公演を見に行った時のことである。踊りが盛り上がって来たときに、客席から手拍子が起こった。客席のほとんどが日本人で、その人びとが手拍子をし、バックの音楽より大きな音となったとき、ステージのダンサーの1人が、客席の手拍子と違う手拍子を大きな動作で始めた。踊りを専門としている私は、手拍子の先打ちと、後打ちの違いが分かり、踊りのリズムと違う手拍子にダンサーが戸惑い、踊りにくくなったことが分かった。一般の観客には理解のできない場面であった。気分が揚がるとその民族の特徴がでる、と小泉がいっている。

　国際交流が盛んになると同時に、言語も混沌としてきている。また音楽も、いろいろな国のリズムが入ってきている。子どもの歌も、ロック調、唱歌調、わらべうた調といろいろある。しかし、幼い子どもが一人遊びをするときなどに言っている言葉は、わらべうた調のリズム、音階であり、自然に自分を表現している。時代と共に、伝統的わらべうたは変化する。「お寺のおしょさんが〜〜〜〜花が咲いて、ふくらんで、しぼんだと思ったら、忍法つかって、そらとんで、テレビをみて、くるっとまわって、じゃんけん、ポン」と変わってきた。子どもたちは、なぜかわらべうたを歌う時には、声も大きくなり動作も大きくなる。わらべうたこそ、子どもの身体活動に適したもののように思われる。

　身体表現の原点は、その歴史が示すように、わらべうたから始まる。母親が子供をあやすことばや動作に、既に身体表現はあるのである。

6　おわりに

　以上、現在の子どもたちと学生の「身体と心」を、3つの異なる指導の場を通して考察してきた。いずれにせよその目的は、人間の一生に関わる「身体と心」の健康にあり、情緒豊かな人間形成を目ざしたもので

ある。現代は、パソコン通信が栄え、文化を受け入れる形が変わり、また、女性の社会進出も益々増加する傾向にある。その中で、子どもたちは、実物との触れ合いを無くし、擬似体験に惑い、孤独な心を誰にも打ち明けられないような状況にあるのである。

　身体と心のバランスを崩したとき、人間としての価値を見失う。幼児時代の体験がいかに大切であるかを保育者は心得ている。今、エンゼル方針が始まろうとしている。幼くして母親から離れ、保母に託される子どもたちが増加する。この時こそ、保育に関わる私たちが、母国語で沢山子どもたちに語らなければならないのではなかろうか。

　母国語は、身体と心を1つにする大きな役割を持っているのだから。

参考文献
1. 小泉文夫『子どもの遊びとうた』(1986) 草思社
2. 小泉文夫『音のなかの文化』(1983) 青土社
3. 鷲津名都江『わらべうたとナーサリー・ライム』(1992) 晩聲社
4. 田中良江「日本における教育舞踊の歴史―その変遷過程(2)」『鶴見大学紀要』第20号　第3部 保育・保健歯科編 (1983)
5. 薮田義雄『わらべ唄考』(1961) カワイ楽譜
6. 堀野羽津子編『童謡唱歌大全集』(1988) 成美堂出版
7. 野原明『戦後教育五十年』(1995) 丸善
8. 園部三郎『幼児と音楽』(1970) 中央公論社
9. 文部省、『幼稚園教育要領』(1989) フレーベル館

（初出：『鶴見大学紀要』第33号 第3部 保育・歯科衛生編、1996）

【2】表現教科に現われた現代の学生意識

The Modern Student's Consciousness appeared in the Course of Expression Studies

1　はじめに

　10月10日の「体育の日」の新聞各紙には、毎年文部省が行う体力測定の結果が発表される。本年（1996年）の記事によると、10年前に比べ筋力の柔軟性の低下が見られ、このままでいいのだろうかと運動能力の退化を危惧する内容となっていた。幼児を対象とした仕事をする保育者にとって、体力は欠くことのできない重要なものである。体力と同時に、機転の利いた小まめに動く身体がほしいし、豊かな想像力と感性もほしい。柔軟な身体を持つこと、すなわち筋力のこわばりのないことが、心にもゆとりができると思う。しかし現在、「身体表現」の平常の授業にみられる学生の行動からは、体力のみの低下だけでなく、動く身体、豊かな感性を読み取ることは難しい。急激な電子メディアの発達、変化の激しい混沌とした社会の中で、なくしてはならないものが人間としての感性ではないだろうか。

　感性を育てる表現教科の必要性を問うと同時に、本年度の学生の創作活動「こどものための表現発表会」の内容を、テーマの選択、音楽、動きの表現の作り方等によって分析し、その中に現われる現代の学生の行動を考え、1976年生まれの学生が育った時代の社会情勢に鑑み、今後の表現活動の指導のありかたを考えるのが、本稿のねらいである。

2　表現発表会のテーマをみる

　本学（鶴見大学短期大学部保育科）における表現教科(造形:音楽:身体)では、授業の延長として学生の創作による「こどものための表現発表会」を毎年行っている。

　3コースがそれぞれにグループ活動として、子どもの遊び、生活、文

化の中から作品を創る。本年の発表会プログラムの音楽、身体表現をみると、学生が自由に選ぶテーマに、テレビ番組のもの、アニメのキャラクター、ディズニーからの影響が多く見られた。

本年のプログラムを示せば以下の通りである。

こどものための表現会プログラム

〈**音楽表現コース**〉

① マーチングバンド　アニメメドレー
　　ドラエモン/宇宙戦鑑ヤマト/キャンディキャンディ/サザエさん/ルパン

② ウルトラB
　　ブラジル/赤い靴/オプラデイオプラダ

③ C23 special
　　一寸桃・金太郎/きしゃぽっぽ・鉄道どこまでも/あるいてかえろう

④ いいじゃない―料理でボン!
　　あなたにサラダ/アニメソングメドレー

⑤ ドレミのまほう
　　かごめかごめ/故郷/ドレミのまほう

〈**身体表現コース**〉

自由選択曲

①みんなあつまれ―(キャラクター)

②リトルマーメイド

③JUMANJI

④Fly! Fly! Fly!（ピーターパン）

⑤Diseny Magic

課題曲

①文福茶釜

②うばすて山

③蜘蛛の糸

④したきりすずめ

これらのものを採り上げて作品を創ることは、子どもの世界の一部分であり、採り上げること自体には問題はない。しかし、その採り上げかたと、発表内容については、これから保育者になるものとして、幼児に与える影響を十分考慮したものにすべきである。
　テレビ番組が流すものには、人生を甘く見た娯楽性の強いものや、単に視聴率のためのものが多く、その中の幼児番組からでた歌や、訓練を必要とするマスゲーム的リズムダンスをそのまま模倣したもの等には、大学のレジャー化と言われている姿が見えてしまう。学生たちは自分で考えることが面倒なのであろうか。

3　学生は、なぜアニメを採り上げるのか

　学生が生まれた1976年は、任天堂がソフトを初めて発売した年であり、東京ディズニーランドが開園されたのが1983年である。学生たちは、生まれた時からメディアに囲まれて育っている。
　音楽表現のコースのプログラムの①をみると、「ドラえもん/宇宙戦艦ヤマト/キャンディキャンディ/サザエさん/ルパン」という日本製のアニメがある。これらは学生たちが子どもの頃に放映されたものである。
　アニメのキャラクターを選んだ学生に、それを選んだ理由について質問した。「実習中の体験から、子どもの世界には、持ち物から衣類までキャラクターがついている。それで子どもが楽しそうだから」と答えたが、学生の書いた台本は、ただキャラクターを並べただけであった。何が楽しいのか、子どもとの関わりの中で体験した子どもの心理(例えばキャラクターがついたシャツを着ると、泣きたい子どもも強くなる、と子どもが言ったこと等)を作品にすると、もっと深みあるものになるのではないだろうか。童話から選ぶとなると、すぐにディズニーアニメのビデオをもって来て、そこから動きを模倣してしまうのは、大いに考えものである。
　身体表現コースのプログラムをみると、「リトルマーメイド/ピーター

第4章　身体表現に表れた身体と心の動き

パン」があり、「Disney Magic」では、ミッキーマウス、ピノキオ、シンデレラ、美女と野獣などが次々と出て来て、ディズニーオンパレードとなった。まさにテレビ時代に育った学生たちである。

　その一方では、母親である女性の社会進出の影響により、テレビがお守り役となった時代といえよう。日本のアニメは、子どもの望むものを敏感に反映した大人が作った商品であり、キャラクター商品は、子どもたちにとっては変身願望を満足させ、友人との仲間作りにもなる。まさに時代を現わすものといえる。

　ディズニーアニメが初めて日本で公開されたのは、1950年（昭和25）9月であり、戦後の娯楽に飢えていた日本の子どもたちにとって、世界最初の長編カラー「白雪姫」は大きな夢を与えてくれた。以後1951年の「バンビ」、1952年の「ピノキオ」、1953年の「シンデラ」「不思議な国のアリス」、1955年の「ピーターパン」と、ディズニーアニメは次々に公開された。それは、現在の学生たちの母親が子どもの頃のことであり、その子ども時代の夢を膨らませたテーマパーク、東京ディズニーランドが、自分が母親になり、子どもをもつ時代になって開園されたことが強く学生たちに影響し、2世代にわたる共通の"夢のもの"となっている。しかし、アニメもテーマパークも、商業ベースに乗った作られた遊びであり、身体を使った外遊びや、砂場あそびをする等は少なくなった。母親の就業が増えた結果、子どもと遊ぶ時間がなくなったこともあるが、その子どもたちの心身の発達さえも、商業化された体操や水泳教室にゆだねられている。ただ、子どもたちを教室に預けるだけの母親ではなく、教室であった事柄を話し合える親子であり、家庭環境であることが、子どもたちの心身の発達に大切なことである。

4　テレビ映像から離れてみた観劇による学生の意識の変化

　現在の2年生の学生たちが1年生の時に行った授業中に感じたことは、無表情の顔であり、表現力の乏しさであった。

何か肌で感じるものを見てほしいと思っても、自分から行動を起こさない学生たちに対して、夏休み中に上演される劇をみることを提案した。観劇する劇を「児童劇」とだけ指定をして、学生たちが自由に選択して見た劇に対する感想とともに、観劇に来ている子どもたちの状態をレポートにして提出させることにした。

　その結果、学生たちは、人形劇、サーカス、ミュージカル、ジャズダンス、児童舞踊、影絵、幼雅園のお遊戯会等、いろいろなジャンルのものを見て来た。レポートを読むと、ジャンルを問わず学生たちの大半に観劇前後の意識の違いが出ている。めんどくさい、どうして見なくてはならないのかという気持ちが強かったが、会場に入ったとたんにその気持ちがなくなったと書いている。その視点とする内容は様々で、子どもと親の関わり方を採り上げたものから、舞台の演技に対する子どもの素直な反応や感情を書いたもの、自分が保育者になったときの子どもとの関わり方を考えたもの、また劇の内容から自分の人生観を見直したものなどがあった。観劇後の感想は、「感激した、よかった」の声になっている。教室での授業では得ることのできない肌で感じる感動も、教育には必要ではないかと思う。

5　途切れている日本の昔ばなし

　テレビ時代に育った本年度入学の学生たちと話し合いをする中で、展覧会、音楽会、演劇等の会場へ足を運び、直接に芸術に触れたことが、一度もないという学生たちが多いことに気付いた。テレビという小さな機械に映し出されるもので満足していて、生の感動を感じるものには触れていない。「子どもが好きだ、子どもと遊んであげたい」といって保育科を希望した学生たちであるから、子どもの絵本や、童話に興味があることが当然と思うが、それほどでもない。ポンキーキーズの「一寸桃」を歌っているにもかかわらず、「桃太郎」の昔ばなしを知らない学生がいることが分かり驚いた。学生たちが、どんな童話を知っているのかと調べて見た。（表参照）

第4章 身体表現に表れた身体と心の動き

　今回のプログラムのなかで、ディズニーのものが多いことが分かる。日本の物語が少ないことは、終戦（1945年）後のGHQの占領政策による教育の影響が現われている。日本の伝統文化をたち切られた時代に生まれているのが、現在の学生たちの親であり、日本人の文化に関する価値感が変わった世代である。戦時中は軍部の政策で、また、戦後は占領政策にしばられた日本の伝統文化は、親から子どもへ語り伝えることがなく、途切れている。昔ばなしには、教訓的な面があり、押し付けになると嫌う人もいる。しかし、現在の子どもたちの生きる世界は、混沌とし、殺伐としている時代である。このような時代こそ、子どものころに、やさしく善悪を昇華させた形の昔ばなしを知ることも、大切なことではないだろうか。

学生の印象に残る童話（数）

No.	洋　物		日本の昔ばなし		その他	
1	シンデレラ	18	鶴の恩返し	4	セロヒキのゴーシュ	1
2	人魚姫	10	桃太郎	2	ごんきつね	1
3	白雪姫	8	舌切り雀	2	エルマーの冒険	1
4	みにくいあひるのこ	6	うさぎとかめ	2	困ったシリーズ	1
5	美女と野獣	6	一寸法師	1	てぶくろをかいに	1
6	青い鳥	4	カチカチ山	1	電灯とくつ	1
7	ヘンゼルとグレーテル	3	おむすびころりん	1	はれときどきぶた	1
8	ピノキオ	3	鉢かぶりひめ	1	まえがみ太郎	1
9	おやゆびひめ	2	うりこひめ	1		
10	マッチ売りの少女	2				
11	フランダースの犬	2				
12	ツバメと王様	2				
13	赤ずきん	2				
14	星の王子様	2				
15	不思議な国のアリス	1				
16	ピーターパン	1				
17	バンビ	1				
18	ありときりぎりす	1				
19	北風と太陽	1				
20	王様の耳はロバの耳	1				
21	はだかの王様	1				
22	赤い靴	1				
23	3匹のぶた	1				

6　学生が好むリズムの特徴

　音楽表現も身体表現も、今回は題材をテレビの幼児番組からとったものが多いことは既に述べた。幼児番組の音楽ではあるがリズムがはっきりしている、明るいと学生は言う。例えば、幼児テレビ番組「ポンキッキーズ」のテーマ音楽の動きは、"ぱあぱら、ぱあぱら"とジャズ風に体を動かして、現代的に手拍子をしている。いかにも現代感覚を取り入れているようでモダンに見えるが、このリズムは日本民謡のはやしことば、掛け声の"よいしょ"のリズムであり、同じように手拍子を採ることができる。同じ番組で歌われ踊られている"いいじゃないか"も、同じように阿波踊りのリズムであり、その曲で阿波踊りを踊ることができる。

　音楽表現コースが採り上げた「一寸桃・金太郎／きしゃぽっぽ・鉄道どこまでも」は、「ゆびにたりない一寸法師—桃太郎さん桃太郎さん」とそれぞれ独立した歌詞を持つ歌を2小節ずつに区切り、構成を改めて掛け合いにして歌うリズムを主にしたおもしろさを出したものであるが、これらの歌は1900年（明治33）頃に言文一致唱歌運動として作られたものである。その当時の歌は、文語体で作られたもので、こどもが歌うには難しいものであった。そこで生まれた代表的なものが「一寸法師」「うさぎとかめ」等である。

　なぜこれらの明治時代の歌が今の人達に歌われるのか。明治時代に起こった言文一致唱歌運動は、田村虎蔵、納所弁次郎が実際に児童に接した生きた経験から、「言文一致の歌が児童の歌う意欲を盛り上げる」という意見により始められた。「言文一致の歌」が、話し言葉で児童に理解できる歌であり、「歌う意欲を盛り上げる」ということから、拍子が4分の2拍子となったのではないだろうか。

　日本の子どもの歌は、ほとんどの歌が4拍子、または4分の2拍子でできている。今回のテレビ番組「ポンキッキーズ」で採り上げた歌「一寸法師、うさぎとかめ、桃太郎、浦島太郎、汽車」は、すべての曲が4分の2拍子である。(譜面参照)

　このリズムは、日本語のリズムであり、遊び唄（わらべうた）のリズ

第4章　身体表現に表れた身体と心の動き

桃太郎

岡野貞一　作曲
文部省唱歌

（楽譜）
ももたろうさん　ももたろうさん
おこしにつけた　きびだんご
ひとつ　わたしに　くださいな

きんたろう

石原和三郎　作詞
田村虎蔵　作曲

（楽譜　やや ゆっくり）
まさかり　かついで　きんたろう
くーまに　またがり　おうまのけいこ
ハイ シイドウドウ ハイ ドウドウ　ハイ シイドウドウ ハイ ドウドウ

ムであり、子どもにとって自然に歌い、身体を動かす、弾むリズムである。日本の唱歌といわれているこれらの歌以外に、4分の2拍子の歌にどのようなものがあるかと思い、NHKが出版している楽譜集『みんなの歌』1集〜14集（1964〜1980年）をみた。その結果、1集の30曲中のまどみちお作詞、大中恩作曲の「ドロップスの歌」ほか6曲、2集の28曲中の江間章子作詞、大津三郎作曲「花のまわりで」ほか7曲が4分の2拍子、

3集では29曲中に明治時代に作られた武島羽衣作詞、滝廉太郎作曲「花」ほか6曲がある。しかし1集から3集までは、この4分の2拍子の曲は、外国の作曲が多い。しかも4集以後は少なくなり、各集1、2曲になっている。社会情勢によりリズムにも変化があり、4分の2拍子のリズムが明治時代に作られた唱歌の特徴になっている。高度成長期に多く作られた新しい歌の曲は4分の4拍子の曲となっているが、現代の子どもにはあまり好かれていない。

 今、4分の2拍子の歌が求められるのは、バブルが弾けてみんなが心の高揚を求めていることの現われと思う。しかし、4分の2拍子のリズムは、軍歌を連想する音楽家もあり、シュプレヒコールといわれる。シュプレヒコールのリズムだけでは、表現教科の目的を果たすことはできない。特に、今回学生たちが取り上げた「一寸桃」の元は、「一寸法師」と「桃太郎」であり、2つの歌を2小節毎に歌詞を区切り、行ったり来たりして掛け合いする歌い方は、おもしろいものであるが、リズムばかりが強調され、せっかくのお伽噺の影が薄くなり、言文一致の歌の意味をなさないものとなっている。幼児をもつ母親の中にも、子どもに落ち着きがなくなるといって嫌う者もいる。

 脳の研究家である時実利彦は、その著書『人間であること』の中で次のように述べている。「音楽には、ハーモニー、メロディーの要素がある。このなかのリズムという要素は、理性、知性の座である新皮質系に対して、鎮静的、麻薬的な効果を及ぼす。一方では抑圧されていた大脳辺縁系に宿る本能や情動の心が解放され、本能としてあらわにでてくる。

 他方では、新皮質の前頭連合野の統御力が弱まるために、耳にきこえるもの、目にみえるものが、無選択、無批判に新皮質へたたきこまれるようになる。理屈ぬきで大脳をいじくりまわす脳の改造、洗脳の原理である。」また「わたしたちは、この洗脳の原理をうまく利用した手にのせられて、理性、知性を麻痺され、個性の乏しい規格化された存在になり、あるいは、文句なく集団行へ駆り立てられているのである」とあり、リズムのもつ魔力の文化的利用の怖さを説かれている。過去、日本でも

戦時中は進軍隊ラッパにはじまり、軍隊行進曲、そして子どもたちまでが少国民進軍歌を歌い、軍に統一された時代であった。現在、保育現場でも時々みられるように、朝から帰りまで音楽により幼児の行動を統一している所があるが、怖いのはマスメディアが流すものであり、リズムの与え方を十分に考えるべきである。

7 身体表現のプログラムからの創作過程

　身体表現の指導の1つの方法に創作がある。創作をする方法として、身体の動きから入る、または音楽のイメージから入り、その中から生まれたものにテーマを見いだして作品とする場合と、先に題材を自然界の出来ごとや人間関係、童話等からと決め、そこからテーマを採り、作品を創る方法がある。テーマとなる題材は身近なあそびにもあり、あらゆるところにある。本年（1996年）の表現発表会の作品を創るに当たり、テーマの選択は学生たちの自主性を重んじ、自由な方法をとった。学生たち自身が選んだテーマは、アニメのキャラクターを集めたもので、自然現象や生活等を題材としたものや、日本の童話などはみられない。

　身体表現とはからだの言葉であり、母国語で語ることが自然であるという私の主張と、日本の伝統文化を次の世代に伝えるという目的から、課題曲を日本ものとした。

　振り付けをする頃になると、キャラクターをテーマに選択した組は、それぞれに、自分の選んだキャラクターのアニメのビデオを持ち込み、そこから動きを模倣してしまい、この会の目的である創作の意味をなくしている。望ましい保育として指導要領に掲げられていることに、「豊かな感性を育て、一人一人の個性を大切にする」という項目があるが、学生たちがしていることは、ビデオから、そっくりそのままを移して個性をなくし、一斉に同じ動きを一糸乱れのないように、号令をかけて練習している。これではただリズムで動くマスゲームに過ぎない。自分たちで考えることがめんどうということと、みんなと同じならいい、ということのようだ。

新学習指導要綱の総則には「学校の教育活動を進めるに当たっては、自ら学ぶ意欲と社会の変化に対応出来る能力の育成を図るとともに、基礎的、基本的内容の指導を徹底し、個性を生かす教育の充実を努めなければならない」とある。これらのことこそ、身体表現の創作をする目的であり、私が求めるものである。
　時実利彦は、音楽や踊りが情操教育として見られる理由として、次のように述べている。

　　歌や音楽は、お互いのこころの共感、共鳴、融合によって集団へ凝集をはかる機能のほかに、同時にまた、私たちをして、意味内容の規定されていない音や声の連鎖、すなわち、「ことばなき文意」として受けとめさせる機能をもつようになる。これらことは、舞踊についても同じことである。

　　抽象化された表現であるから、同じ舞踊をいろいろな解釈をしながら受けとめることができ、同じ舞踊でも、踊る人により、さまざまな解釈によって踊ることができる。また「ことばのない文章」として鑑賞することができる。

　　このように、別の機能によって、歌ったり、踊ったり、作曲したり、振付けをすることは、文章をつづるよりも、前頭連合野の創造の精神が要請されることになろう。

とあり、言葉のない文章を声や音や動作でつづる創作の喜びの心を体得すること、また自分の心で読みとり、喜ぶ心をかみしめることが音楽、舞踊の真髄といっている。そして集団と個の関係を解き、自由な発想をし、また葛藤し、心の調和を模索するところにねらいがあるという。このようなことは、学生たちが創作する過程で、自然に学ぶ事柄である。課題となった日本の物語「くもの糸」「うばすて山」等には、学生たちが見本にするような、動きのビデオがない。学生たちが自分たちで考えて無から生み出し、形にすることであり、本来の表現会の目的に戻ることになった。内容を把握し、学生時代でないと出来ない１つのテーマの追求をすることを提案した。グループごとに集まり、議論をし合い、ぶ

つかり合い、作る、壊すの繰り返しをすることから、仲間意識が出来てくる。しかし、身体を使う遊びの体験が少なく、身体を使う作業、労働をしたことがない現在の学生たちには、動くことのイメージがでてこない。はう、転がる、ねじるという動きの原点からの指導が必要であった。身体表現は、身体の動きがことばになって、表現することであり、その動きの連鎖が、ことばのない文章をつづる。題材が難しく、また言葉のない表現である創作舞踊を、観客となる幼児がどのように受けとめるかと、客席に入って子どもたちの様子を観察した。しっかりした作品を真剣に演技する舞台には、子どもたちはのめりこむようにして、子どもなりの受けとめかたをしていた。このことが、時実利彦のいっている音楽、舞踊のもつ機能なのである。

　幼児期だからこそ、よいものを見せ、よいものを与える必要があり、それが私たちが考えて行くべき環境作りではないだろうか。

8　おわりに——表現発表会の意義——

　表現会の目的は、単に学生たち自身が楽しく自分を表現する作品を発表することだけではない。保育者になるものとしての目的意識を持って活動することが望ましく、作品を創るための準備から、当日の跡かたづけまでの行動は、机上の議論では学ぶことのできないものである。また発表結果に対する子どもたちの反応から学んだ事柄を研究することも大切なことである。

　我が鶴見大学短期大学部保育科が行う表現会の活動は、表現教科の造形、音楽、身体の3コースが、それぞれに個人活動ではなくグループ活動として作品を創り発表する。グループ活動で、さまざまな方法で作品を創ることは、作品の製作そのものより、その過程で起こる意見の相違や行動の仕方に対して、人間関係の難しさを学ぶことを可能とする。何度かぶつかり、壊し、そこから協調する心に目覚めて、初めて大きな作品となり、完成し、発表の喜びを味わうことが出来たことは、保育者にとっての貴重なものなのである。学生たちは、幼児時代から物質に恵ま

①ディズニーアニメより「リトルマーメイド」

②キャラクターをあつめた「みんなあつまれ！！」

第4章　身体表現に表れた身体と心の動き

③学生が意欲を示して画いたバック「うばすて山」

④動きを工夫した「くもの糸」

れて、与えられることが当たり前の生活をして来た。その結果、今回の表現発表会の、「無から生み出す力」の体験に感動の心が大きく、表現発表会の意義となった。

参考文献
1. 時実利彦『人間であること』(1970) 岩波書店
2. 山住政巳『子どもの歌を語る（唱歌と童謡）』(1994) 岩波書店
3. 別宮貞徳『日本語のリズム：四拍子文化論』(1977) 講談社
4. 金田一春彦、安西愛子編『日本の唱歌』上、中、下 (1977～82) 講談社
5. 長田暁二編『日本の唱歌名曲集』(1998) 全音楽譜出版社
6. 高橋洋二編「子どもの昭和史（昭和20年～35年）」『別冊太陽』(1987) 平凡社
7. 高橋洋二編「子どもの昭和史（昭和35年～48年）」『別冊太陽』(1990) 平凡社
8. 日本放送協会編『NHKみんなのうた』1集～20集 (1964～1980) 日本放送出版協会
9. 日本放送協会編『おかあさんといっしょ（ヒット曲集)』日本放送出版協会
10. 野原明『日本の教育』(1993) 丸善ライブラリー
11. 井深大『0歳からの母親作戦-新版』(1996) ごま書房
12. 斎藤茂男『子どもの世間』(1996) 小学館

（初出：『鶴見大学紀要』第34号 第3部 保育・歯科衛生編、1997）

鶴見大学での授業の工夫
How have I led the Students in Tsurumi Junior College ?

　感性豊かな、明るい子どもと遊べる保育者を目標にして実技指導をしてきた。しかし現実は、知育教育の偏重、社会環境の変化により、学生は無気力、無表情であり、特にこの4、5年は授業をどのように進めていくか悩み、学生の生育環境を知るためのアンケートを採った。その結果、日常生活で家庭で習う生活習慣が乱れ、現実体験が少なく、生活空間の狭い学生の授業内容を、次のように工夫した。

(1) スキップすらできない身体を、現代の流行りものの音楽を使い、基礎となる「歩く」「飛ぶ」「曲げる」等の身体を動かす楽しさを知るようにした。
(2) 明るい表情がでるように、また人の前に出てしゃべれないことを考慮して、授業中に手あそびの実演をみんなの前でするチャンスを用意した。
(3) 人間関係を学ぶために、グループ活動によるあそび、創作活動を多くした。
(4) 創作するにあたり、各教科で学んだものが出てくることを期待しているが、安易にテレビ放映を録画してそのままの模倣をしてしまう。テーマを指導して、自分の足でその資料を調べ、考えて創作するようにした結果を表現会で発表させた。観客と共に感動して、実体験の良さを学ぶことができたのではないだろうか。
(5) 1年のダンスでは、前期は基礎の身体の動きを大切に、後期はグループ活動を中心として、あらゆる面からテーマを与え、偏らない自由を大切に創作活動をするようにした。

　今後は子どもの成長を助ける生活に結びつくこと、海外交流指導の体験を取り入れていきたい。

(1999年3月記)

【3】表現活動（ワークショップ）に現われた感性の育ち

The Growth of Sensitivity appeared in the Performance Activity (Workshop)

1　はじめに

　今、子どもの教育を見直すなかで、情操面での欠乏が社会問題となっている。保育において「豊かな感性を育てる」「心の教育」といわれながら、その保育者養成に係わり、保育者の感性を育てる表現活動を担当しながら、学生との活動を通じて疑問を持つことがある。

　ぷつんぷつんと切れる感情、ごつごつしたぎこちない体の動き、周りが見えない自己中心的態度の学生は、他人は他人、自分は自分という。コミュニケーションが面と向かうと上手に図れないケイタイ人間が、保育者としての感性を持っているのであろうか。感性を育てるということは、単なるシュプレヒコールなのであろうか。今の社会情勢が全体的にそうだから、それでいいのではないかと言う人もいるが、これから育つ子どもたちを育てる保育者が、これでよいのだろうか。社会に出て広い視野にたつ人間となるよう指導するには、どうしたらよいかと思案していた。

　1999年、女子美術大学同窓会からワークショップへの参加呼びかけがあった。全国を網羅した組織とコンセプトと計画と、「母なる大地」という大きなテーマの根底には、宇宙全体を把握した歴史から現代社会へ、今、生きる力をよみがえらせるような言葉が並んでいた。五感で体験して想像から発展し、創造へと導くことは、平常学生に授業中に言っていることであり、自分自身が見失っていたものを呼びかけられた気がした。

　身体表現を指導して大人のソロの創作ダンスを造る私は、学生時代の人体クロッキーがフォルムをつかむ原点であり、図案を学んだことが構成の原点となっている。身体表現と造形というこの繋がりをかえりみて、普段接している学生だけでなく、学校の外に出て現代の子ども達を肌で

第4章 身体表現に表れた身体と心の動き

感じることを体験してみることとして参加した。

　この2、3年に表現活動に対して、音楽、絵画、セラピーとあらゆる面からの多くのワークショップの誘いが来る。これらは2002年から始まる小学校総合学習に視点を合わせて企画されたものが多くある。どのような教科でも、原点を考えたときに総合教育に結び付けることはできる。表現教科は感性を引き出し、情緒を育てるのに適しているという特性を多く持っていると思われる。

　このような事柄を考慮して、2000年、2001年に指導したワークショップが4件ある。4件の実例から、その企画、参加者の傾向から見る社会情勢、造形と身体表現の繋がり、モチーフをどのように見て行くか等を考慮して、今後の総合教育に、どのように表現教科が係わっていけばよいかを検討する。

　それぞれのワークショップの企画には、造形を主体としたもの、演芸を主体としたもの、身体（ダンス）を主体としたものがある。表現方法に違いがあるが、教育理念においては違いがない。想像から創造へ、そして発展に進むことから、自然とその人の体験、生きざまが現れてくる。良い環境を作ることから、豊かな感性が育つことに鑑み、表現活動のワークショップの形態を、日時、場所、主催者、参加者、目的等からみる。

2　異国文化との交流をもつ

　2000年、「国際子どものダンス」フィンランド支部の主催で、現地の夏季学校を2週間で2クラス受け持った。参加者は教員と子どもたちであった。この体験は既にまとめたものがある。そこでは、日本の伝統を元に創作活動の導き方をした。

　身体表現は言語の違いを感じることもなく、人と人とのコミュニケーションを図ることが出来る。感性の豊かな芸術を通じての教育を志す人々には、国が違っても共通の心があった。これらの活動は、フィンランドの国の助成によってできたことであった。

　自然環境の厳しさから、通信網が発達をしていながら古いものを大切

173

にすること学ぶことが出来た。

3 「大地の響き―身体表現で表わす造形」より

　2000年女子美術大学創立100年同窓会記念行事として、準備から終了まで2年の時間をかけて、全国規模で企画されたテーマ、「大地の母」のワークショップに、同期の友人の協力でグループを作り、全国で42グループがたちあがった中の1グループとして参加した。

　8月25日～28日の4日間にわたり、「大地の響き―身体表現で表わす造形」、サブタイトルとして〈竹や糸の質感の響きの絡みを人間の絡みととらえ、創作ダンスとする〉こととした。

　同窓会助成金をもとに一般募集をして集まった人々とスタジオで行った。

　身体表現（創作ダンス）を通じ、自然の中に存在するもの、またそれらに人間が手を加えたものを交えながら、人間の心の模様に着眼しつつ、心＝色彩という観点から導入を展開することによって、自然と人間がいかに親しい関係にあるかを心で感じ、心で踊ろうとする感性を大切にすることを目的とした。竹の質感、響き、そして染色された糸、これらの絡み合いを人間の心の絡みととらえてデッサンし、竹や糸を実際に使用しながら、それを身体表現まで発展させる。さらに音響や照明効果を加えて総合芸術にする計画を立てた。

　準備として竹は地方の寺に依頼して用意した。一本の10メートルの孟宗竹を、いろんな音を感じるように先端の葉のついた部分、太い部分、細く割った物等に切っておいた。工芸科を出た後輩は糸を集め、レースデザイナーはレースを、子どもアトリエの教師は絵の具と手分けをして、ぜいたくと思われる材料を集めた。

(1)　参加者親子に現われた行動

　一般募集でどんな人達か集まるか不安であった。参加者は、この企画をしっかりと理解して参加した人達のAグループと、なんとなく誘われ

て来た人達のBグループでは目的が違い、テレビ撮影があることを知って参加することにしたという人達であった。参加目的の意識の違いは、Aグループ、Bグループの親子の行動から如実に現われた。Aグループは挨拶をして時間より早く集っていた。Bグループは既にAグループがこの日の工程の説明を聞き、導入の動きを始めた時に、ガヤガヤと集団で騒がしく、挨拶もなく入ってきてスタジオの和やかな雰囲気が変わった。人と人とのコミュニケーションは挨拶から始まる。目礼をして、その場の雰囲気を感じ取り、仲間に入ることは出来ないのであろうか。これこそ社会生活をするうえでの感性ではないだろうか。感性とは芸術だけに言えるものではない。社会生活をして行くうえで育つものであり、その基本が親子ともどもに出来ていないとみた。今回の私がワークショップ企画に参加した目的は、学校の枠から出ることであった。現実に視るこの場を考えて予定を変更した。

　予定していた指導案は次のものであった。「竹の先端の葉がさらさらと繊細に動く静けさと、太い根元の力強さ、しなる竹等で感じたイメージを、体で表現して創作ダンスにすること」と計画をしていた。しかし現状は繊細な心を感じる雰囲気ではない。広い空間に喜んだのか雑然と騒がしく、既に話が始まっているにもかかわらず、ところや相手をかまわず体をぶつけ飛び回る子どもたちには、その場の空間をつかむ力がないのだろうか。その子どもたちを避けるように見る子などがいた。落ち着き、ゆとり、間から感性は生まれる。子どもたちを落ち着かせることから始めることになり、思い切り体を動かして発散させてから、坐禅を組むように座り、呼吸を整えてから改めて始めた。

　子どものリーダーが床を竹でたたき、音を出す。その音に合わせてみんなで自由にジャンプをする。高さ10センチに切られた竹を転がす。"ぐる"と転がる竹と同じように一回転転がってみる、次にその竹の転がし方にリズムの変化をつけ"ぐるぐる"と転がる。転がす方向を変える。この間に子ども1人ひとりにどんな転がり方をしたか質問をすると、Aグループの子どもたちは積極的に答が返ってくるが、先程まで騒がし

かったBグループの子どもたちは集中力がなく、こちらの言うことが分からないのか声が出ない。今、体で表現したことを画用紙に描いて見た。リズムの変化の通り"ぐる"で一つの円を描き、"ぐるぐる"で連続した鎖が描かれていき、模様となった。自己に集中して夢中で描くAグループと比べて、ちらちらとおしゃべりして親の顔をみているBグループは、出来上がりが遅く、親も勝手なおしゃべりをしていて、子どもの方を見ていない。静かに子どもの活動を見守るAグループの親と対照的であり、普段の親子関係、家庭教育が見られた。

現在、子どもの心の荒廃を嘆くが、子どもだけに責任があるのだろうか。社会性のない親に育てられた子どもはどうなるのであろうか。午前中のテレビ撮影と仕事が終わると、Bグループの親は「この竹で夏休みの宿題を作ろう」とすき勝手に竹を持ち帰ってしまった。

本物の竹に触れることがない東京の生活では珍しいものであったのであろうが、4日間のワークショップで使う予定で用意したものが一部なくなることとなった。

(2) 竹の遊びからヒントを得て　舞台総合作品になる

午後のクラスはAグループだけとなった。みんなで大きな輪を作り、床に腰をおろして自己紹介をしながら竹を使って音を出して、その音に対する擬声音から考えた動物になる遊びを行った。用意した竹は長さ50センチ、幅を1センチに切り、しなるようになっている。手先だけでたたいてウサギ、肩から後ろまで手を回し、"わおー"と声を出して象の鼻を表現する。竹を横にゆすり動かして、ちょろちょろ、にょろにょろと、ネズミや蛇が出てくる。たった1本の竹から、いろいろな動物が擬声音と一緒に表現されてきて、子どもの感性、創造力の豊かさを頼もしく、感動して見ることができた。

このAグループの子どもたちは、親の姿勢に恵まれた環境の整った家庭であるからこそ、豊かな感性が育っている。基本となる家庭教育を大切にすることが、今求められることと思う。

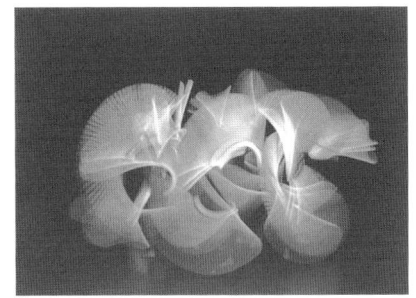

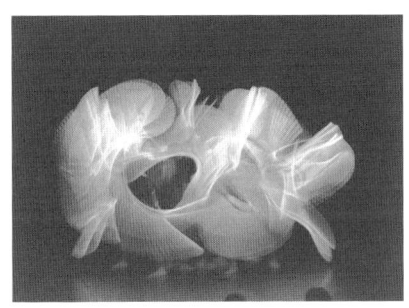

第4章　身体表現に表れた身体と心の動き

（2000年10月24日、草月ホール「女、形、美100年史」より）

　このときの竹の面白い動きからヒントを得て、創作ダンスに取り入れたのが、上掲の写真である。コンピューターによるデザインではない。長さ70センチの夜光塗料を塗った細長い発泡スチロールの棒を指と指との間に挟み、片手に3本、都合両手で6本を1人が持って6人の群舞とした。踊り手は黒い衣装で姿は見えない。手に持った棒が体の動きで変化する一瞬を、写真家がとらえたもので、描きたいと言っても出来るものでない。人体が描く線だから柔らかさがあり、振り付け者のアイデア、踊り手、照明家、写真家が一体となった総合作品である。原点は子どもたちの発想から生まれた。

(3)　自己の描いた絵から飛び出す心、そして身体表現に

　2日目はAグループのみの参加となった。1人につき全紙1枚の画用紙を与えて、テーマを与えず自由に色々な材料を使い絵を描き、その絵

に何を描いたか説明して身体表現とし、発展をすることとした。

　スタジオに入ると自分の体がすっぽりと入るほど大きい画用紙が並べてある。それを見たときの子どもの表情は輝き、驚きの声をあげた。並べてある紙の間を走り回る姿は、紙の大きさを自分の体で確認しているように見えた。歌を歌い体を動かしてから製作に入った。用意されている材料の糸、レース、粘土に触れながら走り回っているうちに、ストーリーが浮かび、フォルムが出来てくる。休み時間もとらず、時間を忘れて全員が製作をしている。

　A子は片隅においてあった竹の枝の葉っぱの部分に、絵の具をつけて花の絵を描いた上で振っている。ただ無心に自分の表現の世界に夢中に遊び、声をかける隙も与えない。前日に私が導入したいと思っていた竹の先端の動きが、A子の行動に自然に出てきた。他の子どもたちも黙々とレースを橋にみたてたり、毛糸が川となり、気に入った絵本、家族で旅行をしたこと、花火大会、盆踊り大会の楽しさ等を描いている。予定時間の2時間を過ぎているのにもかかわらず描き続けた。製作を始めて2時間を過ぎた時だった。お母さんと一緒に絵本のガラガラドンの橋を描いていた3歳のK君が、突然私をつかまえて「おい、橋になれ」と言ってきた。

　K君は3人の男の兄弟の真ん中で、普段はあまり口数も少なくおとなしいことを母親は心配していたので、K君の突然の行動に驚き感動された。人の感性は、人から認められることにある。ほっておかれると、次第に自信を失って萎縮して鈍くなる。普段母親を独占することができないでいたK君は、母親を独占出来たこと、大きな用紙一杯に母親と一緒に大胆に絵を描いたこと、そして周りの人から認められたことから、満足した達成感が行動となったのではないだろうか。兄と、年の近い弟の間で自分の存在をはっきりと打ち出すことが出来ずにいたが、母親から読んでもらっている3匹のガラガラドンを大きな絵にして自信がつき、声を出し、自己主張をしたのだろう。

　K君の行動は思いもかけず、自然に絵画と身体表現を結ぶ結果となり、

第4章　身体表現に表れた身体と心の動き

①

②

③

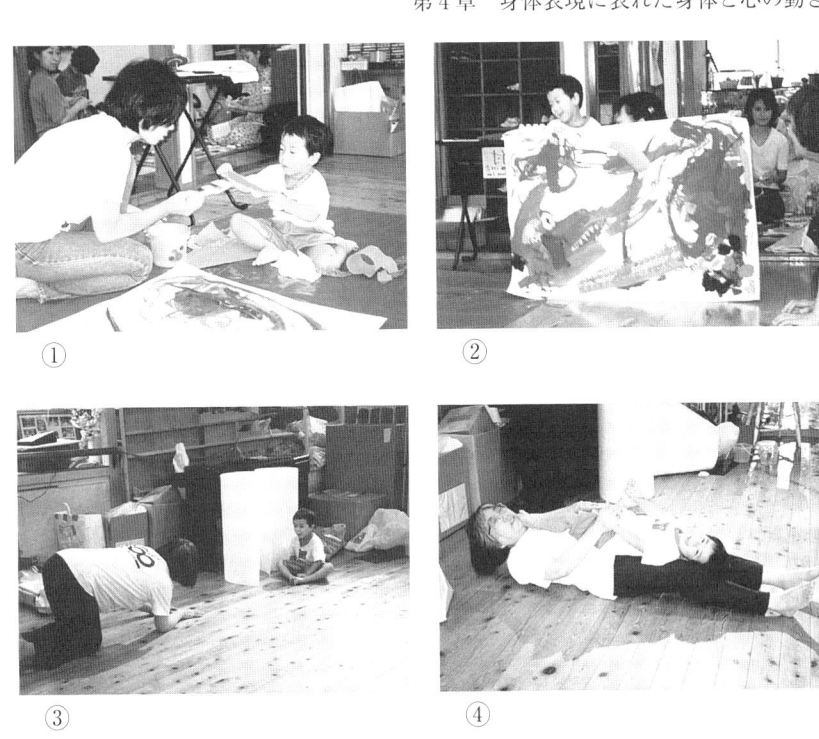

④

⑤

参加した子どもたち全員が床に寝て繋がり、大きな橋を作りガタガタとゆれた。次々とそれぞれの描いた絵が身体表現として発表された。

　感性を育てるには、大人の心のゆとり、時間のゆとりがよいことを知識としてだれでもが知っている。この日のスタジオは時間の制限がなく、焦ることなく思いのまま時間を使い、大きなスタジオ、大きな画用紙の

179

空間、自由に使える材料が子どもたちの行動を豊かなものとしたことが伺えた。

4 「子どもと舞台芸術―出会いのフォーラム2001年」より

2001年7月24日は、芸術実演団体が企画した「子どもと舞台芸術―出会いのフォーラム2001年」に、児童舞踊家として参加して指導を行った。

身体を使った伝統遊びを利用して、動きのおもしろさを発見するように指導した。テーマの素材を身体で感じさせて動き、さらに創作ダンスへと発展するようにした。外遊びの盛んに行われていた時代には、自然に身についていた身体の動きである「ねじる」「伸びる」「転がる」などは、ゲームあそびが主になっている現代の子どもたちにはあまりない。

そこで、これらの要素を引き出せる動きをテーマにして「パン作り」とした。

小学校の教員や韓国の留学生などが見学するなかで、㈳全日本児童舞踊協会所属の舞踊団3団体を選び、そこから募集した19名と、保育士を目指す学生2名、及び指導助手が参加して実演をした。

ワークショップの本番で初めて会う子どもたちと、短時間で創作が出来るのかと不安になる。創作のための準備は、パン作りの材料、出てくるであろう動きに合う音、また短時間で作品が出来るような導入になる童謡と、自由に使ってよい布等を用意した。

パン作りの工程の1つである発酵の状態を作り、触れてもらい感じてもらうために開講前に準備していると、早く来ていた子どもたちが自然によってきて、「私にもやらせて」と手を出してきた。準備の段階から子どもたちが興味をもってくれた。

スキップのゲームで2人組となり、わらべうた「なべなべそこぬけ」の変化遊びをしてから、3組のグループを作った。

粉をゆする→さらさらと落ちる粉→水を入れる→こねる、のばす→膨らむ→形を作る

実際に作る過程を見ながら、手に触れて感触を確認させた。

これらの状態を身体で表現するように言葉かけをする。手先だけでさらさらと、粉の落ちる様子をする子どもや、全身で体を揺り動かす子どもと、さまざまな動きが生まれてきた。しかし、舞踊団に所属している子どもたちである。きれいに動いてしまい、竹の遊びから出てきた様な面白さはない。パンの形が出来たところで、作ったパンの名前を発表した。クロワッサン、レモンパン、食パン等が出てきた。食パンと答えた組は、床に寝て長方形を4人で作り、食パンという。食パンの原型にはならず、トーストとして食卓に乗る形を表わした。間違いではないが我々の時代の者が考える食パンのイメージとは違った。パン粉は何からできているかという質問に対しても答えることはできない。「麦」と言う字は書けても、そのものは知らないのではないかと思う。1つのことからの繋がりがない、これはこれ、あれはあれの現代っ子的表現なのだろう。どんな活動をする場合も、原点を知ることが想像の世界を広げるもとになるのではないだろうか。原点の追求から本質を知ることは大切であると同時に、改めてすることでもない。平常の生活環境を見渡したとき、心の余裕があれば自然に見える。このような生活態度の積み重ねから感性は生まれ育つ。身近なところで、パンを作る作業をしながらの親子の会話に、その過程を説明することなどが家庭教育のゆとりと言えよう。

5　おわりに

　このワークショップを通じて考えさせられたことは、子どもを育てることとは何か、ということであった。今、家庭教育を失った人々の子どもたちに、何をしたらよいかを考える時と思う。
　これから始まる総合教育において、人と人が向かい合う身体表現活動、演劇等を大いに利用して、社会に生きられる人に育つことを願う。
　総合教育においては、インターネットの活用が多く入ってくることだろう。都会の子どもと地方の子どもとの交流が出来て、知識は広がるように見えるが、画面を通じての仮想体験である。ここから感性は育つのであろうか。総合教育ほど、ゆとりが無くては出来ないものであること

が、ワークショップの経験から思われる。

参考文献:
1．澤口俊之『幼児と教育と脳』(1999) 文藝春秋
2．大野 晋・上野健爾『学力があぶない』(2001) 岩波書店
3．桑子敏雄『感性の哲学』(2001) 日本放送出版協会
4．芸団協「子どもと舞台芸術—出会いのフォーラム2001」参加資料
協力：一般社団法人女子美術大学同窓会(「女子美100周年全国ワークショップ」〈1999年〉参加資料　写真提供：山本哲子)

（初出：『鶴見大学紀要』第39号 第3部 保育・歯科衛生編、2002）

第5章　異文化交流で学んだもの

The Fifth Chapter：Something which I have
learned through Cultural Exchange
between Foreign Countries

【1】 子どものダンスにおける創作活動を通しての異文化交流

Cultural Exchange between Foreign Countries through the Creative Activities in the Children Dance

1　はじめに

　1973年以来現在まで、ダンスを通じて異文化交流を行ってきた。その交流の形式は目的により異なる。公演活動、ワークショップ、国内、国外で行われた国際会議等、一般の人々への交流から教育専門家の集まりまで体験した。公演活動では、子どものダンスグループ、大人の舞踊専門家のグループとの作品交換をし、国内、国外で行われた国際会議においては、日本の児童舞踊の歴史を求められて紹介すること等をしてきたし、ワークショップでは、創作指導方法の交換をするまでになった。

　このような交流を始めた動機は、1970年に児童舞踊連盟が行った東南アジア舞踊研修会、現代舞踊協会が行ったヨーロッパ芸術舞踊視察団に参加したときの刺激が誘因となった。この経験を若い時代、子ども時代に体験することができたら、吸収するものが多く、国際化時代に向かい広い視野に立てる人ができるのではと考えた。身近なところから自分が企画して始めたことから広がり、現在の活動になっている。

　始めた当時の1970年代から見て、現在は社会情勢の変化、情報伝達の変化が著しく、メディアから異文化を知ることが多い。子どもたちもメディアを通じて目で情報として異文化を知っているが、肌で感じる交流を体験する機会は少ない。

　18年間の年月の間には、時代により子どもたちの感じたもの、受けた体験は変化している。今はまたデジタル放送が始まり、情報過多の時代となっている。交通網の発達で国際交流が盛んになった現在、自分の中のアンディティはどうなっていくのであろうか。

第5章　異文化交流で学んだもの

1970年代以降の異文化交流と主な活動

活動内容	年					
	75	80	85	90	95	00
公演とボランティア	○　○	○	○	○	○	○
作品の交換				○○	○	○○
ワークショップを受ける						
ワークショップを開く			○		○	○
講　師					○	

　まずアメリカ、次いで大洋州、アジア、ヨーロッパと、それぞれの地域における活動内容を分析し考察して行きたい。

2　アメリカでの活動

　アメリカにおける文化交流の方法は、(1)日系人との交流、(2)旅行業者の企画した日本祭り、(3)舞台芸術としての公演の3通りのものを経験した。

(1)　日系人との交流

　単なる観光旅行とせず、自分たちが持っている力である舞踊を利用して、現地の人たちとの交流が出来ることを目的とした。私からのアプローチに対し、日系人が企画をしたものである。1973年、初めての海外活動としてハワイの仏教協会に依頼し、ホノルルとカワイ島で寺院の講堂で舞踊公演をして交流会をもった。日本の童謡「花嫁人形」などを踊ると、涙を流している。その1世の方々の手作りの食事は、日本の家庭では忘れられている丁寧な日本食であった。子どもたちはマンゴ、パパイヤを初めて食べながら、おばあさんたちの戦争体験、真珠湾攻撃の朝のことを聞いた。戦争を知らない日本の高度成長期に育った子どもたちにとって、じかに聞く移民の苦労、戦時期の体験は胸に応えるものがあった。

　1975年はロサンゼルス、ホノルル、1977年はロサンゼルスと続き、公演場所が商工会議所ホールとなり、一般の人に見せる公演だけでなく、

日系人の引退者ホームの慰問が企画として加わり、ホームのホールで踊った。ホールまで来られない病床の人には、各部屋を回り、言葉をかけた。部屋には家族の写真と天皇陛下の写真、そして日本への郷愁がにじみでたものが飾ってあった。日本の子どもたちの慰問を喜び、中にはお土産にあげるものがないとティシュの使いかけの箱を持たされ、「おばあさんたち、私たちが来たことをすごく喜んでいる。来てよかった」と日誌に書く子どももいた。

(2) 旅行業者が企画した日本祭り

日本祭りは、大きなもの小さなものとあり、その内容は生け花、茶道、琴、祭り、舞踊など、日本文化を紹介している。

① ロサンゼルス・ディズニーランド公演（1981年3月）は、日本の児童舞踊協会2団体が参加した。前もって写真審査に通過してこの公演に参加したが、まだ日本の子どものダンスに関しての認識は低く、初回の観客は少数であった。2日目から観客は増加した。遊園地の人が流れる環境で足を止めて見てもらうことは、多くの人に見てもらうことになり、踊る子どもたちも踊ったという充実感はあるが、見せるという一方通行に思えた。ディズニーの企業での仕事は制約があった。「夢を売る事を大切にしていることから、舞台裏で見たことは口外しない、ディズニーランド以外で公演をすることは認めない」とあったが、引退者ホームの慰問は例外として許可を得た。

② ワシントン州ポートランド（1988年7月）では、ソロダンサー(大人)に私が同行し、ホームステイを1週間した。ここで踊りを見た現地の方のボランティアで、ダンススタジオの子どものレッスンを見学することができた。

③ ニューヨーク・シティホール公演（1995年3月）においては、日本の舞踊団4組が舞台監督、照明家を日本から連れて参加した。この公演のチケット収入は、ニューヨーク市障害者センターへ寄付された。業者が行う日本祭りは、公演をすることと観光が加わるが、子どもたち

はそれでは満足しない時代となった。現地についてからハイスクールと交渉してみた。授業中であるが、空き時間の者が舞踊を見てその後話し合うチャンスを与えられた。この学校の廊下の壁には、竹取物語を研究した文章が張ってあり、日本に関心があることを見た。舞台の照明はハイスクールの生徒がし、その後で学校施設の食堂で辞書を引きながら話し合う子どもたちには、12年前の消極的な日本の子どもの姿は消え、国際交流に馴染んだところを見た。中学生たちは、何でも見ようとジャズダンス、モダンダンスのスタジオを訪問し、フリーレッスンを受けてきた。

(3) **舞台芸術としての公演**

ニューヨーク・フローレンスホール公演は、アメリカのプロデュースによる私の自主公演であった。ここで学んだことは、アメリカでプロとして活動する方法であった。これらのことはここでは必要ではないので省略するが、異国で公演する場合は、振り付け、小道具の使い方を注意しなければならないと思った。義理でなく素直な称賛を受けることができ、実力の世界であると見た。

3　大洋州(オーストラリア・ニュージーランド)

ニュージーランドに行くことからオーストラリアに寄ることとなり、シドニーのヒルズ・グラマースクールで公演をした。

ニュージーランドには、「国際子どもとダンスの会」(daCi)から招聘を受けた全日本舞踊連合会の派遣で、1985年大会に小学2年から中学3年までの13名を連れて参加した。

この会は1978年に作られた組織であり、3年に1回開かれる国際会議には多くの国が参加していて、この回では44カ国の参加があった。目的は、人種、階級、性、宗教、国籍に関係なく、ダンスを通じて"子どもたちのためになる"すべての活動をする。この回のテーマは、①教育舞踊、②リクリエーション、③文化遺産としてのダンスに分けて行われ、プロ

グラムはレクチュアセミナー、ワークショップ、大人とこどものパフォーマンスであった。日本の「あそび」をテーマに、児童舞踊の歴史に沿ってまとめた作品を発表した。シドニー、オークランドの人達は、日本の産業に対しては理解があるが、舞踊に関しての理解はなく、またこの場所に集まった各国の人も、歌舞伎に対しては多少の知識があっても、日本の児童舞踊に対しての知識は無に等しい。子どもたちは2人ずつに別れてのホームステイであり、初日は緊張していた。ワークショップを受けるために会場を移動する子どもたちに対して、また食事する子どもたちを見る周りの人の目は、冷たく感じるものがあった。しかし第1回目の舞台を終えて見ると、子どもたちの回りを囲む人垣ができ、いろいろな質問があった。「1人でこれだけの振り付けをするのか」、「クラシックバレエのテクニックを教えているのか」等の言葉を受けた。他の国のものも見たが、日本の子どものダンスの水準の高さを知った。

　なぜ日本の児童舞踊がこのように他の国と違うのだろうか。そこには日本の児童舞踊の発展の歴史があるとみた。わらべうたから、学校教育法のお遊戯、日本舞踊を土台とした童謡舞踊、ヴィグマンの教えを受けた印牧季雄の影響、これら約100年の歴史があり、現在は子どものころから児童舞踊を踊っていた者が指導していることにあると考察する。テクニックは1960年代からマーサ・グレアム・メソッドが日本に入ってきて、児童舞踊家も勉強している。またバレエを学ぶ者もいる。それだけでなく生活様式の欧米化もあり、その影響により、体つきも変化している。テクニックは上がったが、子どもの時代でなくてはできない動き、そしてその国の持つ伝統のよさが失われ、個性がなくなるのではないだろうか。

　この会議では、文化遺産としてダンスが考えられている。オーストラリア、マオリ族の伝統舞踊を興味深く見た。

　子どもは、踊る回数が増えるにもかかわらず、ワークショップも受け、マオリ族のダンスも見た。言語ではなく体で語ることのできるダンスに喜びを感じた14日間であった。しかし日本の児童舞踊家は、世界に誇る

第5章　異文化交流で学んだもの

指導法をもっていることを自覚すべきではないかと思う。既にそのことは、音楽家のオルフにより指摘されている。花伝書から日本舞踊、そこからでた児童舞踊の指導法の伝統と考察する。

4　アジアにおいての交流

　アジアの国での交流の元は、モダンダンスの始祖イサドラ・ダンカンのギリシャの家の復興に協力したコパナスの会の一員であったことからである。そこから、アジア舞踊協会会長を知り、韓国との交流が始まった。1987年、児童舞踊合同公演に韓国の民族舞踊を招き、1988年には、韓国児童舞踊研修会講師として渡航し、1989年には、日本での日本韓国児童舞踊交流公演の演出をした。同年12月には、大人の作品が招かれて韓国国立劇場で発表し、日本でも招く交流が現在まで続く長い付き合いができた。他の国には1988年にタイの私立学校やシンガポールの日本祭りに参加し、インドネシアは日本で開いたアジア舞踊展に招待した。

　多くの交流の中で、特に子どもたちが人々との交流を喜び、再度の参加を希望する「ソウルインターナショナル青少年舞踊の祭典」を取り上げ、なぜ子どもたちが希望するのかを分析する。

1998年、1999年と2年にわたりソウルにおいて開かれた世界舞踊の祭典に招聘を受け、子どもたちと参加した。この祭典の規模は大きく、企画、目的がしっかりしたものである。招聘状の内容は以下の通りである。

〈招聘〉　韓国現代舞踊振興会は「98年国際青少年ダンスフェスティバル委員会」を組織して、あなたの国の子どもたちを招待いたします。

〈目的〉　子どもたちは未来の世界のリーダーになる。フェスティバルは、より良い理解と友情を促進するのみならず、彼らが1つの地球家族に属することを実感するように計画されている。子どもたちに世界主義的世界観を育て、世界平和に寄与することを用意している。

〈マネージメント〉　韓国現代舞踊振興会がフェスティバル委員会を組

織する。同会が韓国文化芸術基金とソウル市庁と協力して財政援助をする。参加国の文化を紹介する屋外のフォークダンスパフォーマンスが、組織の雰囲気を出すように計画されている。

〈日時〉　1998年5月3日〜5月5日
〈場所〉　ソウル教育文化センター劇場
〈主催〉　文化観光局、ソウル市庁、韓国文化芸術基金、ユネスコ韓国国内委員会

このような内容を把握して、1998年には「ねんど」「森とわたしも一緒に生きよう」、1999年は「金のガチョウ」「ぼくたちインターネット」の作品を持って参加した。

他の国は、中国、マレーシア、イタリア、オーストラリア、フィンランドと主催国の韓国であり、開会から韓国の伝統太鼓の音の演出に感動をおぼえた。

その時の日本の作品について、韓国の児童舞踊家は次のように言っている。

「ねんど」という作品を見た多くの人達が、そのアイデアと優れた創造性に対して驚きを示し、その作品に児童舞踊としての教育的価値が充分に含まれていると称賛した。

また「僕たちインターネット」という作品は、現代という時代性にあったもので、韓国のマスコミに取り上げられ称賛された。

1998年は、好評で入りきれない観客のために公演回数が急に増え、1日に4回公演することとなり、体力の限界を感じる子どももいたが、国の代表という意識で子ども同士が励ましあって乗り越え、子どもたちが最高に喜ぶ楽しいパーティとなった。この公演に参加している各国の歌をみんなで歌い、手あそびをする。だれかれなく輪を作り踊る。このときの交流の体験が忘れられないものとなり、公演回数が多くなってつらくて泣いた子どもも、再度の参加となった。子どもたちは、過去の国と国との関係を意識することがなく自然に交流する。この姿がこの大会の

第5章　異文化交流で学んだもの

目的だと思う。

5　ヨーロッパ

　1999年7月～8月には、フィンランドの環境の違う場所2ヵ所で、ワークショップ（創作指導）を行った。この招聘の元となったのは、1998年5月5日に韓国で行われた「インターナショナル青少年舞踊の祭典」である。お互いに参加していたことから、フィンランドとの交流が始まった。フィンランドの指導者マルケッタ女史から、1999年2月に招聘状が届いた。

　内容は、サマースクール講師としてダンスの創作指導法と子どもに振り付けをしてほしい、対象はフィンランド各地から集まった小学校の教師12、3名と子どもたちであり、期間は7月の後半2週間とあり、1週間はパィファジャルヴィ、後の1週間はヘルシンキで行われるとあった。

　なぜ自分が呼ばれるのか、ヨーロッパではこのような教育が盛んなのではないかと思案した。躊躇する私に次々とフィンランドから連絡が入ってきた。

(1)　準備

　1998年の出会い、そのことから考えてみた。この大会で私が発表した作品は、①「ねんど」、②「森もわたしも一緒に生きよう」であった。

　①の「ねんど」（1994年）は、日本独特の発展をしてきた児童舞踊に行き詰まりを感じた時に、原点に返り子どもとともに作った作品である。この作品のおもしろさが魅力で私は呼ばれたのではないか。この作品を見た人から来てほしいとの声が他の国からもある。

　②は、自然破壊をテーマにしたものであり、フィンランドの作品と共通のテーマがあり、創作の方法にも共通点が見られた。

　同じ視点から教育における子どものダンスを考えている仲間の呼びかけに答えるために、躊躇の原因をクリアーすることから始め、準備に入った。

第1の問題は健康のことであった。医師の診断により許可をとる。第2は、私の創作方法として活動をするには、自分自身が動けることが大切であり、動きのにぶくなった自分の手足となる助手の同行を求め、了承をえた。第3は、言語の問題で、それには通訳をつける。
　準備として次のことを行った。
①環境を調べる。フィンランドの生活を知るために、カルチャーセンターに入り講義を受け、また童話『ムーミン』を読んだ。
②私の創作方法を分類したビデオソフトを用意した。
③「ねんど」を取り上げた紀要を英訳した。
④指導案を立てた。折り紙による創作、お手玉による体の動き、童話による創作方法の指導案を立てた。（送られてきたタイムテーブルは、90分授業が午前1コマ午後1コマ、合計8コマをパイファジャルヴィで行うこと、ヘルシンキは到着後に打ち合わせるとなっていた。）
⑤指導の補助教材を用意する。私は子どもの遊びからヒントを得て作品を作ることを得意として来た。そこで使う日本の伝統遊びの折り紙、お手玉、綾取りを用意した。

(2)　2箇所の環境の違う指導の場

　フィンランドの初めの仕事（Aクラス）の1週間の場所は、ヘルシンキから飛行機を乗り換えてクオピオまで行き、そこから車で2時間行った所の、町とは言えない村と言った方がいい、美しい自然に囲まれたパイファジャルヴィのスクールであった。2週目（Bクラス）のヘルシンキの会場は、中心街のヘルシンキ・ダンススクールであった。このスクールは地下にスタジオがあり、設備の整った所で、35、6名のダンスの指導者をかかえている。環境と参加する人びとに違いがある。(A)は学校の教師、助手と子ども、(B)はダンス教師と子どもであった。

第5章　異文化交流で学んだもの

(3)　ビデオによるデモンストレーション

　7月25日～28日、Aクラスの授業が始まった。舞踊は言語の異なる国の人々とコミュニケーションを取ることのできるボディランゲージであるが、より良く自分の指導法を理解してもらうために、ワークショップを始める前にビデオソフト「賀来良江舞踊創作法」を紹介し、見ることとした。そのソフトは、私が創作した作品5点あげて、その創作意図を説明したものである。①身体の動きを中心としたもの「ねんど」、②童話から取ったもの「金のがちょう」、③子どもの心（感情）から取ったもの「ひとりぼっち」、④自然界から取ったもの「森もわたしも一緒に生きよう」、⑤現代社会の時代の中で、子どもたちが一番興味をもっているインターネットをテーマとしたもの「ぼくらインターネット」を紹介した。これらは、童話『ムーミン』の解説（後記）に書いてある人間として生きることの環境とこころが同じである。

(4)　コミュニケーションを助ける日本の伝統遊び「折り紙」の魅力

　円陣を作り床に腰を落として座った状態から、折り紙を使い動きの導入に入った。
　言葉が通じない人との交流を助ける1枚の四角い紙、対角線を集め三角にする。その頂点に底辺の端を集める。私の手を見つめていた人達の前に、折りあがった鶴をみせた。
　感嘆の声があがった時、各自の目を見ながら折り紙を配った。四角い紙から立体的な形の鶴が出来たことに驚き、自分たちも作ろうと思ったのだろう。無言のままで折り紙を受け取る人との間に、コミュニケーションが出来てきた。片言英語が飛び交い、みんなで教え合い鶴を折っているそのときに、音楽を流した。みんなが鶴を折れたところを見計らい、折り鶴を手にして徐々に手を右、左と動かす。その動きが大きくなり、腕に響き、全身の動きとなり、そして立ち上がった。いつともなくみんなも同じように自由に体を動かし始めた。その動きは部屋中に発展して、

鶴の集団が群れをなして飛んでいるように見えた。このとき大きな声でマルケッタ女史が「これこそ、私が求めていたもの」といった。鶴がこの国の人にも親しみのある渡り鳥であったことも、動きを引き出す助けであった。

　みんなの心が1つになってきたところで、もう1つのコミュニケーションの方法として、「右手、左手」（賀来琢磨作詞作曲）を行った。「右手、左手、こんにちは、こんにちは、右手、左手、こんばんは、こんばんは。」この歌は、どこの国でも行うことができる。それぞれの国の言葉を当てはめて遊びながら、挨拶をしていく。1番の歌ではお隣の友達と、2番の歌では離れた場所のお友達と、3番の歌では今まで手をつないだことのない人と、と指示し、次々と友達を作ることが出来る。消極的な子どもでもリーダーの配慮により、自然に入ることができる。

　各地から集まってきた人々が、うちとけてきたのを見計らい、円陣となり、自己紹介をした。この場に集まったグループは、「国際子どもとダンスの会」フィンランド支部の会員であることを知り、私も1985年の大会に参加しており、親しみを感じて次の指導の助けとなった。

(5)　質問を受けて

　「小さい子どもの指導をどのようにしたらいいのか」と質問を受けた。今回のワークショップの目的ではないが、Aクラスの参加者に低学年の教師が多いことから、急遽内容を変更した。

　私の子どものダンス指導は、体を使った遊びから入り発展する。しかし日本の子どもたちも、現在は体を使った遊びが少なくなっており、また車社会となり歩くことが少なく、足の動きの力が弱くなっているように思う。子どものダンス指導の目的は、1つに心身共に健康に育てることにある。そこでこの数年、試行錯誤しながら、現在私が自分の教室や保育科の学生に指導している童謡を使って、歌いながらのストレッチをする方法を紹介した。

　童謡を使う理由を次のように述べた。体の動きと言葉の呼吸の一致を

第5章　異文化交流で学んだもの

求めること、幼児の発達段階は個人差があり、自分自身で歌うことが、その子どもの呼吸と動きが一致して安心して無理なくできることである。1、2、の掛け声でする手あそびなども紹介した。ところが途中でしばしば待ってくださいとの声がかかる。何をしているのかと見ていると、今、動いたことを記録している。日本で同じように講習会をしてもこのような反応はない。幼児指導の方法を真剣に求める姿と見た。しかし私にとってはあたりまえのことで日常的なものであり、新鮮なことをしている訳でもない。マザーグースは、ヨーロッパから日本に入って来ている。なぜ童謡で動くことにこれ程の興味を持つのかと疑問に思った。

　この日のワークショップ終了後も、宿舎に引き上げてから受講者が集まり、幼児の指導について話し合いをしたという結果の報告を、翌日の朝に私にしてくれた。フィンランドにも子どものうたが過去にはあった。母親のほとんどが働いているために、子どもとともに歌う機会が失われていた、私たち教師も忘れていたと報告があり、フィンランドの童謡「秋になったら」を歌って体を動かしてくれた。

　同じことが日本でもいえるのではないか。今、日本においても母親の就業率は増加している。母親と遊ぶ時間は減少しており、フィンランドと同じように子どもをどのように扱っていいかわからない母親が増えてきている。母親だけでなく保育士にも遊べない者がいるのではないだろうか。『月刊・仏教保育カリキュラム』（2000／8）「子どもをとりまく環境・子どもたちの童謡」にも同じ主旨のことが書かれている。「伝承されてきた子どもの遊び歌を、今の子どもたちは知らないのである。ひょっとしたら保護者も知らないのかもしれない。保育者の方たちはどうであろうか。これらの歌は、やがて消えて行ってしまうのであろうか。」

　Bクラスには日本の童謡「おはなしゆびさん」(香川美子作詞・湯山昭作曲)を使い、足の指の運動をした。「このゆびパパ・・・」1番の歌で足の親指をコチョコチョと動かす。2番は人差し指、3番は中指、4番は薬指、5番は小指と順番に動かす。その時このクラスのなかで一番年齢の高い先生から、フィンランドにもこの歌と同じようなものがあり、

自分が子どものころは歌っていたと歌いだした。そのメロディはまさに「こぶたさんがかいものに」というマザーグースのうたとして知っていたものであった。

　マザーグースの解説には、「2人で遊ぼう」「向かい合って」という言葉が出て来る。Aクラスの環境は自然の豊かな中にポツンと家があり、隣りとの距離がある。子どもたちを集めることが困難であるという指導者の言葉があった。人との触れ合いが出来ない環境に置かれた子どもたちは、心をなかなか開こうとはしない。手をつなぎ、少しずつ心を開いてくると、逆にいつまでも離してくれない。子どもたちは淋しいのだ。日本でもテレビに子守をしてもらう子どもたちは同じように甘えてくる。子どもの求めているものは人との触れ合いではないだろうか。今私たちが大切にして行かなければならないことは、人と人が向き合った保育をしていくことである。

(6)　お手玉を使って身体の形を知る

　日本のお手玉を身体表現の動きの勉強に使う目的は、お手玉の素材を人体と見なして柔軟な形を学ぶことができるからである。平常のお手玉遊びのように使うのではない。

　1個のお手玉を投げ落としたときに偶発的に出来る形は、二度と同じ形とはならない。投げ落すたびに違った形をみることができる。ぐちゃっとつぶれた形、ねじれて落ちた形、横になった形、突き刺さったような形、立った形等いろいろな形になる。体で指導をすることよりは、違う形をまねすることから思いがけない動作となる。自由な表現を誘い出すモチーフとしておもしろいものがある。1個のお手玉から体の動きや形を覚えた後、5個のお手玉を1つにまとめて群舞の動きに入る。集めたお手玉を上から落とす、そこには面白い空間形成が出来る。人体をお手玉と思い、5人が一斉に集まり大きくジャンプして飛び散る。偶発的にできた形には、生き生きとした動きができる。その形は、2人が重なった形から転がる動き、繋がる動きなど次の動きの発展となる。

この動きをするためには、日本から持ってきたお手玉の数では足りない。お手玉の代わりとして折り紙を使い、風船を作ることにした。折り紙を折る過程をじっとみつめている参加者は、私が折り上がったものに、ふっと息を吹き込み形を整えて見せると、マジシャンのようだとの声が聞こえた。風船作りに興味をもち夢中になって折り、出来た風船を飛ばして遊ぶ。そこから次の発展へと進み、創作ダンスとなった。

　Aクラスの動きの中には、しゃがむ、つぶれる、ころがる、その動きをつなげていく。Bクラスも同じように、風船を折り、動き始めた。重なりあったり、大きく飛んだりしている状態を見ていた年配の先生から、折り紙を折る段階を動きにしたらと声がかかった。4人が手をつなぎ四角のかたちを作る。二つ折りにして、長方形、三角を作り、つないだ手の下をくぐり形を変えるなど、お手玉だけではあまり見られない、ねじり、引っ張る等の動きの変化を引き出すことができた。

(7)　**童話からの発展による創作**

　テーマ「ムーミンシリーズ」
　舞踊作品を作るには、振付者が振りを考えて振り移しをして完成するものがある。今私がしている創作指導は、何もないところから創作活動に参加した人々にテーマを与えて、そこから身体表現を引き出し作品とする方法である。作者が作品を作るに当たり下調べをすると同様に、創作活動に参加する人々の環境を調べておくことが、よい表現を引き出すことに繋がる。ヨーロッパでこのような活動をすることは初めてであり、感覚を掴むために、フィンランドの童話『ムーミン』を改めて読み直した。ムーミンのシリーズを読むと、そこには自然界の厳しさの中に生きる姿が見え、氷姫＝雪女と日本の遠野物語を連想する。遠野物語はすでに1986年に創作舞踊作品として発表していることから、創作への導入はできると考えた。創作をするに当たり次の条件をつけた。

　○A4判の大きさの画用紙にムーミンを描く。
　○体につけられるようにお面またはワッペンにする。

○グループを作り物語を作る。
○バックとする音楽は、日本の松本千代栄監修『創作ダンス』のCDから好きなものを選ぶ。
○音楽に合わせて発表する。

　さすが自分の国の童話であることから、絵を描く段階から盛り上がりがあった。

　Aクラスの若い人のものは、おもしろいものをもっているが、まとまりが無く短い作品となっていた。ベテランの教師の組は、動きが大きく、喜怒哀楽の表現にめりはりがあり、擬態語も使っていた。日本人教師はここまで表現することは無いのではないかと思われる。Aクラスは劇的であり、その中には人間の行き方をムーミンの心で表現したものも発表されたのに対して、Bクラスのものはダンステクニックが強いものであった。これはワークショップへの参加者が、Aクラスは学校教師の立場からの教育舞踊としての参加であり、場所もハイスクールの講堂であったこと、Bクラスはダンスの専門の教師であり、ダンス学校のスタジオであって、芸術舞踊を子どもたちに指導することから、同じ教材であるが表現方法の違い、目的意識の違いの現れたものと見た。

　フィンランド文学者高橋静男は、ムーミン童話の解説に次のように書いている。

　　ムーミン谷という世界は、また生きるものの精神的、肉体的危機を克服し、その発生を防ぎ続ける力を内包するような世界の創造が可能であることをも示唆しているようにも思えます。つまりムーミン谷という世界は、生きものを自由にし解放し続けて行く世界の創造が可能であることを示唆していると思われます。

　　ムーミン童話は、文明にがんじがらめになっている現代人に向けられた人間解放のためのメッセージのような気がします。我々は、見る、聴く、嗅ぐ、味わう、感じる、考える、直感する、感じ取る、意欲する、活動する、愛するという人間としての感覚をどれほど深く身につけているでしょうか。(『ムーミンパパ海へ行く』解説より)

第 5 章　異文化交流で学んだもの

私がこの童話を取り上げた理由も、これと同じように考えている。

(8) 子どもに対しての振り付け

　Aクラスの子どもたち12名の中には、1988年に韓国の祭典で面識のある子どもたちが何人か入っていた。その祭典の最中に、日本の子どもと一緒にインタビューを受けたが、なかなか話さない子どもたちだった。親しみをもった目で私を見てくれたが、活発さがないように見える。大自然の人口の少ないところで育つ環境からか、今の東京の子どもたちにはない、無邪気、素直、ゆったりした態度を感じた。日本の童謡を使い私の模倣をした後に、「ねんど」を使い創作に入った。このグループの指導者が書かれた本の中には、子どもたちが創作活動を楽しそうにしている写真がある。しかし、指導時間の制限があったそのうえに、時間が短縮されて十分なことができないで終わる結果となった。しかしBグループのヘルシンキでは、未完成ながら創作ができた。

　ヘルシンキ・ダンススクールは、ヘルシンキの町の中心にある。ここでの受講生は、ダンススクールの子どもの担当者と、学校の先生のクラスと、子どもたち10歳〜12歳の13人のクラスであつた。同じフィンランドであるが、子どもたちを囲む環境に都会と田舎の違いがあり、積極的な態度で取り組む男子が私たちの貧しい英語を訳してくれて助けてくれた。

　サマースクールには、私以外にアメリカ人のジャズダンス、エストニヤのバレエ教師のコースがあり、子どもたちは次々とコースをこなしていた。

　このクラスの目的は、子どもへ新しい作品の振り付けをすることであった。テーマは「クモ」とし、ゴム紐を用意した。2人、3人と組分けをしてあやとりをした。手先だけのあやとりからゴム紐を長くして体を使ってのあやとりへと発展させた。ゴムをくぐる、またぐ、とぶなどして、偶発にできる形を遊んだ後に大きなクモの巣を作り作品となった。ダンスの後は必ず折り紙教室になり、楽しく指導のできるクラスであった。

2000年8月には、エジンバラ・フェスティバルに参加の機会を得た。町中に参加している人達があふれる中で、認めてもらうことが大変なところであり、バレエがしっかりしているところに、私たち日本の子ども

の踊りがどのように受け入れられるかと心配した。作品に日本的なものと現代の日本において踊られた形のものを持って行き、好評で次の公演の交渉も来た。ここでフランスの人形劇団の公演「夕鶴」を見たが、日本人から見ると動作が大ざっぱであり、解釈の違いがあるように見えた。日本で伝統的な人形の修行をしたとのことであったが、やはりその神髄には届いていない。ここでもルソーの言葉である民族の歴史を考え、いかに国際交流が盛んになり、デジタルテレビが普及しても、その国々の文化の伝統は捨てられるものでないと感じた。

6　おわりに

　以上述べた如く、今日現在まで国際交流をしてきたが、機械文明の発達は世界の情勢を簡単に目で見、聞く時代となった。しかしそれを肌で感じることはできない。映像（仮想）と現実の違いをどのように指導して行くのだろうか。子どもたちが求めるものは、人と人との触れ合いであることが世界共通のものであることを、この交流の経験から知ることができだ、

　インターネットも簡単に遠くの情報を得ることができ、子どもが「エジンバラは寒いといっているよ」と言ってくる。子どもたちが使える時代であるが、自分で多くの情報を引き出すことはできても、情報の取り入れはできない。その中で何を学びたいかがわからない。学習の文脈を作ることを指導するには、人と人とが向き合う子ども時代に、いかにその基礎を作るかにあると考える。

参考文献

1. 高橋静男解説「ムーミン感覚」、トーベ・ヤンソン著・小野白合子訳『ムーミンパパ海へ行く』（1985）講談社

（初出：『鶴見大学紀要』第38号　第3部　保育・歯科衛生編、2001）

【2】モダンダンスを通しての異文化交流

Cultural Exchange between Foreign Countries through the Modern Dance

1　はじめに

　異文化交流は、鶴見大学の紀要（5章【1】参照）に書いただけではない。保育科勤務のために、子どもに関わりのあるものに限定した狭い範囲となっている。

　一方、1985年以来、現代舞踊作品の「阿国念仏踊り講」、小品の「マクベスの妻」など、大人の作品も日本国内で発表してきた。当時活動したコパナスの会（後記）では、講師であった韓国、アジア舞踊協会会長の呉和親、ジュリアード音楽院教授であったアメリカの平林和子に出会った。潮田麻里が踊る私の作品を見て、韓国、ニューヨークでの公演の誘いがあった。また新しい交流の場が広がった。児童舞踊作品も現代舞踊作品も、作品が次々と交流の場を広げてきた。

　またエジンバラ、オーストリアとの出会いは、長年海外公演のたびにお世話になった日本通運からの紹介であった。

2　韓国との交流

　1986年以来、韓国との交流は呉和親から始まった。呉を通しての交流は1996年まで続いた。その間に、韓国児童舞踊研究会の研修会、「ソウル舞踊コンクール」、韓国現代舞踊振興会が開く「国際青少年舞踊の祭典」「現代舞踊展」など、多くのお世話になった。

　1987年の児童舞踊合同公演には、韓国伝統の太鼓の踊りが参加してくださり、1989年には、日韓交流舞踊合同会をソウルで、日本では郵便貯金ホールでお互いの子どもたちを連れて交流公演をした。

　1988年に、韓国児童舞踊研究会の研修会に講師として来るようにとの手紙をもらい、初めて外国で日本の児童舞踊について、講義と簡単なワークショップをした。1993年には、子どもの創作法についてワークショッ

プを中野真紀子と共に行った。この時に会った中野真紀子のお茶の水女子大大学院での友人であった玄稀禎が、後々日本と韓国の交流をつなぐ人となった。

1989年、大人の踊り「日韓現代舞踊二人展」(韓国・伊澄熙、日本・潮田麻里)が韓国国立劇場で開催された。

1990年にこの二人展の返礼として始めたのが「アジア現代舞踊展」である。第1回を2月13日に赤坂草月ホールで、日本と韓国に、タイ留学から帰国した中野真紀子を加えて開催した。

この舞踊展の特徴として、自分たちの出来上がった作品とは別に、ダンサーに公演の当日に即興の舞踊をしてもらうことを条件とした。

企画をした私の考えは次の点にあった。せっかくの交流の場でありながら、1つの作品もコラボレーションをすることが時間的にできない。ただできあがった各自の作品を並べることが交流なのか、と疑問に思った。ある舞踊評論家からは、積み重ねてきたものに価値があると言われた。しかし私は、実力のあるダンサーの身体には、多くの蓄積された動きがあり、感性があると考えていた。子どもを教えて創作活動をすると、日常の生活環境のあり方がすぐに出てくる。貧弱な環境からは豊かな想像はでてこない。経済力ではない、ダンスが持つ特性が与えるものを受けてきた優秀なダンサーたちは、私の期待以上の内容を身体を通して表現してくれた。この公演にお出掛けいただいた高円宮殿下にも笑顔でご覧いただいた。

1994年、「日韓現代舞踊展」が韓国国立劇場で開催された。中野真紀子、時田ひとし、能美健志が参加。能美の動きには、日本に優秀なダンサーがいるのだと賞賛された。

1994年、第2回「アジア現代舞踊展」をなかのゼロ大ホールで、日本と韓国、そしてインドネシアの3ヵ国参加で開催した。日本は賀来良江振付「不協和音」を中野真紀子、時田ひとし、能美健志が踊り、高橋誠子は自作「愛憎の中で」を踊った。韓国は韓国現代舞踊会会長、明淑の門下生が「White Gesture」、総成姫「習慣」、金善瑛、朴海峻が参加した。

インドネシアは、BIMO WIWOHATMO舞踊団で活躍しているタンダバハ出身の長野いずみの紹介で参加した。この回の即興も大変おもしろいものができた。
　第2回「アジア現代舞踊展」について、『日経IMAGE CLIMATE FORECAST』(940307Pe) に以下の記事が掲載された。

　初回は90年に東京で開催。韓国の愼成姫、金善瑛、朴海畯、インドネシアのBIMO、WIWOHATMO、長野いずみ、日本の時田ひとし、中野真紀子、能美健志、高橋誠子によるソロ・デュオ・トリオが繰り広げられた。壮観だったのが、3ヵ国総参加の「即興」と題されたプログラム。用意された5種類の音の中から1つを、観客がくじで選ぶ。水音の印象的な曲が1度会場に流れる。そして開始位置を決めたダンサーは、まさに即興で、各々が個性あふれる動きを見せたのだが、この数分間ステージの上は不思議な調和に覆われ、観客は1つの〈作品〉を堪能できた。終了後の「何をイメージしたか」とのインタビューには、物語・インスピレーション・ゼロ(場との呼応)など様々な答えが返った。イメージを身体で語る、モダンダンスの原型がこの即興で浮かび上がった。

第 5 章　異文化交流で学んだもの

　1996年、第3回「アジア現代舞踊展」は赤坂草月ホールで9月18日に行った。インドネシアは前回と同じくビモ舞踊団が参加。韓国からは李淑在が主宰するミルムルモダンダンスカンパニーが参加した。この回の特徴は、偶然の事ながら「輪廻転生」を基にした作品が集まった。日本「生きる　心の色彩」、韓国「香」、インドネシア「SANGKAKALA」であった。芸術性の高い作品の集まりという平多房子の感想をいただく。東洋の同じこころを踊った後の即興は輝きがあった。

　第3回の公演と並んで、ワークショップを宝仙短期大学ホールで開催した。講師の李淑在は、障害児教育やアメリカでのダンス教育など広く勉強している。韓国の小学校のダンス教育を取り上げて、分かりやすく指導の方法を紹介した。

　1992年、呉和親は「ソウルインターナショナルコンクール」を始めた。日本から三輝容子舞踊団、黒田呆子舞踊団、タンダバハダンスカンパニィ、北九州女子学院などが参加している。1996年、呉和親は亡くなった。

　その後も韓国現代舞踊振興会（会長陸完順）との交流は続き、2001年、同会主催「ソウルインターナショナル青少年舞踊の祭典」に作品「とび出せ未来」と「カエル」で参加した。

　2002年は、1985年から長年交流してきた韓国児童舞踊研究会の李鐘萬会長引退公演に作品「海」で参加した。

　2005年8月、「ソウルインターナショナル青少年舞踊の祭典」への参加では、作品「笠」で日本の民族的動きを表現し、「子どもの心」で1.2.3.4・・・の数を様々な国の言葉で遊び、塾の様子を表した。2007年5月（作品「大地」「蝶」）、2009年5月（「桜」「宇宙への旅」）にも参加した。

　1985年以来、韓国と交流してきたが、2000年代に入ってからの参加者（中学、高校生）の交流の仕方は、電子辞書を使うことで変化してきた。舞踊のことだけでなく積極的に自分たちで世話係をしてくれた韓国の男子学生と、帰国後も携帯電話で連絡している。

　1998年に創立したなかの洋舞連盟主催の「なかのコンペティション」には、韓国からも参加している。韓国側の窓口が玄であり、日本側が賀

205

来である。2009年には、韓国で「なかのコンペティション」の予選を開催している。1994年開催の第2回「アジア現代舞踊展」に参加したダンサーたちの弟子が、2012年には参加してよい成績を上げている。

行事のリーダーは世代交代の時がきたが、今後も若い指導者により交流活動は続いていくとみている。「ソウルインターナショナル青少年舞踊の祭典」のモットーのように、ダンスを通じての世界平和を望んでいる。

3　ニューヨーク公演

タンダバハダンスカンパニィに優秀なダンサー潮田麻里が生まれた。

1978年にコパナスの会で会った平林和子（ジュリアード音楽院教授）は、帰国のたびに潮田を育てるために度々タンダバハのスタジオにこられた。

1988年7月に、「芸術海外交流会」の招待で潮田はワシントン州バンクーバー市の日本文化祭に参加した。作品「一筋の涙（マグダラのマリアより）」は素晴らしいと評価を得た。

この時に夏休みを利用して平林とサンフランシスコで落ち合った。潮田の個人レッスンをリトル東京の寺院のホールで受け、私は指導法を学んだ。平林は、サンフランシスコで私たちのためにバレエスタジオの見学を企画し、マリンバレエスクール他2ヵ所に連れて行った。潮田はそこでフリーで受けられるレッスンに参加した。

サンフランシスコの広い道を歩いていると、「和子」と呼びかけるダンサーもいて、平林がアメリカでどれだけ舞踊界の人に尊敬されているかを知った。

1989年11月に、アメリカ公演をしないかと平林より打診があった。

1990年1月、平林が来日してニューヨーク公演の話し合いとなったが、私には自信がなかった。しかし、1990年に、主催はタンダバハダンスカンパニィ、平林和子は芸術監督として、Florence Gould Hallで公演をすることになった。

会場、マネージャー（ルイーズ・ロバート）が決まる。後に引けない私は、

4連休を利用して初めてニューヨークに行き準備を行った。ニューヨークは自分で開拓するところと平林に言われる。日本人は日本から日本人をたくさん連れてきて客席を埋め、成功したというが、そのようなやり方は認めないと厳しく平林は言う。ニューヨークの街をチラシをもって1人で歩いた。

　平林は、私の作品だけではなく、他の人の振付作品を買って潮田に踊らせたいと言ってきたが、潮田の体調不良のため、私の作品だけで公演をすることになった。

　プログラムは潮田を中心として、潮田のソロ3曲「一筋の涙（マグダラのマリアより）」「マクベスの妻」「孤悲（源氏物語、六条の御息所より）」、主役をした大作を縮小した「阿国念仏踊講」「我が愛はどこに—唐人お吉より」となった。

　群舞の人達のためとして、ウォルター・カーロスの曲に振付をした「あそび　ゲームウォッチ」を発表した。

　この公演の潮田を支えるダンサーは、中野真紀子、木村麻子、佐々木理奈、安藤千晶、島田美智子で、特に澤村尚志は踊るだけでなく、全ての蔭の仕事を手伝ってくれた。

　公演を見てくださった日本の評論家木村英二は、平林和子の惜しみない協力が成果を上げたと言う。私自身も平林に感謝の気持ちでいっぱいである。同時に木村は、「モダンダンスの隆盛ぶりは世界でも一、二と言われながら、舶来ダンスの輸入超過国に甘んじている日本から、ニューヨーク市の真ん中で、日本のモダンダンスのために徒手空拳ながら気を吐いてきたことは、考えただけでも痛快で意義のあることではないでしょうか」と言われた。私だけでなく、日本の舞踊家はもっと世界に出てもよいのではないかと思った。自分に自信を持つべきではないか、現代舞踊にはよい作品が多くある。

　なぜ潮田の作品が評価されたのであろうか。

　踊り手として評価されると同時に、振り付けが日本的であったことからではないか。タンダバハの特徴は、海外の人から見ると仏教精神がう

たわれていると言われている。意識をして出すものではないが、日本人のアイデンティーではないか。そして日本の詞を童謡から踊り続けてきたダンサーだからではないか。それが私の自己評価である。

　1995年は、日本通運が主催するニューヨーク日本祭に、児童舞踊協会からタンダバハダンスカンパニィ、若葉会が参加した。公演はニューヨーク市ホールで行われた。会場は満席だった。この入場券の売り上げはニューヨーク市の子どもたちへの寄付金となった。

4　イギリス、エジンバラのフェスティバル

　インドのシャクチイさんを日本通運から紹介された。エジンバラで毎年8月に行われているフェスティバルへの参加の呼びかけであった。

　エジンバラフェスティバルは有名なもので、一度は行ってみたいと思っていたが、まさか自分が参加できるとは思っていなかった。参加できることも知らなかった。

　このフェスティバルには、世界中のだれでもが参加できるフルージン実験劇場がある。その劇場をシャクチイが作り、日本の文化を紹介したいと熱心に参加者を集めていた。費用その他の条件を細かく打ち合わせした。劇場費用、宣伝の一部費用、宿泊費用はタンダバハ持ち、航空運賃、食事代は個人持ちとした。

　2000年、エジンバラフェスティバル・フルージンエクスペリエンスに、「70年の歴史を持つ日本の子どものダンス」として8月13日から19日間で参加した。

　宿泊は、インド人が経営するシャラマーア・ゲストハウスを貸切とした。タンダバハという言葉がそもそもインドの神様の名前から取ってあることから、ゲストハウスの主人に大切にされ、劇場にも歩いて行けるところで楽しい合宿を過ごした。

　参加者は自分たちで宣伝をするため、子どもたちは町を歩いて日本から用意して行ったチラシを他のパフォーマンスをしている人たちに配る。自分たちでこのフェスティバルは作るものであることを承知した上

第 5 章　異文化交流で学んだもの

で参加を決めた。

　プログラムは、今まで海外で評判を取ったものとした。

　子どもたち13名が12曲の作品を衣装の早変わりで見せることに、観客は驚いていた。狭い仮設小屋なので、裏では自分の衣装をどこにおくかと考えて、いかに早変わりができるかと準備していた。踊るだけでなく町のあちこちで繰り広げられるパフォーマンスに触れ合い、宣伝チラシをまくと、日本では見られないいい笑顔を見せてくれた。

　公演の回数は増えて、BBCの大きな野外劇場でのコンサートにも出演した。教育関係者から次の年に再度来ないかと誘いがあったが、返事が出来なかった。日本の文化助成は子どものこのような交流にはなかなか出ない。

5　オーストリア、バレエセミナーへの参加

(1)　セミナー前夜祭

　オーストリアとの交流は、「女・形・美」の芸術祭参加作品を観た日本通運のオーストリア在住の方からの要望で始まった。ウィーン郊外のヴォルフスエッグは、バレエセミナー夏期大学を毎年開いているところだ。遠路大勢を連れて行く費用のこと等を考え、一度は断った。再度の申し込みに参加を決めた。

　2005年、BALLET CENTER WOLFSEGG OF THE SOCIETY FOR MUSIC THEATRE 32.BALLET-SEMINARの開講前の前夜祭に招かれて、大人と子ども30名の団体で作品「女・形・美」をもって参加した。「女・形・美」は、明治時代に女性が虐げられ、芸術や学問に進むことを拒まれた時代から、女性の学校が作られた過去、そして現代までを創作舞踊としたものである。1景2景は明治時代の日本の着物を着ている時代を表現、そして3景で男に虐げられるコミカルな踊りにした。この場面では、客から笑いがおこり、オーストリアでも同じような男女の関係があると後で言われた。

(2) 講師としての参加

　この前夜祭には現代舞踊の舞踊批評家と市長も来られて好評を得た。公演が好評に終わったことから、次の2006年夏季セミナーの講師として来てほしいと言われた。創作が認められて嬉しく思うが、契約その他を考えると無理ではないかと考えた。

　しかし、2006年7月30日から8月27日に開かれた33.BALLET-SEMINARに、講師として参加することになった。講師メンバーは5人で、キャリアの立派な4人の中に自分が入っているのが不思議に思えた。

　通訳をつける条件などの話し合いをして、日本から子ども6名を連れて参加した。与えられた条件は、1日90分、2週間の間に参加者に創作法を指導し、完成させるというものだった。

　そこで具体的方法として、1日目は1998年のフィンランドで指導した時と同じように、折り紙を使い、日本の音を使って、創作ダンスへの導入をした。この学校のバレエ教師が、ここでも折り紙を使った指導をしていると言って、鶴を折ってくれた。思いがけず、日本の文化を象徴するただ四角の紙からいろんな形のできる折り紙が、舞踊創作の道しるべとなって利用されていたのである。

　2日目からはピアニストがつき、私の動きに素敵な伴奏がつき、基礎練習となった。参加者は初めて踊る子、国立バレエ学校で勉強中の16歳の人など、年齢も国籍も異なる集まりであったが、バレエではあまりしたことのない動きである、転がる、はう、などであった。

　窓の外に見える大きな木の枝は、葉っぱと動きが違うことを説明して、自然の動きを取り入れつつ創作するように薦めた。最終日には、10人が大きな木を作り、他の2人が基礎練習をしていた時の、這う動きを利用して蛇になり、大きな木となっている人の上に登らせた。

　90分を4回継続することで創作も形となった。多くの異国の人達の集まりでも、ボディランゲージを持っていれば、指導はできるということを確信した。

第5章 異文化交流で学んだもの

コパナスの会
KOPANAS NO KAI JAPAN

　ギリシャのアテネ郊外のビロナ市にコパナスという丘がある。モダンダンスの元祖イサドラ・ダンカンが新しいダンスに生きる自分の気持ちを固めたところで、ダンカンの屋敷があった。日本の現代舞踊家、美咲安里（〜2011没）は、ダンカンの足跡を求めて、1976年このコパナスの丘に立った。荒れ果てた壁だけ残るダンカンの屋敷、その壁に触れたときに美咲は強いダンカンの情熱を感じたという。美咲は日本でダンカンの思想を今一度呼び起こすため、丘の名前を取り、「コパナスの会」を日本で立ち上げた。立ち上げの時から実行委員として、石川須妹子、小波俊子、賀来良江が活動した。多くの方に協力者として応援していただいた。外国の応援者に、陸完順、呉和親、平林和子の名があった。
　美咲は、ダンカンの屋敷を復興するための募金をし、ビロナ市長の協力を得て、10年かけて屋敷を建て直した。何度もギリシャを訪問し、ダンカンがもっていた意志を大切に新しいモダンダンスを広げる場をコパナスの会で作りたいと、ギリシャ文化科学省大臣メリナメルクーリに交渉をし、1983年、1984年、1985年と、「国際モダンダンスフェスティバル・イン東京」を、ギリシャ、韓国、アメリカ、香港、オーストラリア、台湾、メキシコ、日本の参加で開催した。
　「コパナスの会の理念は、それぞれの民族が、互いに国境を取り払って、モダンダンスを媒介に、出会いと友情を求め、感性による感動を分かち合い、明日からの活力に豊かさをもたらすことを願っている。常に新しい時代に即応したダンカンの出現を目指す、前向きな知性を必要とした」。（第3回「国際モダンダンスフェスティバル・イン東京」美咲の言葉より）
　コパナスの会はダンカンの邸ができあがり、そこで公演をした後、美咲の病気で自然解散となった。2012年現在、日本にはイサドラ・ダンカンのダンスを継承するグループが3団体ある。美咲のこの仕事に対して特別な賞はでないが、モダンダンスの栄光の人と思う。
　私（賀来）自身のモダンダンスを広げたのはコパナスの会である。

今、なぜアジア舞踊展なのか──舞踊に流れる東洋思想──
Why now is the Asian Dance Exhibition？

　タンダバハダンスカンパニィの主催による「第3回アジア現代舞踊展」が1996年9月18日（水）午後7時から、草月ホールで韓国、インドネシア、日本の参加のもとに開催される。

　私が1990年に「第1回アジア現代舞踊展」を開催したころは、日本の企業こそアジアへ目を向け始めていたが、まだまだ社会一般ではアジアに対する関心がうすく、客席は空席が目立つ状況であった。あれから6年、この「アジア現代舞踊展」の開催を私に勧め、よき協力者であった韓国の呉和真・アジア舞踊協会会長は、残念なことに昨年亡くなられたが、アジア各国の舞踊交流、若い舞踊家の育成に尽力された呉会長の熱意が、この「アジア舞踊展」を継続して開催する上で大切な力になったことを思わずにはいられない。

　それでは、なぜ「アジア現代舞踊展」なのか。私たち日本人は、とかく欧米に目が行く。日本のモダンダンスも、戦前はドイツの、戦後はアメリカの影響を受けて発展してきた。しかし現代の欧米の著名な舞踊家たちは、東洋の思想や日本の題材を基に秀れた振り付けをしている。モダンダンスの始祖といわれるイサドラ・ダンカンは、日本に行くことを希望していたといわれているし、モーリス・ベジャールと禅の結びつきは、舞踊ファンなら誰でも知るところである。彼らにとっての東洋の魅力とは何か、私たちがアメリカに求めるものと同じように、「隣の芝生はよく見える」という単純なものではない。

　今回の「アジア舞踊展」を開催するに当たって、特に作品のテーマを決めることなく自由としたが、韓国、インドネシア、日本の3団体

から提出された作品内容は、題材や表現方法には違いがあるが、すべてが「輪廻転生」をテーマとしている。今、21世紀に向けて、電子メディアの発達により世界情報が飛び交い、混沌とした状況を呈している。そこに生きる私たちが、今一度求めるものは、自らの心の響きであり、東洋哲学の精髄ではないだろうか。舞踊は、東洋の哲学や思想を身体表現したもの、舞踊哲学は、東洋思想の上に乗るものといえるのではないだろうか。

　終わりに、アメリカの舞踊家マーサ・グレアムが自伝の中に遺した言葉「ダンスが時代を超えて世界に対する魔力を持ち続けるのは、それが人生という演技の象徴だからである」をもって結びとしたい。

タンダバハダンスカンパニィ　賀来良江
（『東京新聞』1996年9月13日より）

【3】「国際子どもとダンスの会」(daCi) を通しての異文化交流

Cultural Exchange between Foreign Countries through "Dance and the Child International" (daCi)

1　daCiとの出会い

　1985年、daCi（デイシー：Dance and the Child International）ニュージーランド大会に初めて参加してから27年が経った。この大会で、会の役員のオランダの方から、日本に支部を作ることを要求されていた。しかし私自身に組織をまとめる力もなく、学校に専任として勤めていて、舞踊公演をすると、daCiまでは手が回らない状態であった。心の中では、いつかできるときが来たら、自分の作品を広めていただき、後々お仕事をいただいたdaCiにお礼をしたいと思っていた。

　2005年に学校を退職して、今までの仕事を整理した。『タンダバハダンスカンパニィ80年史』（2006）を作った折、ふと、daCiのことを思い出した。

(1)　daCiの組織

　daCiの目的とは、人種、階級、性、宗教、国籍にかかわらず、すべての提言で、世界の未来を担う子どもたちの教育に対して、ダンスが果たす役割ということに焦点が絞られている。

〈主旨〉
　①子どもたちのため、創作、パフォーマンス、また鑑賞する機会を提供する。
　②子どものダンスに対する興味を深める。
　③子どものためのダンスの、全ての種類の文化的遺産を保護する。
　④世界各国で、ダンスが教育及び社会教育の中に組み込まれるように促進する。

⑤教育現場や社会教育の現場にダンスのプログラムとアイディアを提供し、意見交換をする。
　⑥成長のすべての面において、子どもたちのためになる動きやダンスの研究を奨励する。
〈daCiの会議〉
　①講義：
　②パフォーマンス：　ここで作品発表を行う。
　③ワークショップ：　いろいろな国の踊りを覚える。他のいろいろなダンスを学ぶ。

(2)　1985年ニュージーランド大会

　この会を私が知ったのは1984年である。daCiの本部より全日本舞踊連合に、日本の子どものダンスを1985年のニュージーランド大会に招聘したいと連絡が来たからである。

　全日本舞踊連合の呼びかけに応じて、日本舞踊、現代舞踊、児童舞踊の3団体が作品をビデオでdaCiに送った結果、児童舞踊のタンダバハダンスカンパニィが招聘された。

　こうして、国際交流基金の援助を受け、潮田麻里ほか13名の子どもたちと一緒に、ニュージーランドで開催された国際会議daCi（国際子どもとダンスの会）に参加することとなった。日本を代表しての参加は大変に荷が重かったが、日本の児童舞踊の歴史に即したプログラムを組み、上演したところ、とても好評であった。

　スケジュールは、14日間の滞在日数の中で8回の公演をした上に、レッスンにも出るという欲張ったものであった。

　〈日程〉

年月日	場所
1985年8月20日	ヒルズグラマースクール
8月21日	ジャパンソサエティイブニング
8月23日	ロトルアガールズスクール

8月27日	オークランドティーチャーズスクール
8月28日	オークランドティーチャーズスクールプロフェッショナル部門公演（潮田）
8月29日	オークランドティーチャーズスクール
8月30日	マヌカイセンター
8月30日	レインボーズエンドプレジーランド

〈プログラム〉

人形風土記、宇宙への旅、あんたがたどこさ、ゲームウォッチ、あやとりわらべ、雪女、折紙の幻想、蛙のコーラス、しかられて、出雲の阿国、赤い帽子白い帽子、さくらさくら、かさ、つるの恩返し、お江戸日本橋、勉強、阿波おどり

　私たちのプログラムは、日本の"あそび"をテーマに、児童舞踊の歴史に沿ってまとめたもので、観る側にも分かりやすいものだったようである。子どもたちの踊りに対してもすばらしい声援をいただいたが、とりわけ大人の部となり、潮田麻里が踊った後は最高潮になり拍手が鳴り止まなかった。「児童舞踊から大人のダンサーにしていく過程がよく分かった」「小さい子どもでも心で踊っている」「クラシックのレッスンをしているのか」「これだけの作品を貴方一人で振り付けるのか」「いつ考えるのか」「来年、日本に行くのでスタジオを見学したい」等々たくさんの質問があった。

(3)　その後の daCi と日本の関わり

　daCiは1978年にカナダを出発点として、大会が3年毎に、スウェーデン、ニュージーランド、イギリスで行われてきた。

　1991年、アメリカ、ユタ州ソルトレイクの大会に、佐藤俊子（クラシックバレエ）が参加した。この大会の目的、主旨を細かく説明し、賞賛した文章が佐藤の著『白の舞を架橋に』にある。

　「DACI国際会議------------1991年」

　　1991年7月21日全米はもちろん、世界24か国から子供の参加者500

人、大人の参加者500人、さらに地元からボランティアの世話人100人を動員した第5回DACI国際会議への出席。DACIとはDance and the Child Internationalの略、当然、この会議のすべての提言では、世界の未来を担う子供たち（18歳以下）の教育に対してダンスが果たす役割ということに焦点がしぼられている。委員長であるユタ大学のメアリー・アン・リー教授の熱意はもとより、ユタの舞踊文化を支える底辺の広さ、舞踊を含めて芸術を教育の一環として位置づけ、理論武装して一般に訴えていく執拗なヴァイタリティには目をみはるばかりである。

　私は単身参加であったが、能藤玲子モダンダンス児童部17名が参加していた。発表の形態としてはきわめて専門的な舞踊学者の研究発表、教師とその生徒たちが共同で行うレクチュア・デモンストレーション、初日と最終日を除く4日間、7教室で同時展開されるデモンストレーション・クラス、小学校、中学校、高校の生徒たちが行うパフォーマンス、ワークショップ、パネル・ディスカッション、そして毎夜、7時半開演の参加団体によるガラ・パフォーマンス等々、いずれも75分と発表時間も長く真剣そのものであった。韓国、ジャマイカ、インディアン等、民族色濃厚な伝統的舞踊も少なくなく、日本舞踊を学ぶ日本の子どもたちの参加もあっていいと思った。

　最後にDACI国際会議がユネスコの国際理解教育の活動の一環であることを付け加えておきたい。日本は1951年にユネスコに加盟しており、その総会には文部大臣が出席している筈である。次回には、この世界中のダンスを学ぶ子供からダンスを教える専門家の最長老までを幅広く網羅する国際的ネットワーク作りに、日本からの参加者がもっと増えることを願いたい。そのためにもバレエやモダンダンスが子どもの教育に果たす役割の重要性を再考し、いま世界中の教育者がどれほど熱心に研究しているかを認識し、日本でも世界の動向に習い、小学校から大学にいたる学校教育の正規のカリキュラムの中にダンスが導入されるよう努力するのも舞踊振興の一助かと思う。

　　　　　　　　　　　　　（佐藤俊子『白の舞を架橋に』より）

1991年以後、業者が起こした日本支部があり、芙二三枝子舞踊団の稲葉厚子他の名前があったが、いつの間にか消えていった。
　2006年、北海道の能藤玲子の弟子の三上久美子が、オランダ、ハーグ大会に、SRDスタジオ12名の子どもと共に参加した。能藤玲子は1991年の大会に参加している。能藤は北海道大学の先生の紹介でdaCiを知って参加したと言っている。中司順子は三上の通訳として2006年の大会に参加している。
　2008年、daCiの活動について、三上久美子、中司順子の話を吉田悠樹彦が賀来にもってきて、3月に会食をした。daCiの活動には、日本代表としてアメリカ人のキャサリン・カンパ（日本の清泉小学校で教師をしていた）がいた。2009年のジャマイカ大会に向けて、改めてそこに賀来と中野真紀子が参加して行動を始めた。

2　2009年ジャマイカ大会

　2009年ジャマイカ大会には、中司、賀来、中野、キャサリンが参加。日本の独特に発達した児童舞踊の歴史について賀来と中野が発表した。（第1章【1】参照）
　英語、日本語のリズムの違いをワークショップで勉強した結果、英語の合理的なところに対して日本語の言葉の「間」、情緒的なところ、豊かな擬態語、擬声語、大正時代の詩人の考えなどが重なり合って、童謡になったのではないかと考察した。異文化交流は、思いがけないことから日本の童謡で踊る意味を考えるチャンスとなった。
　西洋と東洋は言葉の違いだけでなく、生活様式も違う。身体を動かす「ダンス」という同じ言葉であるが、身体の動きは、それぞれ民族の言葉、ボディランゲージになっている。しかし異文化交流が盛んとなった現在は、日本の子どもの動きは良きにつけ悪しきにつけ進化してきている。
　2009年ジャマイカ大会では、ワークショップも行った。賀来と中野によって、世界の言語の異なる40名以上の人々が、ただ同じ動きを羅列するのではなく、コミュニケーションをとる方法として、子どもの生活指

第 5 章　異文化交流で学んだもの

導を目的として作られた賀来琢磨作詩振付の「右手左手こんにちは、こんにちは、右手左手こんばんは、こんばんは」を英語にして、握手する動きを次々と相手を変えて行った。さらに加えて、中野真紀子振付の「ギュッテ、ギュッテ」を指導し、賀来良江振付の「ぼくのミックスジュース」を全員で輪になって動き、コミュニケーションをとった。

結果として、翌日にエレベーターで一緒になったデンマークの方は、「右手左手こんにちは、こんにちは、右手左手こんばんは、こんばんは」を教材とすると言われ握手してきた。簡単などの国でも行うあいさつと日常の身近なことばは、身体の部分を使っていることで教材として使用出来る。大会中に数あるワークショップに参加すると、いろいろな国の指導法を学べる。肌で感じる新鮮な感動がある。

日本でも海外とパフォーマンスの交流を行う団体もあるが、daCiの目的は教育の中にダンスを入れることである。日本では、平成24年度からダンスが中学1、2年の体育で必修領域となった。

長年の私の願いであったので嬉しく思うと同時に、どのように取り入れられていくのかと心配でもある。本来の目的は何か、現在のメディアから流れる情報はリズム教育が強調され、ヒップホップだけがダンス教育と思わせている。一般人の親子はヒップホップだけがダンス教育と思っているのではないだろうか。幼児などまだ成長が伴わない時に激しい動きをすることは、後の成長に影響があるのではないだろうか。

小学生に、首の痛み、手のしびれを訴える子どもがいる。赤ちゃんの揺さぶりが危険といわれるのと同じことではないか。歴史的にみても、一遍上人の頃から不況時代に民衆が激しい動きで踊ることが多い。指導の中で考慮すべきである。

3　2012年 daCi 台湾大会に参加して

2012年、台湾での大会に参加した。7月14日から21日の間、国立台北芸術大学で開催されたこのサミットは、2つの主要な国際会議、daCi（国際子どもとダンスの会）とWDA AP（世界ダンス同盟アジア太平洋）

が共同で主催した。

　ダンス教育の習慣、ダンス教育のカリキュラム、指導法、学習内容について学ぶ場であり、ダンス教育者、指導者、研究者とダンスを学ぶ青少年の間での話し合いと、交流のフォーラムの場が提供された。パフォーマンス、ダンスフレーバー、クリエイティブの3部門がある。参加青少年は3部門に参加することを要求されていた。

　今回は、クリエイティブに特に力を入れた企画と見た。初めて世界の子どもたちが交じり合い、クリエイティブをするクラスがある。パフォーマンスの作品は、製作過程の子どもたちのクリエイティブに向かう姿を指導者が大切にしている。

　このサミットに参加する私の目的の1つは、教育の中に取り入れるダンスとは、世界ではどのようになっているのか、真のダンス教育を考えたいということであった。

　今1つは、2011年3月11日の災害に、世界のdaCi会員の方々からお見舞いの言葉が送られてきたことに、感謝の踊りを発表すること、また1985年ニュージーランド大会に参加して以来、世界に活動の場が広がり勉強になったことを、多くの若い人に知ってほしい、この会の主旨を理解してほしい、と呼びかけることであった。

　全日本児童舞踊協会（All Japan Children Dance Association）からは、佐藤典子舞踊研究所とタンダバハダンスカンパニィの生徒15名と指導者が参加した。

(1)　パフォーマンス

　A14組、B12組に分けられたプログラムで26組の参加（7月15日2回公演）であった。

　参加規程の持ち時間は1団体5分となっているが、全日本児童舞踊協会として参加したタンダバハダンスカンパニィ（東京）と佐藤典子舞踊研究所（静岡）は、合同作品として10分の作品「レクイエム」を発表した。津波が来たときの恐怖、悲しみ、逃げ惑う姿を子どもたちが自由表

第5章　異文化交流で学んだもの

現したものを土台として、祈り、友情の花が咲き、復興への道を作品とした。直接津波を体験した訳ではないが、毎日のニュースで見ていること、また祖母の家が福島だった子どもがいたことから、表現が自然にできている。この作品の審査は、2011年7月にインターネット経由で各国で行われた。

　東京のスタジオと静岡のスタジオと距離があり、一緒に稽古をしたのは4回であった。新幹線に乗っていかなければならない東京と静岡。それぞれのスタジオでの稽古はあったが、合同練習が少ないことを指導者は心配した。15日の本番は指導者の不安を吹き飛ばす出来であった。主題となるテーマ内容を説明したが、内容が身近で緊張したものであったこと、それぞれの心に強く残っていたものを発露した結果と思う。子どもたちの創作過程と動きを自分たちで考え工夫する創作ダンスは、これこそが今回の大会の目的にそったものであった。

　子どもの力を信じ、子どもの仲間意識がその中からそれぞれの個性を引出し、クリエイティブな力が生まれる。特に日本の作品は見る人に感動をあたえるものであった。しかし各国にもいきいきとした作品があった。どの国の作品に対しても同じように拍手がある。これがdaCiの目的である友愛の精神である。

　特に参加作品の多いフィンランドは歌いながら全身で踊る。歌だけ、踊りだけになるのではなく、同時にしっかりした技術で作品を作っている。言葉は理解できないが、身体表現で伝わるものがある。フィンランドの教育は国が力を入れていると聞く。ダンスへの国からの援助も多いのではないかと考える。

　また違った感動を覚えたのは、ジャマイカの作品であった。小さい子どもから大きい子どもまでが一つになって簡単な足ふみや手拍子で踊り、ラストでは「ダンスは命」と叫んで、技術だけに追われるのではなく、心で踊ることを感じさせる作品であった。

　パフォーマンスは総合教育といわれるゆえんである。

(2) ダンスフレーバー

〈アジアの民族舞踊のワークショップ〉
10のクラスが用意された。
　①アミイワンの豊年祭踊りA（台湾）
　②アミイワンの豊年祭踊りB（台湾）
　③INangダンス（マレーシア）
　④現在のインド。伝統と変移（インド）
　⑤太極拳（台湾）
　⑥チェグ（台湾）
　⑦カンフー（台湾）
　⑧日本昔話の中の言語、リズム、活動（日本）
　⑨マオリ族カバハカとアクション（ニュージーランド）
　⑩アボリジニのコンテンポラリーダンス（オーストラリア）
　子どもたちはこの中の4つのクラスを受けることが決められており、日本の子どもたちは、②③⑦⑨のクラスを受けた。
　子どもの感想文から様子を読み取った。
　アミイワンの豊年祭踊りは、台湾に伝わるアボリジニ文化の1つで、歌いながら円になって踊る。歌は男女に別れ、男性が歌った部分に応えるように女性のパートが入る。いろんな国の人と手を繋ぎ、歌いながらステップを踏み、閉会式にも参加者全員で踊った。
　INangダンスは、マレーシアの王宮などで行われる伝統の複製ダンスである、IやSなどアルファベットをなぞるように歩くことでダンスとなった。ステップを習った後に2人組となり、カウントと指導者の掛け声に合わせてステップや隊形を変化させて踊った。
　カンフーは、中国の伝統的な武術で、動物の形など1つひとつの技を組み合わせ、ダンスとした。動きに高低差があり身体全体を使う。また大きく力強い動きと俊敏な「動き」「溜め」があり、呼吸のしかたを考えさせられた。

最後にマオリ族カバハカとアクションであるが、一番楽しんで受けたワークショップである。民族独自のリズムや呼吸で、コンガのリズムに合わせてステップを踏み、手で足や床を叩き踊るリズムダンスである。色々な国の人と混ざって5グループほどに別れ、ダンスを習得し披露した。

〈日本のワークショップ〉

　子ども達が各国のワークショップを受けている同じ時間に、日本のワークショップを、賀来、中野真紀子、中司順子と、担当した佐々木秀子に中司優も加わって行った。

　登録した日本の発表要項は下記のものである。

「日本昔話のなかの言語、リズム、活動」（日本）

　　言語のリズムは私たちの身体内に存在し、話し手の動きに影響を与えます。参加者は「おむすびころりん」とその英語版"リトル・ローリング・ライスボール"、日本語と英語2つの非常に異なる言語リズムの違いを体験します。彼らは日本独自の動きを学び、その後、独自の動きを作成します。参加者は、言語、リズム、身体の動きとの関係を発見するでしょう。

　他の国の要項を見ると、民族舞踊を出している。日本の民族舞踊、童謡を出すべきという思いがありながら、我々は日本国内で続けている言葉のリズムの活動を行った。しかし、英語と日本語のリズムの比較だけでなく、日本の文化を伝えることにもなった。

　初めに「荒城の月」の曲を使い呼吸法を行った。考えた以上に静かに動いてくれた。次に初めて会う人々とコミュニケーションをとるために、「ぼくのミックスジュース」（日本の童謡）で身体をほぐし、皆で活動をし、相手を意識することをした。

　「おむすびころりん」の話を知っているヨーロッパの子どもがいたが、日本の子どもの文化の1つである紙芝居を日本語と英語でした。しかしこの紙芝居の時間が長いと感じた。ここに集まる人々は身体を動かすこ

とを目的にしているからである。

　ことばのリズムの違いを身体表現とした、日本語のリズムと英語のリズムが掛け合いをして、そこから創作に入る方法をとった。

　4回目のワークショップでやっと沢山の内容をこなした。やはり1つの民謡をきちんと伝える方がよかったのではないか、と思っている。

　クリエイティブのクラスでは動かなかった中国の子どもたちが、「ぼくのミックスジュース」で心を開いたことが私たちには嬉しかった。

　1時間では私たちが考えた指導に無理があったと反省している。

(3)　クリエイティブ

日　　時：　7月16／17／19／20日
　　　　　　11時15分～12時45分／13時30分～15時00分
　　　　　　（20日のみ11時15分～14時00分）

参加クラス：　～12歳　A1クラス　／13歳～15歳　Fクラス
　　　　　　／16歳以上　Kクラス

　このクリエイティブのクラスは、子どもの力を発揮させるために、指導者の我々は見学をしてはいけなかった。

　子どもたちに異文化交流に参加して、何を感じ何を学んだのかを文章にするよう指導した。海外での初めての学習は、クリエイティブをするためのクラス編成のオリエンテーションからであった。年齢別に分けられ、同じ国同士で組んではいけない約束があった。

　教育のあり方によって子どもが創造性を失くすことがあると思う。日本では、小さい時は親の言うままに育って、高校生に成長した時自分のないことに気づき悩む子どももいる。私の今までの経験では、誰でも子どもは豊かな想像力を持っている。そこを引き出していくことが、このクリエイティブの企画だと思う。

〈参加者の文章から〉

　　16歳以上の年齢のクラスでは、まず床を使った自分の身体を意識した動きから始まり、続いて教室の中を歩きながら人を意識するという

ことを行った。そこから発展し、歩きにストップをかけて指定された人数が動き回る、また人物だけでなく空間も意識し、スタジオのスペースを全員で埋める等それぞれの積極性などもみられた。また、動く場所はスタジオに限らず、校舎の周りへと空間は拡げられた。2人1組になり、1人は目隠しをしてスタジオの周辺を歩き回った。段差や曲がり角などの情報は、言葉でなく動きで伝えることが条件であった。また、中庭に出て、ダンサーが自分の経験を生かした創作ダンスを披露しあうなど、互いにダンスを通して国の文化を共有することができた。

小さい組の教室は窓がなく見ることはできなかったが、大きい組の教室は窓から中の様子を見ることができた。
「色々な方向に自由に歩く。そして目があった人とあいさつをする」
「目隠しをして、いろんなものを感じる」
このことは、かつて日本で行われていた市川雅の主催したADF（アメリカダンスフェスティバル）、また幼児教育研修会で勉強したことがあった。現在は自分流に変化している原点を思い出した。

(4) 2012年台湾大会を振り返って

　会場となった国立台北芸術大学は、広大な敷地に美術、音楽、ドラマの校舎があり、美術館、劇場が2つもある設備の整ったところであった。この広い会場で行われたことはよかったのではないかと思う。
　WDAとdaCiの共同の大会であり、クラスが多いにも関わらず、十分教室があった。参加者は教室移動が大変であった。
　大会では、論文集"Summit Abstracts and Biographies"他3冊が配られた。自分たちが関係したパフォーマンス、ワークショップ、クリエイティブについて考察する。
　3つの課題をもつことは、この大会が大きくなったと感じた。1985年第2回ニュージーランド大会に、私は「日本の子どもの遊び」という30分のパフォーマンスをもって参加した。他の国では、オーストラリアの

原住民の踊りと、マオリ族の踊り、アメリカの創作ダンスがあった。その時の創作ダンスで日本の踊りは大変に評判がよく、踊る回数が増えた。舞台はオークランド大学の講堂で、照明設備も無く、音楽もテープ、映像もビデオが珍しい時代であった。その時から27年たった今回は、すべてが発展し、daCiの歴史の深さをみた。

　パフォーマンスは何組もあり、その１つひとつが教育の中でのダンスという意識が見られた。パフォーマンス振付指導者の言葉、解説書の中に、ウィグマンの振付法と書かれたものがあった。

　日本のモダンダンス、児童舞踊でも、江口隆哉、印牧季雄が1936年に留学した際に、ウィグマンの振付法を紹介している。児童舞踊を志して来た私は、その影響も受けてきた。ウィグマンの教育がどの国にも取り入れられていることにも、ダンス教育の歴史を感じる。

　アジア舞踊のワークショップでは、身体の使い方にその国の文化があることを子どもたちは知った。

　初めてのクリエイティブクラスは、前述のように、今までに何らかの研修会で受けたものの発表で、異国の人と行うことに新たな意義があった。しかし、お互いを感じる、何かを感じるという意識の感覚をつかむことに終わり、作品にまでは至らなかった。

　参加した生徒は、テーマがあれば、また指導者から何らかの声がかかれば、作品ができたかもしれないと言っている。言葉が通じないからではない。私自身、韓国、フィンランド、オーストリアでクリエイティブ創作法の指導をした。未完成で終わったこともあるが、テーマも言わずに完成作品となったものもある。指導のしかたには、言葉ではない何かがあるのだろうかと考える。今回の目的は、創作作品を作るのではなく、感性を磨くことにあったのではないかと思う。

　日本では学校ダンスのコンクールもあり、児童舞踊も現代舞踊も作品はよいものが多くある。今、求められているダンス教育とは何であろうか、と考えさせられた大会であった。

第 5 章　異文化交流で学んだもの

daCi に関わる日本国内活動記録

年　月	場　　所	内　　容
2008年3月	東京　新宿	daCi日本支部立ち上げ準備
2008年3月	東京　赤坂	日本支部立ち上げ準備会を赤坂「木曽路」で開催。 中司、賀来、他10名集まる。
2008年6月	東京　タンダバハスタジオ	ワークショップ：グローバル時代のダンス 日本語と英語のリズム
2009年1月	東京　なかのゼロホール	daCiとはなぁに
2011年6月	東京　こども教育大学	ワークショップ：話しことば、リズム・身体表現 ことばとからだのうごきのつながり
2011年12月	静岡　磐田サブアリーナ	ワークショップ：英語と日本語のリズム　その1 コミュニケーションをとる
2012年5月	東京　タンダバハスタジオ	楽しく踊る会
2012年5月	静岡　磐田サブアリーナ	台湾大会参加合同練習
2012年6月	東京　新宿村スタジオ	台湾大会参加作品ビデオ撮り
2012年12月	東京　中野ゼロ視聴覚室	台湾大会報告研修会

参考文献：
1．佐藤俊子『白の舞を架橋に』(2006) 佐藤俊子バレエ研究会

【4】異文化交流から学んだアイデンティティ

The Identity which I have learned through Cultural Exchange between Foreign Countries

1　言葉と言語と文章表現をみる

　英語力がなく海外交流に自信のない私は、外国人から呼ばれるワークショップの仕事に対して戸惑い、引いてしまうことがあった。初めての海外旅行は児童舞踊協会が行なったアジア研修旅行であった。2度目は現代舞踊協会が行ったヨーロッパ研修旅行であった。ブルガリアをバスで移動している時、小休止をとった。閑静な所にポツンとお店が2件あったが、閉まっていた。ウインドーを見るとおいしそうなオレンジが並んでいる。喉が乾いていた私は、お店が開かないかと周りを見ていたら、優しそうな小父さんが来た。お腹がすいている身振りをしてウインドーのオレンジを指さすと、鍵を持ってきて開けてくれ、オレンジを買うことができた。このことから、身振りすなわちボディランゲージは、世界の人々とコミュニケーションをとるひとつの方法であると感じた。
初めての外国のワークショップは韓国であった。それぞれの国にその民族の言葉がある。そして、言語は英語だけではないと、英語の勉強をすることなく、その国その国で通訳をお願いしてきた。
　しかし、国際会議は英語である。語学力のなさを感じながら、daCiのワークショップでは、中司順子と「日本語と英語のリズム、身体表現」を基として研究してきた。
　日本語は1つのものに対しての言葉が多くあり、言語で表現ができる。英語は合理的な言葉であり、そこを補うゼスチャーがつく。言語として発音をするリズムの場合、日本語は単調なリズムであり、英語は抑揚がつく。
　私が日本語でつけた舞踊の題名や舞踊の解説を書いたものを英訳するに当たり、訳者から難しいと言われる。英訳された文章になると簡単に

なって物足りなさを感じる。文章表現と言語表現の違いだ。

「言葉にはそれぞれ、その言葉にあった身体モードというものがある。」と齋藤孝は言う。(『コミュニケーション力』岩波新書より)

2　ボディランゲージ

　幼い頃（1938年頃）、私は言葉と動作を1つにした「当て振り」で日本語の単調なリズムの童謡を踊っていた。抑揚のない日本語の世界に育った日本人である。英語教育をする中司順子は、発音を上達させる方法として、身体に抑揚のある英語のリズムの動きを覚えさせる。そして、新しく英語のリズムを使った歌を作り、「当て振り」をつけて英語教育に役立てている。童謡舞踊の原点を、現在に活かしている。

　語学、言語と追求するうちに、日本の童謡の言葉の芸術文学性を感じたと同時に、自分が今まで唱えてきた「我が国独特の発達を遂げた児童舞踊を童謡で踊る意義」を、今一度考察することになった。逆に、童謡があったことで児童舞踊は発展したのではないか。そして日本の文化に帰ってきた。

　日本国内でも異文化交流をしている団体がある。全日本舞踊連合（1976年〈昭和51〉～2011年〈平成23〉）である。日本の伝統的な日本舞踊、西洋から来たバレエ、そして、日本の現代舞踊、児童舞踊の4ジャンルが一つになった団体である。そこでは、ゼミナールとして日本と西洋の舞踊の比較をしてきた。初期の時代は、トークで違いを話すと同時に、踊り手により表現をしていた。そして、その発展としてゼミナールを3部に分けた。第1部はそれぞれの原点を踊り、第2部ではそれぞれの分野のトークをした。第3部では1つのテーマで4ジャンルが新しく舞踊を作ることをした。以下に、第1回から31回までのテーマを次頁の表にした。

　全舞連として、創立15周年では各ジャンル合同で「竹取物語」を上演し、創立35周年記念公演では各ジャンルが行なった。1つの公演で4ジャンルをいっぺんに見ることはなかなかない。特に児童舞踊を知る人は少

第1回	舞踊各分野の表現法及び技法の相違と類似	
第2回	舞踊各分野の表現法及び技法の相違と類似	
第3回	庶民から生まれた日本舞踊、宮廷から生まれたバレエ、芸術的反逆から生まれた現代舞踊	
第4回	「鳥のさえずり」「鶴亀」の競演	
第5回	人形ぶりに於ける東西舞踊の接点　「八百屋お七」「コッペリヤ」	
第6回	狂いものにおける東西舞踊の接点　「お夏狂乱」「ジゼル」	
第7回	舞踊に於けるコミックとは　「流星」「木靴の踊り」	
第8回	「八百屋お七」「コッペリヤ」の競演	
第9回	舞踊に於ける東洋の知恵、西洋の理性　「三社祭」	
第10回	わらべ唄に見る舞踊の現代性	
第11回	絵画と舞踊の接点を探る　ピカソ「花束」竹久夢二「黒船」等	
第12回	絵画と舞踊の接点を探る　ブリューゲル「子供の遊戯」ムンク「叫び」等	
第13回	秋をめぐって詩歌の原点を探る	
第14回	舞踊感覚の対照を探る　「白鳥の湖」	
第15回	舞踊感覚の対照を探る　「カルメン」	
第16回	日本舞踊の名作に挑む　「道成寺いろいろ」	
第17回	心の叫び「激情」	
第18回	舞踊感覚の対照を探る　「怪談を観る」	
第19回	舞踊感覚の対照を探る　「男と女」日舞、バレエの男女の表現	
第20回	舞踊感覚の対照を探る　「シンデレラ」	
第21回	舞踊感覚の対照を探る　「桃太郎」	
第22回	舞踊感覚の対照を探る　「千一夜物語」	
第23回	舞踊感覚の対照を探る　「伊曽保物語」	
第24回	舞踊感覚の対照を探る　「津軽三味線を踊る」	
第25回	舞踊感覚の対照を探る　「二胡の調べによせて」	
第26回	舞踊感覚の対照を探る　「雨」	
第27回	舞踊感覚の対照を探る　「風」	
第28回	舞踊感覚の対照を探る　「リズム」	
第29回	舞踊感覚の対照を探る　「グレンミラー」	
第30回	舞踊感覚の対照を探る　「日本舞踊・バレエ・現代舞踊・児童舞踊の生い立ちと現在」	
第31回	舞踊感覚の対照を探る　第2弾「日本舞踊・バレエ・現代舞踊・児童舞踊の生い立ちと現在」	

ない。しかし、アンケートには、児童舞踊を知りたいという人が多く、児童舞踊を知っていただく良い機会であった。

3　児童舞踊とは

　私が考える児童舞踊とは、以下のとおりである。
「児童舞踊は我が国独自に児童文化と共に発達した幼児青少年を対象とした舞踊である。」

　①童謡舞踊は総合教育といえる内容を持つ。言葉を理解して、発育年齢に応じた自由なテクニックを使った身体の動きを表現する。
　　大正時代の「赤い鳥」運動、自由芸術教育の活動の折、北原白秋は童謡は児童文化として総合教育と言えると言っている。そしてレコード童謡が始まった折、童謡が大衆化されて文学性が失われたということで、「赤い鳥」運動が閉じられた。その後、弘田龍太郎門下生が『童魚』という本を出し、作曲家本多鉄麿、作詞家小林純一、舞踊家賀来琢磨が三位一体を唱えて児童舞踊を行った。
　②幼い時はことばの当て振りで表現をし、だれでも踊れる優しいものである。幼い時に身体に入った表現力は、成長してより表現力を深め、現代舞踊につながる。
　③童謡は母国語で無理のない呼吸をするので、日本独特の「間」をもち、情緒ある動きとなる。

　言語の勉強をしない私は、外国でのワークショップをボディランゲージで行ってきた。それぞれの国では、風習・生活が身体の中にしみこみ、身体のモードとなっている。風習の違いがあるのにボディランゲージだけでよいのか、言語を加える必要があるのではないかと思う。

　daCiの活動では、簡単な言葉でコミュニケーションをとることができ、喜ばれた。身体表現での活動は形を移すだけではない。第3回アジア舞踊展では、インドネシア、韓国、日本が偶然同じテーマ「人間の心」を表現した。

　ダンスの身体表現が芸術的に優れた作品となった時、それぞれの国に

は関係のない世界共通のものがあり、観客に感動を与えるものとなる。

　童謡で踊る意義を唱えるからには、童謡の生い立ちを知って、童謡舞踊からの発達の関係を調べ、日本独特の子どもの文化を知る必要がある。

　その時代の言葉の文化が子どもの舞踊に与えた影響は、身体の動きに大きな力を与え、創作意欲を増す結果となっている。

ジャズチャンツとは
What is the Jazz Chants ?

　daCiの付き合いで、中司順子と出会った。

　ジャズチャンツとは、ニューヨーク大学名誉教授のキャロリン・グレアム先生が、今から約40年前に始めたものであり、ジャズのビートのリズムを使った語学教育のことをいう。日本では、中司順子が指導を行っている。

　2011年のタンダバハダンスカンパニィ　フェスティバルで発表した「おむすびころりん」の英語版は、グレアム先生の作品に振り付けをしたものである。

第 6 章　指導現場からみたダンス教育とは、過去を探る

The Sixth Chapter：What is the "Dance Education" from the Viewpoint of the Teaching Field？
Searching the Past Situation

【1】体育表現リズム発表会の歴史とその使命

The History and its Role of the Performance by Expression and Rhythm of the Physical Education

1 はじめに

　鶴見大学女子短期大学部保育科の歴史と共に歩み、保育科学生一同が一つとなって行って来た行事「体育表現リズム発表会」が、第31回(1990年)をもって幕を閉じた。第32回(1991年)は２年生のみの参加で行い、これで全て終った。幕を閉じた理由は、「幼稚園教育要領」の改正にともない、教科の見直しをするということ、また学生にゆとりを与えるということにより、他の行事である「造形展」「みんなのうた」と共に中止となったのである。幕を閉じて1年が過ぎた今、卒業生の中から、「何故表現会をなくしたのか、造形展は、みんなの歌は」という問い合わせがある。

　卒業生の声は、単に行事に参加した学生時代の懐しさだけなのであろうか。今一度改めてこの32回と続いた「体育表現リズム発表会」の歴史をふりかえり、この行事が保育科の教育の中でどのような役割を果して来たのかを問いなおしてみたい。

2 表現会のねらい

　「体育表現リズム発表会」とは、「音楽リズム」「ダンス」の教科の中から生まれた会である。

　過去32回開催された内、第１回から第16回までは「保育表現リズム発表会」という名称で、賀来琢磨、賀来和子の指導であった。第17回の準備中に賀来琢磨が急逝し、途中から田中良江が指導に当った。第17回から名称を「体育表現リズム発表会」、第20回から「保育学会研究会、体育表現リズム発表会」として行なった。

第6章　指導現場からみたダンス教育とは、過去を探る

　第1回の発表会は、昭和34年(1959年)に「保育リズム発表会」の名称で賀来琢磨の指導により行われた。
　開催する目的として、賀来琢磨は日記に次のように書き残している。
　「学生運動と世間がさわがしい。一方では意欲のない学生が多い。何か学生の心を燃やすものということで、学生の自治による会を始めた。」
　これによれば、第1回の目的は、学生に意欲をもたすという事であったと思う。
　当時、昭和30～40年にかけては、もはや戦後ではないといわれながら、落ち着きのない時代であった。「現代っ子」「女子学生亡国論」等のことばが出て来た時代であり、流行歌のスーダラ節で歌われたように、"わかっちゃいるけどやめられない"という無責任時代であった。
　このような環境の中から、賀来琢磨は第10回のプログラムに次のような指導のねらいを書いている。
　〈ねらい〉
　①チームワークをとおして学生相互の人間関係を豊かにすること。
　②各自が責任ある行動をすること。
　③創作力を養うこと。作品構成において、頭で考え、胸であたため、全身で表現すること。即ち創作態度の学習であるということ。
　④保育の現場でこれらの教材が直ちに役立ち、いかされること。
　⑤演出を大切に、一秒を無駄にしない、動作を大切にする、保育の現場でいかされる体験をすること。
　以上を述べた上で、学生が真剣な態度でこの行事に取り組んでいることを認めてほしいといっている。
　ここでは、ただ作品を作ることだけを目的とはせず、いかに発表当日までの準備が大切であるか、人間関係の難しさを体験で学ぶことが大切であるかをうたっている。
　会の回数を重ねて行く中で、賀来琢磨は保育の基本といえる保育標語を生み出していった。
　「保育は準備なり」

「保育は接触なり」
「想像より創造へ」
「形は心のシルエット」
「頭で考え、胸で暖め、体で表現する」
この他にも多くのことばを残している。

 1つ1つの行事には、それにかかわる人間1人ひとりの行動が問われることとなる。

「個の中で全てを、全ての中で個の輝きを」このことばが示す通りだと思う。

 時代の変化は、学生の考えや行動の上にも賀来琢磨の時代とは大きな相違をもたらした。賀来琢磨時代の学生は、動く身体をもっていた。1986年度の第28回のプログラムの中で、当時の短大部長で保育科長の榊田桂氏のことばにも、私自身のことばにも、学生や子どもに対して「無気力、無表情」ということが出て来ている。「からだにことばをもつ」ということが、表現会の目的にうたわれだした時である。知の教育だけではないのである。

「ねらい」はいつの時代も同じである。やってみて、やらせてみて、初めて自分を知る、その事が保育の現場だけでなく、人間としての生活に必要ではないだろうか。

3　プログラムに見る内容の変遷(1)

(1)　賀来琢磨の指導時代（1959～1975年）

 32年間（1959～1990年）に亘る長期の会となると、その内容はその時代の世相の動きを反映しているのが見え、興味を引く。とはいえ、身体表現はその時その時の一瞬に生きたものであって、文章の上に表現することは難しい。しかしその背景となるものは、残された印刷物から見ることが出来る。残念ながら、第1回から第10回までの印刷物は、学生の手づくりの謄写印刷であり、年がたった現在では、ワラ半紙が黄ばみ、

字は消えてしまい、読むことが出来ない。判読出来た第10回（昭和43年）のプログラムを見てみる。

　自由選曲12曲、民謡8曲、課題曲6曲となっている。課題曲は4組が同じ6曲を競演している。

　自由選曲の12曲についてみると、仏教的なものが多く、仏教保育を大切にしている。しかし学生の眼は、授業の中で行われたもの以外には行かなかったのであろうか。テレビ放送が始まったのが1953年（昭和28)であり、この「保育表現リズム発表会」が開催された1959年（昭和34)には、NHKテレビの幼児番組では、「おかあさんといっしょ」が始まっているのに、マスメディアの影響は出て来ていない。わずかに「サッちゃん」の1曲だけである。曲目はレコード会社とタイアップした児童舞踊家が保育のこの分野をリードしていたことがうかがえる。いわゆる"お遊戯法"であった。

第10回保育表現リズム発表会曲目

自由選曲	母恋風車	民謡の部	斉太郎節
	珍念さん		新串本節
	1年生君・弟君		大島あんこ節
	さるのいきぎも		どんぱん節
	かんぜおん		南国土佐をあとにして
	お盆のうた		そうらん節
	みほとけは		鹿児島おはら節
	サッちゃん	課題曲	少年と笛
	まっかっか		竹の子牛の子
	お陽さまと握手しよう		オリンピックゴーゴー
	かつお舟だよ		できたできた
	お山の杉の子		わらいましょう
			うれしいうた

(2) 想像から創造へ

　しかしながら課題曲の中から、次の時代へと発展していく曲目「できたできた」を見ることが出来た。現在でも使える教材であり、1人ひとりが想像から創造へと発展することの出来るものである。

　　できたできた
　　何ができた
　　うさぎができた
　　ピョンピョンピョン

この最後の2行を変えることにより、いろいろなものが出来ていく。学生の書いた研究目的には次のように書いてある。

　　人はものを創造する喜びを持っている。それは自分の感情に応じて独自性のある表現をすることを目的とする。又あるものを表現する場合、自分がそのものになりきることの大切さを感じ全身で表現する。

同じく民謡の部で書いている学生の研究目的をあげてみる。

　　日本の民謡は、社会的環境の中で、風土や生活の特色が培われている。それを踊りの中に生かし、生活の中からにじみ出た素朴な生活様式からの楽しみ、喜び、おもしろさをリズムの中に入れて表現する。

この後の回にも、その都度民謡の部が必ず入っている。賀来琢磨の心の中では、日本の急激に西洋化される社会の変化に、なんとか日本のものを残したいとの願いがあったのではなかろうか。

　この当時、すなわち1960年代は、都市化されていく生活の変化があり、子ども達の近隣での遊び集団が少なくなりつつあり、またテレビの影響が大きく現れた時代である。「鉄腕アトム」「ウルトラマン」等のアニメーション文化、マスメディアにより、子どもの心ははずんだ。しかしながら、それらの影響は童謡ヒット曲「黒ねこのタンゴ」が表現会の第13回に入っているだけである。

　このような時代の中で、終戦後レコード会社のリードによって作られた「おゆうぎ」用の教材の見直しが、賀来琢磨の中に生まれて来たので

第6章　指導現場からみたダンス教育とは、過去を探る

あろう。

　日常の保育の中で保育者が子ども達に指導するものとして、生活習慣の指導のためのもの、子ども達の心の安定を求めるもの、創造性を豊かにするもの等、保育の現場を考えた教材『保育実用教材第1集』が生まれた。以後第7集までを賀来琢磨が監修している。

　この中から、「ひみつのしろづくり」「動物村のえんそく」「みんなでゴーゴー」等が表現会で発表されている。

　その中の「みんなでゴーゴー」について、賀来琢磨は次のようにいっている。

> 　私がこの「みんなでゴーゴー」を振付作品として教育現場にもちこんだ時、教育の場でこどもにゴーゴーをやらせるなんて、と強く否定的立場に立たれた教師たちがおられました。ところがこの作品にどの子も進んで参加し、演奏が終った後からも、くり返し、幾度となく子ども達が求めて来ました。爆発的なよろこびを子ども達が見せてくれ、子どもの実態にふれました。今では逆に進んで教育の現場にこの作品が活用されています。私はこの作品をつくる時、子ども達自身の新しい体操にしようとねがいました。無味乾燥な学校体操でない、子どもが心で求め、からだに満足が充分味わえる体操にしたい。身体各部の機能をゆりうごかし、いきいきとした生命躍動のリズム感のある作品にしたいと考えました。

　みゆき族、モンキーダンスの流行、ビートルズの来日等々、世相の変化と学校教育とのギャップに、子ども達の心をどのようにとらえるかと教育者が悩んだ時代であったと思われる。

　保育標語、保育実用教材、保育者研究会等で活躍して来た賀来琢磨であったが、よる年波と健康、若い学生達の考え方の違いに苦悩していたのが第17回の表現会である。そこでは学生主体の曲選びとなっている。この会の途中で賀来琢磨は世を去った。

4　プログラムに見る内容の変遷(2)

田中良江の指導時代（1975～1990年）

　全32回の表現会は、奇しくも前半の16回を賀来琢磨が、後半の16回を私（賀来＝田中良江）が指導した。

　後半の16回は次のようなプログラムの変化がある。第17回～第19回は伝統の守り、第20回は会場の変更、そして内容に"新しい教材"が加わる。

　回の重なる毎に工夫された内容のプログラムが出来、まとめとして身体表現で保育の歴史を第30回と第31回で発表した。

　１）第17回、第18回、第19回（1975年～1977年）
　〈積み重ねられた伝統の中で〉
　賀来琢磨の後を引き継ぎ、1975年から私が授業を担当した。それまでに宝仙学園短期大学での経験はあるものの、本学（鶴見大学女子短期大学部）の授業内容・方法については話し合う機会がなかった。また従来の表現会も観ていない。頼れるのは賀来琢磨の残した授業記録ノートだけであった。

　学生が現場に出てすぐに役立つことを考えた内容であり、順序よく運ぶことの出来る授業方法が作られていた。一日一日の授業が全て積み重ねられた伝統の上に出来ていて、表現会の準備も整っていた。

　賀来琢磨の指導法は遊戯法である。しかし単に遊戯の形を指導するのみに終らず、そのやさしい簡単な動きの中から、心の内面・生活感覚・リズム感覚等を学び、想像から創造へともっていっていた。

　第17回、第18回の表現会は、伝統をそのままに、民謡の部、課題曲、自由曲とし、学生の中に受け継がれて来た精神と形式を大切にしつつ、学生にリードされて無事に終えることが出来た。

　以下に第17回プログラム曲目を課題曲と自由曲に分けて記してみよう。

第17回プログラム曲目

課題曲	自由曲
1　ことりのひなたぼっこ	1　まりと殿様
2　みんなでゴーゴー	2　聖者の行進
3　仲よしわらべうた	3　カディスのまつり
4　シンデレラ	4　ひょっこりひょうたん島
5　猿蟹合戦	5　五ひきの子ぶたの
6　手のひらを太陽に	チャールストン
7　幸福を拾った若者	6　ぶんぶく茶がま
8　おやゆび姫	7　ビヤだるポルカ
9　お陽さまと握手しよう	8　ソーラン節
10　ピノキオ	9　スイートキャロライン
11　オクラホマミキサー	10　アルプスの少女ハイジ
12　すいれんとにじの小人	11　おてもやん
13　動物村のえんそく	12　チムチムチェリー
14　こぶ取り物語	13　とんでいったバナナ
15　きみきみいなかへ	14　北風とお日さま
いらっしゃい	15　チャキリ節
16　くだもの旅行	16　ジャンバラヤ
	17　トレロ・カモミロ
	18　ひとりぼっちの羊かい
	19　かぐや姫
	20　チキチキバンバン
	21　七人の小人
	22　こども大漁節

　第19回の年に、新しく体育館が出来、立派なリズム室を授業で使用することとなった。それまでは、本館とも離れた山の上のプレハブ校舎で、真中に支えとなる柱があり、動くのに不便であった。

　気持を新たにする中で、鶴見大学の伝統をくずすことなく、自分が過去に他校で指導した方法を少しずつ入れて行くこととし、ことばあそびをプログラムの中に入れた。

2）第20回（1978年）
〈会場を体育館に移して〉

　会場を体育館に移して第1回目となる。また、この年より鶴見大学女子短期大学部に保育学会が発足し、この表現会もその1つの行事の中で行うこととなった。前年度までは、この表現会に附属幼稚園児の見学があった。学生にとっては、子どもが自分達の演技にどのような反応を示すかを問う良い勉強の場であったが、今回より種々の事情により中止となった。

　会場作りという難題はあるものの、学生達は情熱を燃やし、"新しい教材"が伝統のプログラムの上に加えられて発表された。

〈新しい教材発表から〉（1978～1991年）

　平常の授業の中で行っている「ことばあそび」を発展させ、現場で使用出来る作品として第20回の発表会（1978年）より発表した。

　はう、ころがる、跳ぶ、歩く、走る等々の動きを、5人グループが1人1つずつ出して行き、動きをつなげる。また、擬態語、擬声音等を1つずつ出して身体が持つことばをつなげる。

　動きから連想するテーマを基に、作詩、作曲、振付へと発展させて作品とした。

　新しい教材を12年間作った中で、好評であった作品を挙げる。

・どうぶつたいそう　　　　　・あつまれプクプク
・ぼくたちちびっこスーパーマン　・おふろ
・パクパクマン　　　　　　　・カップヌードル
・いなかのねずみ　　　　　　・おすもう大会
・晴れたらいいね　　　　　　・ねんど

　この中からレコード化された作品がある。「どうぶつたいそう」は楽しい体操として、「あつまれプクプク」は手あそびとして、特に現場から喜ばれている。

3）第21回（1979年）
〈「たたいちゃおう」が加わって〉

　プログラム構成は、1年生2年生共通に、自由曲2曲、課題曲2曲がクラス毎に与えられたものである。2年生はさらに「新しい教材」と同じようにして出来た身体で音を出す「たたいちゃおう」（別項参照）が新たに加えられた。

　2年生の課題曲は日本の童話とした。この時代からカタカナの題名が増えて来て、日本的なものが少なくなった為に、日本の童話「浦島太郎」「牛若丸」「舌切り雀」等を課題曲とした。

　自由曲の選曲がこの年は童話に片寄っていることが次にあげた題名でわかる。

- 七匹の子やぎ
- 赤ずきん
- ななめ左の岡の上
- 不思議な国のアリス
- おもちゃは友だち
- お陽さまと握手しよう
- ビビデバビデブ
- 眠れる森の美女
- アリババと40人の盗賊
- ピーターパン
- オズの魔法使い
- アルプスの少女ハイジ
- ドリーミーナイト
- ひとりぼっちの羊飼い

「たたいちゃおう」——身体で音を出す——

　カール・オルフ方式を基にして私なりに考え出した指導法を授業に取り入れて1年目、あまりにもみごとな作品が出来たので、表現会で発表することにした。

　オルフの音楽教育の基本は、身体から湧き出て来るリズムであって、身体を動かすことによって感覚的にリズムを修得して行く方法である。

　両手で床をたたく、足で音を出す、手をこすり音を出す、こうした原始的な動きに、自然に声がついて来る。静かになったと思うと突然に大きな手拍子が始まる。身体から音を出すということは、これだと思う。まるでシャーマンといえる動きがつづいた。

　ここから「インディアンの詩」「おまつり」が生まれた。

4）第22回（1980年）
〈限られた題材で〉

　生活環境の変化は、作品の題材にもマスメディアを通じて見たものが多くなって来た。「銀河鉄道999」「一休さん」「ニルスの旅」「孫悟空」、いずれもテレビで放映されたアニメーションを基にしている。「ディズニーワールド」という作品もあり、自然の中で遊んだ子どもの姿は消えている。

　新しい教材の題材も、「ソフトクリーム」「おふろ」「せんたくジャブジャブ」「コロッケ」「コッペさんのジャムづくり」「パクパクマン」等で、身近な食べ物とおふろ、洗濯のみとなっており、いかに学生達の生活の幅が狭くなって来ているかが解る。受験の厳しさが、余裕をもたず、身近なものだけとなったのであろう。想像性の不足を感じる。

　しかしまだこの当時の学生は、動く身体を現在の学生よりは持っており、指導によって幅を広げることが出来た。「たつの子太郎」「かぐや姫」「織姫と彦星」は、舞踊劇として学外へ出してもよいものであった。

〈ビデオ録画の始まり〉

　記録としてビデオ録画をすることとなった。観客の中にも、学生の父親が子どもの記録として、また現場を持つ幼稚園、保育園の人々がすぐに役立つ教材として、ホームビデオを持参し録画した。動きを記録に残すことが出来るようになったが、全てのことがその中には入れられない。生の感動はその場にしか解らないと思う。

5）第23回、第24回（1981年、1982年）
〈パロディー化と心身の健康〉

　「パロディー」という言葉が学生の作る自由作品に「MIDNIGHT・PARODY」という題名や、「しりとりアニメーション」というテレビのヒーローを風刺した寸劇として出て来た。

　一方、世の中に不安を持つ人々が増えたのか、「光と影」「彷徨―さまよい」「人・人」という作品が現われた。

第6章　指導現場からみたダンス教育とは、過去を探る

「人・人」の研究目的で学生は、「人間は一筋の光がなければ生きていけない。私たちの現在の感情である」といっている。都会のジャングルの中で生きる人々の心、自分達学生の心を表現した作品で、「1人＋1人＝1人」と解説に書いたことばが時代を印象強く現わしている。

毎回プログラムに書かれる保育科長の挨拶文にも、この頃から「情緒」「心身の健康」という言葉が出て来る。同時に私も同じことばを書き、いかにして指導をしたらよいか、呼吸法・間・遊びということを作品の中で身体表現として取り入れ、昇華させたいと願った。

パロディーチックな学生がいる半面、まじめに取り組む学生から出て来た作品「くもの糸」は、人々のもくもくと動く群の姿、糸にむらがる欲望を群舞構成としてよくまとめ、充分に気持を昇華させていた。

造形展の影響で、小道具、大道具に面白いものが出て来たのもこの頃である。

6）第25回（1983年）
〈地域社会と結びつけて〉

学生は、現在の自分達の心象を表現したい、表現したいという。幼児教育に対する意欲より、自分の今を楽しみたいという時代となった。モラトリアム人間といわれる学生達に対して、保育科長も私も、幼児教育者として表現力豊かな教師となる実践学習をしたいという願いを書いている。

2年生の自由曲は学生の思い通りとしてよいが、他の作品は、子どものことを考えたもの、そして学校のある神奈川県の民話、2年生全体で"幸せはどこに"（別項参照）とすることに決めた。

学生達が選んだものは、「飛翔天界」「時代の流れ」「Passion」「卒業」「ウェストサイド・ストーリー」「かげろう」「無限大」等で、何を言いたいかが解るものもあるが、中には自己満足に終るものもあった。

神奈川の民話を選んだ理由は、学生の眼を学校のある神奈川県に向け、開発されて消えていくものを知り、日本のよさも知ってほしいこと、地

域社会との交流の必要性からであった。

　民話を取り上げる事に決まった6月より、学生達は、図書館に行く者、おばあちゃんに話しを聞く者があり、次の題目を選んだ。
　・猫の踊り場
　・線守稲荷大明神
　・精進ヶ池
　・古屋のムル
　・背中の赤い蟹
　・蜘蛛女房
　・カッパドックリ
　・蛇女房

　このうち、「古屋のムル」「蛇女房」は鶴見地区の文化祭にも参加した。

①②　猫の踊り場

　この年から実技指導助手として潮田麻里が加わり、指導の幅が1人でしている時より広がりを持つことが出来るようになった。

第6章　指導現場からみたダンス教育とは、過去を探る

〈学生によって企画された合同作品〉（1983～1990年）

　2年生全クラスが1つとなって大きな作品を作るという意見のもとに企画された。その目的は、クラスの交流がお互いの刺激となり、良い作品を作ることが出来るということであった。

　企画には賛同するものの、実現するための条件として次の点を挙げた。

①自分達の楽しみだけに終ってはいけない。観る側のことを意識すること。

②作品のテーマを子どもに関したものにすること。

③他の教科に迷惑のないように、どのように練習するかを考えること。

④有志だけで事を運ぶことなく、全体ですること。

　以上の点を考慮して行うことが出来るならば、という条件であった。企画案の訂正は数回にもおよんだが、学生の盛りあがりで実行することとなった。

　第1回は「幸せはどこに、青い鳥」であった。学生の心の不安な時代、心の窓を開けてみようとの願いをこめた作品であった。各クラスからチルチル、ミチルが出て、場面をつなぐ"オムニバス形式"とした。

　その構成は次のようになっている。

プロローグ	各クラスより選抜
隣りの子ども達	A組
ふしぎなダイヤモンド	A組
動き出した世界	A組
夜の国	B組
森の仲間	D組
墓の中・花園	C組
もとの家	全員

　練習は各クラスで行い、発表会前2日間の放課後、合同練習とした。学生の中にはアルバイトをしている者もいる。負担に感じる者もいることを考えて、この企画は今回限りと思った。然しその成果は、演じた学生達も、観る1年生達も満足するものであった。

7) 第26回 (1984年)
〈「窓ぎわのトットちゃん」を取り上げて〉

昨年度の2年生全員で作った「幸せはどこに」の成果をみたこの年の2年生から、5月早々に、合同作品の準備をしているので今年もぜひやらせてほしいとの申し出があった。昨年の準備の苦労もあり、即答することをさけていた。

学生達が選ぶ他の作品は、昨年以上に子ども対象のものが少ない。軌道修正を考え合同作品のテーマを私から与えて、保育科としての作品を作ることとした。そして条件として、他の教科を妨げないこと、やる気のある学生だけでやり、全員の参加でなくてよいこととした。

テーマは、当時ベストセラーとなっていた黒柳徹子原作の『窓ぎわのトットちゃん』とした。いろいろなことに興味を持ち、枠に入れない子どもの教育を考え、またこの本に出て来るリトミック教育の大家である小林宗作の教育方針を知ることを目的として、この作品を取り上げてみた。

身体表現は、見えないものを見えるようにする、心の中を出すことである。自分でない他のものになることにより、自分が見えてくる。ただ形を現わすことに終らず、擬似体験が次の成長につながる。この作品は、他の教科である心理学等を参考として子どもと先生の交流を追求し、ほのぼのとした、見る人達を感動させる作品となった。

以後、合同作品は継続することとなった。

③ 君はほんとはいい子なんだよ
窓ぎわのトットちゃん

8）第27回（1985年）

〈何故「不思議な国のアリス」なのか〉

　世相はパフォーマンス時代となり、学生達は派手なことを好み、また寸劇的表現が増えて来た。そして合同作品に「不思議な国のアリス」を希望して来た。

　「不思議な国のアリス」は、第19回から第31回までの発表会の中で一番多く、前後7回も取り上げられている。

　ここで、第19回から第31回までのうち、2回以上取り上げた題材の傾向を見てみる。

7回	不思議な国のアリス	2回	くるみ割り人形
5回	青い鳥		孫悟空
3回	※舌切り雀		※さるかに合戦
	森は生きている		ディズニーランド
	カルメン		※天の岩戸
	オズの魔法使い		ひょっこりひょうたん島
	ピーターパン		おやゆび姫
	アルプスの少女		ひとりぼっちの羊飼い
			アリババと40人の盗賊
			シンデレラ
			※笠地蔵
			※かぐや姫
	（※は日本のもの）		※くもの糸

　21種類の題材のうち、日本のものはわずか4分の1である。子どもの文化も欧米化されたことがわかる。しかし「不思議な国のアリス」の上演回数が他を抜いて7回ということは、どのような理由からであろうか。

　①登場する兎、帽子屋、トランプを現代的にパロディ化することが出来る。

　②音楽もジャズ風に出来る。

③大勢の人が出演出来る。

このような点は私にもわかるが、今一つ、何故この題材が回数多く取り上げられたかわからない。それぞれの回ごとに、演出も音楽も振り付けも違っているのであるが、印象に残るよいものはこの回まではなかった。

④ 不思議な国のアリス

2年生の全クラスで作るからには、まずしっかりした台本と演出を望んだ。音楽は、現代の学生らしく、同世代の他大学の男子学生達の協力を得て構成されていて、動きとマッチしたものになっていた。

アリスの可愛らしさ、兎、帽子屋、トランプの女王のコミック、水の精の布を使っての振り、水に溺れたアリスがさがす"カギ"の小道具の使い方、トランプの群舞のあつかい方等、すべてが他の児童劇団にも負けないものであった。童話から舞踊劇としたものとしては、成功したものといえよう。

9) 第28回（1986年）
〈音とからだのシンフォニーとわらべうた〉

無気力な学生達というのがこの回の特徴なのであろうか。保育科長の挨拶文にも、私の挨拶文にも、「遊びの中から自己開発をすること」といっている。

身体を動かすことを嫌う学生達に楽しく指導する方法として、道具を使い、必然的に身体を使わざるをえないようにした。現在の子ども達は毬つきもあまりしない。毬つきは腰のひねり、足の動き、リズムの取り方、瞬発力等いろいろな要素が入っている。1つの遊びを見ても、このようなものが遊びから身につく。

わらべうたを1年生に、身近な道具を使った音とからだのシンフォニーを2年生のテーマとした。

第6章　指導現場からみたダンス教育とは、過去を探る

　1年生のわらべうた「ひらいたひらいた」は、簡単な歌ではあるがリズムをいろいろと変化させ、生で歌いながら、動きが個人である時は歌もソロ、動きが群舞になった時は歌も合唱となる。そのような動きのシンフォニーを見せてくれた。

　2年生の身近な道具を使って音を出し、音とからだのシンフォニーとした作品には、「オーケストラ」「夜空」「顔」等がある。

　「オーケストラ」では、全員が新聞紙で作ったエンビ服を着て登場し、口笛を吹く、足音をたてる、拍手をする、その後で新聞紙をやぶる音を面白く使い、アイディアのよさを見せた。

　「夜空」では、ボールと棒を使い、星座を形どったり流れを出したりして、巧みに夜空を表現した。

　特に印象に残った作品は「顔」である。授業の中で学んだアニメイムの理解によるものである。水道管として使用されているビニールの管を50センチに切ったものを各自が持ち、花を作ったり、人間の笑い顔、泣き顔を作っていくものであった。

　やる気を起こせばだれにでも出来る。この事を学生達自ら体験したのだと思う。

⑤ 花

⑥ 顔

10）第29回（1987年）

〈作品「ねんど」について〉

この回のヒットは、新しい教材の中の作品「ねんど」である。

図画工作の授業、幼稚園・保育園実習の体験から生まれて来た作品といえよう。子どもの心を上手に歌に表現し、舞台では身体表現とし、大きな夢を持たせた。

　　つくろうつくろう　なにつくろう

　　コロコロコロコロ　ころがして

　　なんでもかんでも　つくっちゃおう

　　「うわぁ　ながいな　ニョロニョロヘビだ」

　　できる　できる　なにができる

　　「これは　おだんご」

2番3番は「　」の中だけが変わる。

　　「できた　できた　かたつむり」

　　「かもつれっしゃだ　シュシュポッポ」

　　「うわぁ　かいじゅうができたあ」

　　「かいじゅうなんて　やっつけちゃえ

　　　エイー　キャー」

以下写真⑦⑧と振付図参照

⑦ ねんど1

⑧ ねんど2

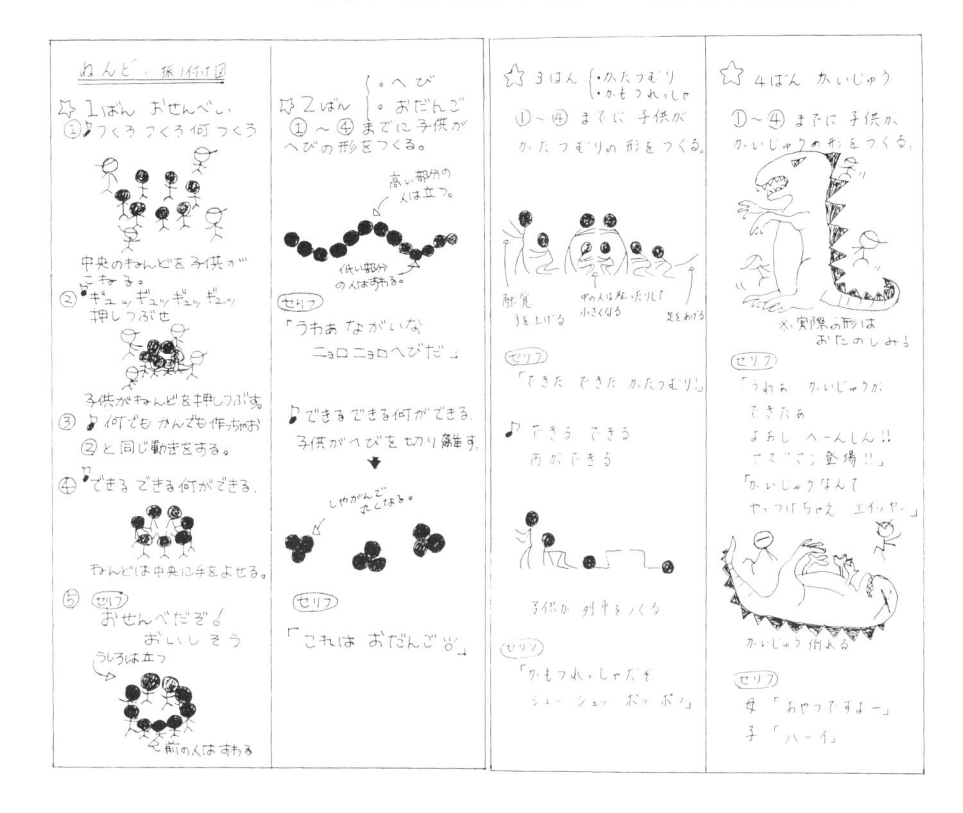

第6章 指導現場からみたダンス教育とは、過去を探る

11) 第30回（1988年）
〈保育の歴史を身体表現でつづる〉

第30回の特別記念として、大きなテーマを1年生2年生共通として持つこととした。

横浜市を対象とした保育の歴史の中で、どのように体育表現リズムが発展してきたかということ、そして今後どのようにしていくのが望ましいかということを研究目的とした。

1年生は横浜市の昔話を、2年生は保育の歴史をと決め、どのような教材を使用して来たか、資料蒐集と調査を7月から夏休みにかけて行なった。

何故こんな事をするのかといっていたリズム委員も、いつの間にか何

度も市役所に通い、その熱心な態度によい結果が出るのではと期待した。
　しかし、1年間でするにはテーマが大き過ぎたこと、調査段階を終え、身体表現の段階にまで進んで、あまりにも動かない学生の身体に対して、また「想像から創造への発展」の運び方についてどのように指導したらよいか、と進行中に私自身が自問することが度々あった。
　学生が集めた資料と発表内容を、以下プログラムからの抜粋と写真⑨〜⑫で紹介する。特に写真⑫は、その歴史の中に生きた先生が直接その場面に出演して話された記録である。

⑨ 明治の幼稚園

⑩ 兵隊ごっこ

⑪ ほとけの子

⑫ 戦時体験を語る

第6章　指導現場からみたダンス教育とは、過去を探る

～保育の歴史をふり返って～

明治時代

曲目「童蒙」「Let's play in the MEIJI」

年号	保育・教育	当時発表された曲
明治9年	＊東京女子師範学校付属幼稚園を開設、開園。	うさぎとかめ
明治12年 (1879)	＊文部省「教育令」制定。幼稚園を学校と区別する。これを機に全国各地で幼稚園が開設される。	うさぎ 浦島太郎 お正月
明治13年 (1880)	＊東京で私立桜井女学校付属幼稚園開設。（日本最初のキリスト教関係の幼稚園）	おつきさま きんたろう
明治14年 (1881)	＊文部省音楽取調掛編「小学唱歌集」刊行。（幼稚園でもこの本を使用する。）	木の葉 さくら
明治17年 (1884)	＊文部省、学齢未満の幼児の小学入学を禁じ、幼稚園の方法で保育すべき旨通達。	すずめのおやど 大こくさま
明治19年 (1886)	＊文部省「小学校令」を公布。義務教育の意味が明確になる。	ちょうちょう つき
明治20年 (1887)	＊音楽取調掛編集「幼稚園唱歌」刊行。 ＊アニー・ライアン・ハウ米国伝道会社婦人宣教師として来日。各地に幼稚園の設立が目立ってふえ、外国人宣教師によるキリスト教主義の幼稚園も各地にできはじめる。	人形 鳩ぽっぽ はなさかじじい 日の丸の旗 ひばり
明治23年 (1890)	＊「小学校令」を改正。規程は幼稚園に適用することとなる。	ひよこ 虫のこえ
明治30年 (1897)	＊「師範学校令」公布。地方における保母養成機関について規程。	むすんでひらいて 村祭
明治32年 (1899)	＊文部省「幼稚園保育乃設備規程」を制定。幼稚園に関する最初の単行法令。園児の年齢、保育時間、保母一人に対する幼児数、保育の要旨、保育項目、設備等を定める。	ももたろう 雪 ★ずいずいずっころばし
明治33年 (1900)	＊田村虎蔵、納所弁次郎「幼稚園唱歌集」刊行。（「桃太郎」「うさぎとかめ」などの言文一致唱歌）	
明治34年 (1901)	＊「幼稚園唱歌」刊行。（「水あそび」「鳩ぽっぽ」「お正月」など）	
明治41年 (1908)	＊内務省、全国の社会事業家を集め、第一回感化救済事業講習会を開く。幼稚園とは別種の保育機関、託児所が内務省により育てられる。	★…使用曲

研 究 目 的	研 究 経 過
＊1分隊＊ 明治時代には、幼児は家庭、また近隣の子供と遊ぶことによって、いろいろなことを学んだ。 その当時にうたわれたわらべうたを再現し、現代への流れを追求する。	明治時代の子供の遊びや服装を調べて、ずいずいずっころばしやチャンバラの中に、現代とは異なる歌の速さや言葉遊びを加え、一定の時間内に明治の子供達を表現するのに苦労している。 
＊2分隊＊ 子供の世界にも押寄せてきた新しい風。外国人の遊びと日本の伝統のうたをメドレーでつづり、比較研究する。	遊びの中にも、やはりリズム感の違い、または陰と陽の違いなどがあることがわかった。 

第6章　指導現場からみたダンス教育とは、過去を探る

大正時代
曲目「Crayon」「大正童謡全集」

年号	保育・教育	当時発表された曲
大正2年(1913)	＊フレーベル会「幼稚園保母養成」につき建議。コドモ社創業、木下平太郎、翌12月、日本最初の幼年雑誌「コドモ」創刊。	青い眼の人形 赤い靴 赤とんぼ
大正3年(1914)	＊月刊「子供之友」創刊。婦人之友社、羽仁もと子主宰。	あがり目さがり目 あめふり
大正4年	＊「大正幼年唱歌」刊行開始。日黒書店。	★兎のダンス
大正5年(1916)	＊東京玉成保母養成所の開始（フレーベル・モンテッソーリーの思想重視）。文部省、幼稚園保母講習会を開催。	兎の電報 ★おもちゃのマーチ
大正7年(1918)	＊内務省「救済事業調査会」設置。（乳幼児の保護施策が重要事項）。＊月刊「赤い鳥」第一次創刊ー赤い鳥社。「フレーベル会」の名称を「日本幼稚園協会」と変更。	肩たたき ★靴がなる ★証城寺の狸ばやし
大正8年(1919)	＊文部省、奈良女子高等師範学校に保母養成所を置く。	★流れ星 しゃぼん玉
大正9年(1920)	＊東京府に児童保護委員設置。野口雨情を中心に「東京童謡研究会」発足。東京本所に江東橋託児所開設。月刊「童謡」創刊-コドモ社。	黄金虫 十五夜お月さん ★雀のお宿
大正10年(1921)	＊文部省、幼稚園がいかなる保育主義をとっているか調査(フレーベル式-1位、フレーベル・モンテッソーリー両式-2位)。平安女学院高等科保育部開設（京都における最初の幼稚園教員養成機関）。	背くらべ 月の砂漠 ★てるてる坊主 ★雀の学校
大正11年(1922)	＊月刊「コドモノクニ」創刊ー東京社。日本童話協会設立（全国的に実演童話の会を組織）。	★どんぐりころころ
大正12年(1923)	＊関東大震災。文部省、東京女子高等師範附属幼稚園全焼。東京市の焼失幼稚園官立1、公立10(公立の約3分の1)私立33(約半数)焼失。	七つの子 噴水 ぶんぶんぶん
大正13年	＊文部省、「学校伝染病予防規程」を制定。	夕日
大正14年(1925)	＊東京保育協会結成。月刊「キング」創刊ー大日本雄弁会講談社。	★夕焼小焼 めいめい児山羊
大正15年(1926)	＊「幼稚園令」を公布。「幼稚園令施行規則」を制定（幼稚園は幼児を保育してその心身を健全に発達せしめ善良なる家庭教育を補う事を目的とする。幼稚園の保育項目は、遊戯唱歌、観察、談話、手技等とする）。	花嫁人形 ★…使用曲

研 究 目 的	研 究 経 過
＊1分隊＊ 現代使用されている玩具は、大正時代に外国から入ってきたものが主である。その中のクレヨンに着目し、当時の子供達がどのように興味を持ち、使いこなしていったかを表現したいと思い、とり上げた。	クレヨンは、保母によってどのように子供達の前に紹介されたか、また保育においては、導入の部分やそれに対する子供達の興味の移り変わり等の細かい表現を考えるのが難しかった。
＊2分隊＊ 大正時代には、「赤い鳥」などの童謡集が創刊され、その中で今日迄多くの子供達に歌われてきた童謡が数多くある。この時代の童謡がこの時代から何故ここまで受け継がれてきたかを、身体表現を通して今後の保育の中に取り入れていく為に考察する。	数多くある童謡の中から、私達が子供の頃から知っている「兎のダンス」と「証城寺の狸ばやし」を選曲し、幼稚園のお遊戯会という設定で踊る。 いかに子供らしくしながら、兎や狸を表現するのかが難しかった。

第6章 指導現場からみたダンス教育とは、過去を探る

昭和初期～戦後

曲目「暗闇の中の小さな光」「復興―ゼロからの出発―」

年号	保育・教育	当時発表された曲
昭和元年(1926)	＊幼稚園令における新保育項目の規定により、幼稚園は質的に発達段階にはいった。	まりと殿さま こいのぼり
昭和2年(1927)	＊農繁期託児所が、急速に増加。 ＊観察絵本「キンダーブック」創刊。	牧場の朝 でんしゃごっこ
昭和4年(1929)	＊日本仏教保育協会発足。 ＊今井けい、東京保母専門学校を開設。（現在の東京保母専修学校）。	うれしいひな祭 ふたあつ かもめの水兵さん
昭和10年(1935)	＊東京仏教保育協会中野保姆養成所の開設。（現在の宝仙短期大学）。	赤いぼうし白いぼうし
昭和12年(1937)	＊東京府私立幼稚園連盟結成。（のちの私立幼稚園協会）。	★きしゃポッポ なかよし小道
昭和16年	＊文部省、幼稚園令を改正。	海
昭和18年(1943)	＊戦時託児所設置規準定める。10年間で農繁託児所が全国で約5千箇所かち5万箇所に。	お馬 七夕さま
昭和19年(1944)	＊本土空襲が激化するに及んで、休園や廃園する幼稚園が多くなる。 ＊東京都、都立託児所集団疎開引揚下、野外保育はじめる。	たき火 かくれんぼ 森のこびと ★兵隊さんよありがとう
昭和20年(1945)	＊この年、空襲による焼失や疎開による撤去などで保育施設数激減。 ＊終戦（空襲による焼失や疎開による撤去などで保育施設数激減）。進駐軍上陸（厚木に）。 ＊浮浪児問題が起きる。青空保育や野外保育として保育が再開される。	★お山の杉のこ おつむてんてん かえるのふえ みかんの花咲く丘 おひなまつり
昭和21年(1946)	＊横浜市に中村愛児園が再建される。 ＊東京で保育園が再開される。	こぎつね ★とんがり帽子
昭和22(1947)	＊学校教育法、教育基本法が制定され、新しい幼稚園のスタート。 ＊児童福祉法が制定される。	★めだかの学校 かわいい魚屋さん 水鉄砲
昭和23年	＊保育所が全国で増加する。	ぞうさん
昭和24年	＊NHKのラジオ番組「歌のおばさん」登場。	とけいのうた
昭和25年(1950)	＊ベビーブーム到来。 ＊幼稚園への入園希望者激増のため、二部制保育、時差通園、日曜幼稚園などが行われ、幼稚園の数も激増する。	シャベルでほい おかあさん ことりのうた ★小さい秋みつけた
昭和27年	＊保育所保育指針が発行される。	
昭和30年	＊朝日放送の「ABCこどもの歌」が始まる。	
昭和31年(1956)	＊幼稚園教育要領が制定される。	★…使用曲

研 究 目 的	研 究 経 過
＊1分隊＊ 戦争という悲しい時代に流され、大切なものを失いつつある中で、保育者の子供を守ろうとする懸命な姿、そして子供達の暗い心をどのように音楽が救ってくれたかを考察し、表現する。	保母の内面的な正直な気持ちを身体で表現するのが難しい。 戦争という背景の中で暗さを出さないように苦労している、 
＊2分隊＊ 戦争によってすさんでしまった子供の心を童謡がどのように救ったか、また幼稚園や保育園が、どのようにして再建していったのかを知る。 	資料を集めていくうちに、青空保育でアコーディオンを持っていたのを知り、実際にアコーディオンで弾いた童謡の音色を聴いて、心をうたれてしまった。 自分達の親がこの頃の年代なので、実際にどんな生活だったのかなど、普段聞くことのない話を聞けた面もあった。

第6章　指導現場からみたダンス教育とは、過去を探る

現代―仏教保育とリトミック
曲目「ぼくもわたしもほとけのこ」「森のくまさん」

年号	保育・教育	当時発表された曲
昭和31年 (1956)	＊鶴見女子短期大学幼稚園教員養成所付属三松幼稚園開設。	赤い鳥小鳥 朝はどこから
昭和32年	＊「学校教育法施行規則」を改正。	あの子はだあれ
昭和36年	＊「幼稚園における給食の実施について」通達。	あめふりくまのこ
昭和38年	＊厚生省、初の「児童福祉白書」刊行。	サッちゃん
昭和39年 (1964)	＊文部省「幼稚園教育要領」改訂告示。 ＊総持寺保育園、総持寺開山600年記念事業として園舎を移転改築。	数子の歌 七夕まつり おなかのへるうた
昭和40年 (1965)	＊文部省、幼稚園幼児導要録の改訂について通達。 ＊厚生省児童家庭局「保育所保育指針」発刊。	おもちゃのチャチャチャ
昭和43年 (1968)	＊厚生省、保育所への入所措置の適正化について通知。	蛙の夜まわり たなばたさま
昭和44年 (1969)	＊社会法人全国私立保育園連盟成立。 ＊「保育年報」発刊。	花火 マーチングマーチ
昭和45年 (1970)	＊文部省、幼稚園設置基準の一部を改正する省令の制定について通達。	★おおきなたいこ
昭和46年	＊文部省、幼稚園設置基準の一部改正。	
昭和47年 (1972)	＊全国私立保育園連盟、保育総合研究委員会を設置。	
昭和48年	＊文部省、幼稚園教育振興計画要項について通達。	
昭和49年 (1974)	＊三松幼稚園、三松門わきから鐘桜堂わきの現在地へ移転。	★…使用曲

〔リトミックについて〕
　＊リトミックを生みだしたのは、音楽家のジャック＝ダルクローズである。
　　これは、音楽を構成するタクト(拍子感)を主にして、これを身体運動として手足の運動で表わし、タクトを通して正しく鋭いリズム感・運動神経等を高めようとするものである。
　＊ドイツの作曲家、オルフによる教育(「子どものための音楽」)は、オルフ・メソードとして、またハンガリーの民族音楽を教材にまとめた教育は、コダーイ・メソードとして広く世界の音楽教育に影響を与えている。
　＊日本では、国立音楽大学、故・小林宗作先生によって初めてリトミックが伝えられた。

研　究　目　的	研　究　経　過
＊1分隊＊ 鶴見大学とつながりのある三松幼稚園、また本山とつながりのある総持寺保育園の歴史的背景をふまえた上で、私達の生まれた頃から現在に至る幼児教育の様子を音楽を通して表現し、現代の流れをみる。 	三松幼稚園という限られたテーマの中で、時代の流れを現わし、その時代の決め手となる事柄を探すことに苦労している。
＊2分隊＊ リトミック教育についての理解と実践を目的とする。  	リトミックの時代的背景にふれ、戦後の保育の中での身体活動の移りかわりを考える。 

第 6 章　指導現場からみたダンス教育とは、過去を探る

〈新しい教材——「まる・さんかく・しかく」に見る成果——〉

　1 つのことに真剣に取り組むことは、他に与える面でもよい結果を得る。

　"まる・さんかく・しかく"は、ボール紙で作ったさんかくと、フラフープ、棒を使ってのいろいろな形を作るもので、造形展の影響が現われ、子どもの想像性を脹らませるものとなった。

⑬　まる・さんかく・しかく

⑭　まる・さんかく・しかく

⑮　まる・さんかく・しかく

⑯　まる・さんかく・しかく

263

12）第31回（1989年）
〈未来へ向って、昭和の保育をふり返る〉
前回に引き続き、この回では保育の歴史の中の音楽教育と遊びを中心とした。

障害児とかぎっ子問題を取り上げて、「翼をください」を作ったのもこの回であった。

1年生は、童謡の歴史を調べて、その中のものを取り上げたり、リトミック、わらべうたの教育理念を学び、身体表現とした。2年生は、遊び道具の変化を追求し、遊具がなくても、自分の身体で手をたたくこと、口笛を吹くこと、足を鳴らすことが出来、身体自体が楽器であることを発見している。

また、「1人ぼっち」という作品で取り上げているものに、新しい「幼稚園教育要領」が組み込まれており、自律と共存という、人間として生きていく上に最も大切な力として育つべき要素をとらえ、これからの保育は、子ども1人ひとりを統合的に教育していくと結んでいる。

〈合同作品のヒット〉

「翼を広げて」

学生達が作った台本である。最初にもって来た題材は、私の目的と違い大人のものであった。現在、保育の中で問題となっている点を取り上げて、その上で大人にも子どもにも観賞にたえるものという条件を基に、くりかえし台本の見直しをした。

「かぎっ子と障害児の心の触れ合いを表現する」をサブタイトルとし、暖かい子ども達により、障害児もかぎっ子も友達を作ることが出来るまでの過程として、ある時は孤独の悩み、ある時は機械との対話、そして心を広げていき、終末には観る人も中に溶けこませてしまう、保育科でなくては出来ない感動のあるものとなった。

13）第32回（1990年）
〈最後の発表会〉

　移行としてこの年は２年生だけの会となった。学生は内容を豊かにしたものを発表して、１年生が参加していないのが解らない程であった。

　特に「数あそび」は、数のかぞえ方を、子どもと一緒に、いろいろな買物を楽しくしながら覚える方法や、つみ木と人間をピラミッドに積み上げてかぞえ方の違いを表現していた。(写真⑰〜㉓)

　最後に造形として、１人では出来ないもの、みんなの協力で出来たものの写真を挙げておく。

⑰ 人間ピラミッド

⑱ つみ木のピラミッド

⑲ 協力により出来た造形

⑳ 協力によりできた造形

㉑ 協力によりできた造形

㉒ 協力により出来た造形

㉓ 協力により出来た造形

5　終りに

　歴史をふり返って見ると、賀来琢磨は、保育の根本となる精神を深く鶴見大学に残した。その精神を踏まえて、指導方法のいろいろを手がけて来たのが私だといえよう。

　毎回参加した学生は、初めは何も解らずに参加することに抵抗を感じる。しかし、どんな学生も当日の演技の後は「自分でも出来た、やれば出来る」という自信と感動で泣く。感動は明日へのエネルギーにつながる。

　この発表会は、保育科で学んだあらゆる教科の結晶が、身体の中から湧きでる力となり、表現された保育科学生の仕上げといえる。

　現在の2年生は全員で1つのことをすることがない。授業の中で行なったミニ表現会を終えた学生からの感想文には、ほとんどの学生が、実習前にこのように人前で何かすることが出来ればよかった、また、卒業前になって、初めて練習することにより友達との交流が出来て、学校に来ることが楽しくなった、といっている。

　何をしたらよいかわからない学生は、時間的余裕よりも、何かエネルギーを燃やすものを求めているのではないだろうか。知的理解は充分ありながら、その理解を行動の上に現わすことが出来ないでいる状態である。自ら体を使い表現している子ども達と遊べる保育者となってほしい。国際化し、多民族が一緒に生活する国となった現在、ことばでの交流は難しい。からだにことばを持つことが必要となる。

　今回の資料は、表現会のプログラムから得たものである。その会の都度にプログラムを作成したリズム委員であった学生達、そして作品を作った学生達の努力に感謝しながら、その時、その場を考えて、また再開されることを希望して今後も研究をしていきたい。

（初出：『鶴見大学紀要』第29号 第3部 保育・歯科衛生編、1992）

【2】ダンスの特性を教育の中にいかに実現するか

How to realize the Characteristic of Dance in Education ?

1　はじめに

　私たちを取り巻く社会環境は、インターネットの発達により、著しく変化をしている。日本国内のインターネット利用者数は、1000万人を越え、国民の10人に1人が利用していると言われている。インターネット利用者は、世界中のコンピュータに蓄積された情報を検索し閲覧することができる。コンピュータ画面から得た情報をあたかも自分が体験したかのように錯覚してしまう。生の経験のないものは、感動の心を無くしてしまい、感性が育たないのである。

　ある小学校で、空き教室を利用して郷土の過去の生活用具を展示し、昔の生活を勉強するコーナーを作ったことを紹介するニュースが放映された。その中で、手動で動かす道具に対して、子どもが「こんなの古い。今じゃ指一本で動いてしまう。」と指を振っていた。プッシュするだけの手の動きでいいのであろうか。私たち昭和世代は、「わらべうた」で外遊びを異年齢者とすることから、身体の全身運動や身のこなし方を学んだ。また隣近所と付き合う日常生活の中から、自然に人と人との付き合い、コミュニケーションを学んだ。コミュニケーションには、言語と同時に身体表現もある。言語も身体表現も、その時代の民族の生活文化の現れであり、時代とともに形は変化するが、心は変わらないのではないか。今、バブルがはじけ、経済生活の不安と著しい電子頭脳の発達は、大きな社会生活の変化となった。社会環境の変化の中で、無くしてはならないものがある。それぞれの国にその生活文化の特徴からの言語の伝統、身体の伝統がある。今、一部の若い人達の言語の乱れ、身体の動きの乱れを見るにつけ、欧米に目を向けがちな私たち日本人は、日本の伝統を見直し、それを大切にしたい。

なぜならば、母国に足をつけ、母語による身体の動きと感性が育った時点で、初めて異文化を吸収する力が出るからである。言語の乱れ、身体の動きの乱れが、心をむしばんでいると感じる。

　過去における混沌とした社会情勢の時代には、民衆の精神を支えたものに舞踊があった。原始時代の祈禱の踊りに始まり、鎌倉時代の世相に不安を持つ民衆は、一遍上人（1239-1289）が率いる「踊り念仏」に集まり、足音高く激しく踊ったという。また昭和後半の1980年代には、原宿の「竹の子族」のダンスが若者の心の発散の場であった。現在の社会情勢の不安をステージで踊っているダンスにも、ストリートダンスのテンポの早い激しいダンスにも、心の叫びを見ることができる。舞踊は常に時代の変遷に伴う社会的要求を見事に敏感に表現する。

　今、教育が見直される時に、ダンスのもつ特性がいかに教育の中に採り入れられてきたか、今後どのように採り入れて行くべきかについて、舞踊教育の歴史と自己の舞踊体験を交えて考察することにしたい。

2　統率力を利用した国家主義

　日本の教育の中に舞踊はどのような経過で入ってきたのであろうか。音楽教育については、1879年（明治12）の音楽取調所の活躍が歴史のうえに遺されており、欧米に追いつき追い越そうとする方針により、その精神がいまだに残っているといわれている。しかしそれが、西洋音楽一辺倒で、自分の国の音楽を大切にしない、勉強しないことへのいらだち、過ちであるという人達もいる。一方舞踊は、独立した教科として扱われることなく、1872年（明治５）に欧米をモデルとした学制頒布以後、学校体育の中の体育の一部として扱われ、それが現在にまで至っている。（他の国では、伝統舞踊がカリキュラムに採り入れられているところもある。）

　なぜ、音楽や絵画のように独立した教科にならなかったのか。
当時の日本人の体格や生活様式を、欧米のようにしたいという政府の考えが優先した。欧米の模倣第一主義となり、スエーデン体操の直線的な

ものを求め採り入れ、日本的なものは完全に排除された。文化人類学者の野村雅一は、『しぐさの世界：身体表現の民族学』で、

> 日本の伝統的姿勢は、腰をかがめ、あごをつきだし、四肢が折り曲がった姿であり、このような日本人の身体を体系的に改造しようという政策が、1886年（明治19）になって教育制度として実現した。やかましく姿勢を注意して、繰り返し整列させ隊列行進をさせる。この訓練を初等教育に組み入れた点で、明治政府による民衆の身体への介入ははるかに徹底したものだった。

と書いている。服装が着物から洋服へと変わり、履物も下駄から靴に変わっただけに終わらず、歩き方も訓練して変え、リズムの持つ統率力を利用した行進により訓練をしたものであった。これを初等教育に採り入れたことは、大人より素直な子どもの方が浸透が早いと考えてのことかと思う。スウェーデン体操や欧米のフォークダンスを採り入れたが、日本的なものは完全に排除され、「わらべうた」やそれに付随した遊戯等も消されてしまった。

3　唱歌遊戯のはじまり

愛知師範付属小学校長の伊沢修二（1851～1917）は、1875年（明治8）に文部省に対して「唱歌遊戯の採用」を建議している。「唱歌は精神に快楽を与へ、運動は肢体に爽快を与う。この二者は、教育上並び行われて偏廃すべからざるものとす。而して運動に数種あり、方今、体操を以て一般必行のものと定む。然れども年齢幼弱筋骨軟弱の幼生を激動せしむるは、其の害、少なからず、これ有名諸家の説なり、故に今小学校の教科に遊戯を設く。」の内容である。伊沢は1875年に文部省から音楽取調掛としてアメリカに派遣されている。その際にみたアメリカの小学校では、大人の俗謡を教えるのではなく、子ども向きの歌を用意して教育を行なっていた。ボストンの音楽教育者であるメイソンの教えを受けた伊沢は、帰国後日本では唱歌が教えられていない実情から、子ども向きの「唱歌遊戯」を提案した。「唱歌遊戯」の名称の始まりであり、簡単

な動きのついた「椿」「胡蝶」「ねずみ」がある。

また、『児童舞踊五十年史』には、

　舞踊が明治、大正、昭和の初期を通じて、終始学校体育の一部として、体操の補助的教材としての役割しか置かれなかった原因は、これらの時代の基本的、意志的鍛練的教材に、生理学的、解剖学的見地による教育思潮があり、心理学的、美学的見解を忘れていることにある。

と書かれている。舞踊という言葉に日本舞踊的なイメージがあり、「ことばに対してジェスチャー的な当て振り」「手先だけの動き」を嫌い、身体改造を目的とした大きな直線的動きに重点を置くと同時に、当時の国家の主義、主張を表したもので、個人の心理を自由に表現することができない時代であった。舞踊のもつ特性の1つである精神の快楽と身体の爽快を得る点と、リズムの持つ統率力を利用した国家統制の教育思潮であった。

4　陸軍と自由主義教育のはざまで

1913年（大正2）、文部省公布学校体操教授要目（小学校に関するもの）には、次のような教練という言葉がある。すなわち、「体操科の教材は体操教練及び遊戯とす。（中略）教練大体、歩兵操典に準拠するものとし、（以下略）」と。このような時代に、教育界全般に自由主義の主張が出てくるようになった。自由な思想を持つ子どもの教育に係わる民間の人々のなかからは、「子どもの生活感情を子どもの言葉でうたう」童謡運動がおこり、「赤い鳥運動」が始まっている。民間の舞踊家も同調し、童謡舞踊を盛んに発表していった。

2つの方向を持つ教育に対して、青山師範学校の教師である渋井二夫は、『体育ダンスの理論と実際』（1925年、大正14）に次のように書いている。

　体育ダンスが硬教育教材としてのみ陸軍戸山学校や各師団にとりいれられたのではない。もちろんまた、審美的、芸術的教材として高師付属や各小学校に実施されたのでもあるまい。本教材は都市村落の別

なく小学校の体育教材として必要欠くべからざるものである。思うに父型たる直線的体操の欠陥を補うには母型たる曲線的体操の存在せざるべからざるものである。しかるに現在体育会の一部には全く直線的体操あるを知りて曲線的あるを知らざる人あるを知る。

そしてとかく硬く片寄りがちな体育のなかで、女子に対する体育について考え、母性の大切さを取り上げている。また率先して体育研究会を組織して講習会をひらいていた。「赤い鳥運動」の影響もあり、音楽家と舞踊家が協力して子どもの心を歌った童謡舞踊であったが、これに対して当局からは、歌や曲がセンチメンタルであり、子どもの心を傷つけるとの理由で弾圧が加えられた。文部省検定済みのものでないと使用できないことから一時は衰えたが、関東大震災復興後に国民の志気を燃え上がらせるために、講習会が盛んに開かれるにいたった。

5　戦時体制の舞踊教育

1935年（昭和10）の「文部省体操要目」の改正は、教材に対しての弾圧が厳しいものとなった。統制主義的傾向がしだいに強くなる中で、東京女子高等師範学校助教授の戸倉ハル（1915〜1968）は、「学校体操教授要目」作成委員として活躍し、「愛国行進曲」（1938年、昭和13）の振り付けをしている。この曲は、1937年に「国民精神総動員実施要綱」を政府が決定し、文化統制を積極的に勧めた内閣情報部の公募作品であり、内務大臣が「国家的見地」から普及の重要性を強調したものであった。

　　「愛国行進曲」（森川幸雄作詞　瀬戸口藤吉作曲）
　　見よ東海の空明けて　　旭日高く輝けば
　　天地の正気撥剌と　　希望は躍る大八州（おおやしま）
　　おお　清朗の朝雲に
　　そびゆる富士の姿こそ、金甌無欠揺るぎなき（きんおう）
　　我日本の誇りなり

戸倉が解説として書いている詩の大意の中には、「国民精神もって（中略）我らはただひとすじに正義を以てし、悠久二千有余の遠うき昔から

第6章　指導現場からみたダンス教育とは、過去を探る

継承しきたこの歩調をいよいよ高らかにとどろかしつつ、悠々堂々と進もう」という言葉があり、動作の解説では、「直線的に行う部分と曲線的部分があり、直線的のところは明るく力強さを表わし、曲線的部分は柔らかく、美しさを表わしたものであるが、全体を通じて元気に躍動的に行うことがのぞましい」とある。当局側にいた戸倉は、軍国主義の中でいかに美的に表現していくかを苦労して考えていたと思われる。

　1941年（昭和16）大東亜戦争の勃発した年に、「国民学校令及び同執行規則」が公布され、錬成主義をモットーとした戦時体制教育に切り換えられた。体操科は体錬科となり、武道と体操となった。

　「要目」の中の英語は全廃され、すべて日本名に改められた。ワルツを3拍子、ホップを片足跳歩、ツーステップを後置歩、スキップを一拍跳歩等に改定された。この「要目」では、動きにも規制があり、一は両手横、二は上、三は斜め上、四は斜め下、五は直立と制定されていた。当時印牧季雄（1897～1983）と賀来琢磨（1906～1975）の児童舞踊家達は、当局に呼び出され、許可を得て振り付けをしていたことが、『児童舞踊五十年史』に記録されている。

　1941年（昭和16）に小学校に入学した幼い私は、父賀来琢磨が幼稚園や小学校で使用する教材の振り付けの許可を受けに行くのに、何もしらずにモデルとして連れられて、幾度か検閲に行った。当局である軍人が壇の上で足を広げ椅子に座り、両肘をはり両手でサーベルを握って押さえている前で、見降ろされながら踊った。幼い私であったが、この時の印象は怖いということで、いまだに忘れられないものがある。「兵隊さんありがとう」（橋本善三郎作詞　佐々木すぐる作曲）、「お百性さん」（作詞作曲不詳）、そして慰問にいくための「麦と兵隊」(藤田まさと作詞　大村能章作曲)などであった。「お百姓さん」の歌の振り付けには、鍬をもち、モンペをはいて、土掘り動作をし、そして右足をたて膝にして中腰となり、手のひらを上にして両手を捧げ頭をさげるポーズがある。このポーズはさまざまな曲の振りにでてくる。同じように鉄砲をもったもの、挙手も多い。兵隊さんのものまねであった。

当時、私は小さいながら、「同じような動きばかりでつまらないな」と言って父に叱られたことがあった。軍による制限された動きの中で振り付けをすることは苦労であり、同じような振り付けとなったのは仕方のないことだった、と大人になって知った。
　忘れられないものに「少国民進軍歌」がある。
　第二次大戦が激しくなった1947年（昭和17）に、挙国一致の名のもとに、あらゆる文化の統制が内閣情報局によりなされた。ソーシャルダンスなどは禁止された。当時軍の政策のもとに作られた歌が「少国民進軍歌」であり、その時のことが『児童舞踊50年史』には、「少国民進軍歌の舞踊（高学年向き印牧季雄、低学年向き賀来琢磨）が、商品の何もない銀座三越において検定を受けた」と書かれている。検定のモデルとして踊るためにつれられていった私と友達は、大人たちの緊張した会議中であったことも知らずに、待ち時間に何もない商品ケースの間を走りまわり、かくれんぼをしたことが記憶にある。子どもはどんな環境におかれても、その場に合った遊びを見つけて遊ぶことができる。

　「少国民進軍歌」（軍事保護院作詞　佐々木すぐる作曲）
　　轟く轟く足音は
　　お国の為に傷ついた
　　勇士を守り僕たちが
　　共栄圏の友といく
　　揃う歩調だ　揃う歩調だ　足音だ

　検定後この踊りの披露が宝塚劇場で行われ、講習会をして全国に普及された。今でもこの踊りは忘れることなく踊れる。歩調を高くとり、直線的踊りを、子どもにとってリズムに合わせて動くことが楽しいからと踊っていたのではないと思う。「舞踊はその時その時の社会環境を現す」の言葉の通り踊ってきたといえる。近ごろ世界ニュースでみる子どもが無邪気に踊る姿に、幼い時の自分を重ねることがある。舞踊がもつ精神統一性やカリスマ的要素を間違いのないように使ってほしいと思う。昭和15年から20年にかけての戦時中の記録資料は、なかなか目にすること

第6章　指導現場からみたダンス教育とは、過去を探る

がない。自分の体験したことを書き残すことが大切ではないかと思う。

6　戦後教育とフォークダンス

　戦後教育は、連合軍司令部（GHQ）による教育であった。

　軍国主義的なもの、超国家主義的なもの、神道に関係あるものは排除され、教科書の部分部分を黒く塗りつぶすことが小学校で行われ、5年生の私は戸惑いながら勉強した。体育も「終戦に伴う体練教授要項取扱に関する件」（1945年、昭和20）の国民学校の部には、教授要旨、教授方針、教授上の注意に関して、「終戦に伴う趣旨に基き、新事態に即応すること」とあり、廃止するものに、歩調を取り歩くことや、軍隊あそび、剣道、柔道、薙刀があった。GHQは、戦後の日本の教育において、日本人の精神の切り替えを求めた。一方で、日本人の気持ちを明るく高揚し、復興に意欲を持つように、ダンスを利用した。アメリカ文化が多く入り、一般社会でもソーシャルダンスが盛んに行われ、アメリカのW.P.ニブロらによる指導があり、学校の中でも再びフォークダンスが踊られるようになった。日本の盆踊りも復活してきたが、その時、GHQの声がかりにより、新しく「平和音頭」（サトウハチロー作詞　細川潤一作曲　賀来琢磨振付）ができ、そのための指導員を養成し、全国に普及した。ここでも社会教育としてのダンスの持つ要素が使われている。

　フォークダンスは戦後のものといわれているが、第二次世界大戦中は軍の規制があり、欧米のものであるフォークダンスは踊ることができなかった。しかし日本の舞踊教育初期（明治時代）に、大きな影響を与えたものが欧米のフォークダンスであった。1872年（明治5）の学制頒布以来、欧米文化に傾倒した学校教育は、外国からフォークダンスを採り入れたことにより、学校舞踊の教材は大改革を遂げた。作舞上の内容、形式、そして日本人の歩き方と違うステップは大きな刺激となり、舞踊に対する見方が変わり、視野が広くなった。唱歌遊戯が歌詞に合わせて物まねした当て振りであるのに対して、外国から入ってきたダンスは、リズムに乗り、動きも跳躍、旋回があり、リズムが3拍子、6拍子で華

やかなものであり、ステップの種類も多く、体の動きが大きく楽しいものであり、学校教育だけでなく社交界にも広がった。

この普及に寄与した人々に、坪井玄道（1852〜1922）、井口あぐり（1870〜1931）がいる。

平成元年に公示された学習指導要領には、フォークダンス指導が従来より充実されたことで、日本フォークダンス連盟は『学校フォークダンス指導のてびき』（大修館書店）を出版している。

フォークダンスは、地域社会に生活する人びとによって伝えられたもので、誰でもが参加できる。国際交流が盛んとなった現在、私たちは世界の色々な国のフォークダンスを踊ることができる。それぞれの国の伝統文化を楽しく踊ることは、お互いの理解に繋がる。『てびき』には、「楽しく踊るだけではなく、楽しさの中にも厳しさも必要である。また、他人に迷惑をかけずに、楽しく踊るためには、マナーを忘れてはならない。」とある。具体的には、以下のように示されている。

①時間を守る。
②相手を楽しませ、自分も楽しむ。
③清潔な服装、感じのよい態度。
④初心者に特に親切にする。
⑤誘われたら気持ち良く輪の中にはいる。
⑥踊りの最中に抜けださない。
⑦挨拶と拍手は忘れない。
⑧指導者の指示には、しっかり耳を傾ける。
⑨個人指導はひかえる。
⑩後始末は全員でする。

この『てびき』には、現在の学校教育の荒れた時に必要なことが書かれている。

7 「わらべうた」のうごきと身体表現

　「わらべうた」による教育方法は、世界のそれぞれの国にある。
　明治時代に伊沢は、日本の「わらべうた」を歌詞が大人の世界を比喩したものが多いことから体操からはずした。「かごめ、かごめ」は遊郭に閉じ込められた女性を表わしたものという説もある。しかし、ルソーやペスタロッチの思想を留学によって学んだ伊沢は、「唱歌遊戯」としている。唱歌と一緒に身体を使って遊ぶことは、子どもから自然に出た「わらべうた」ではない。「わらべうた」が子どもの成長にいかによい影響を与えているかを考察して、大人により作られたのが「唱歌遊戯」である。ルソーは、「自然に従え」「すべての国民の音楽はその国民の言語と同じ性質をもっている」といい、またコダーイは、子どもを母国語の民族音楽に親しませ、子どもの内面を豊かにした人間形成を考えている。
　東西国は違っても、子どもの遊びには同じようなものがある。ブリューゲルの遊びの絵の中に、日本のお手玉遊びと同じような動きが描かれている。マザーグースにも「ひらいたひらいた」と同じように遊ぶ「ばらのまわりを」があるが、リズムの取り方に違いがある。リズムの取り方はその国の母国語によるもので、母国語で身体を動かすことは身体の流れに無理がない。「わらべうた」の遊びには、自然に歩く、跳ぶ、くぐる、ねじる、つかむ、投げる等身体の機能を十分にいかすものがあり、子ども同士の遊びから人間関係も自然に覚える。しかし、現在の子どもたちは、「わらべうた」の遊びだけではなく、外で自然に遊ぶことも少ない。ゲームあそび、外あそびも、テーマパーク、スポーツ等、用意された遊びから自分の嗜好に合うものだけを選んで遊ぶ。子育てをする親の嗜好や、小さい時からみているテレビの影響による、子ども自身の嗜好に合わせた片寄った遊びとなっている。平成10年の体育の日に、文部省から発表された体力の測定によると、身体の柔軟性に衰えがあることが読める。自分の嗜好ばかりで身体を動かすのではなく、身体の機能を十分に使えるように訓練をすることが大切である。

8 おわりに

　現在は自由に表現をすることができる時代になった。明治時代から歴史を振り返って見ると、統制、自由の両極端の繰り返しのように思う。自由には基礎があり、基礎の上で初めて自由は謳歌される。日本の教育には立派な『花伝書』があるとして外国人は日本の文化を研究する。『花伝書』には、今、私たちの文化発達へのとまどいや迷いに対して、示唆を与えてくれる言葉がある。日本の伝統の文化に含まれた教育の良さを大切にしていきたい。コミュニケーション、身体発育、マナー、そして感性を磨く舞踊のもつ特性を、片寄りなく、東洋の言葉である中庸を心として、今後も身体のうごきを研究していきたい。

参考文献
1．野村雅一『しぐさの世界：身体表現の民俗学』(1983) 日本放送出版協会
2．全日本児童舞踊家連盟編『児童舞踊五十年史』(1958) 全音楽譜出版社
3．文部省『文部省行政資料第1集（復刻版）』(1997) 図書刊行会
4．幼少年教育研究所編『幼稚園事典』(1994) 鈴木出版
5．川崎 洋『日本の遊び歌』(1994) 新潮社
6．長田暁二編『日本軍歌全集』(1976) 音楽の友社
7．日本フォークダンス連盟編『学校フォークダシス 指導のてびき』(1990) 大修館書店
8．木坂俊平『関西の童謡運動史』(1987) 木坂俊平遺稿刊行会
9．渋井二夫『体育ダンスの 理論と実際』(1925) 教育社

　　　　　　　　　　（初出：『鶴見大学紀要』第36号 第3部 保育・歯科衛生編、1999）

第6章　指導現場からみたダンス教育とは、過去を探る

【3】遊戯の歴史からみた身体の変化

The Changes of the Body from the Viewpoint of the History of the Play

1　序論

　保育士養成校に勤めて30年間、この国の社会情勢の変化は著しいものがある。高度成長時代を経て、メディアの発達、少子化、不況など、その時代、時代の学生の育った環境の変化を授業の中で見てきた。

　特に身体を使う授業では、身体の動きの変化に気付く。と同時に、保育者として、このまま幼児と一緒に遊ぶことが出来るのかと疑問を持つ。1980年時代の学生は、休み時間でも体育館で寝転んだ姿はなかった。しかし、現在では、だらしなく寝ている姿がある。2004年入学者は、きちんと立っていない、すぐにしゃがむ身体、無表情、コミュニケーションがとれない、等の特徴を持ち、携帯、インターネット時代の学生であるから、メディアでの交流は出来るが、実際は孤立した行動をとる。

　子どもと向かい合わなければならない立場である保育士を志す人達であるにもかかわらず、コミュニケーションが旨くいかず、心を閉ざして悩む学生もいる。人間として生きるための心と身体の基本の育ちがない学生に、とまどいを感じた。このままこの学生が保育士となることが出来るのか、次世代の子どもを育てることが出来るのか、と不安に思う。心、技、体のこころを知ってほしい。

　このような状態を感じていた時に、『身体感覚を取り戻す』と題する齋藤孝の著作に出会った。自己の存在感の希薄化の問題をとりあげ、日本の言葉を使い、生活の動作を研究されたものであった。私自身が問題として悩んでいる、足、腰、歩き方等の見解に同意するものがあった。肉体の衰えと感性の衰えをどのようにして取り戻させるべきか、どのようにしていくべきかを改めて考えた。2003年には、授業の方法を身体づくりから始めることにした。実際に授業を開始してみた結果、かつては日常生活の中で培われた親子のコミュニケーションである遊びを知らな

カリキュラムの中での遊戯の意味の変遷

明治12年	1979年	
明治32年	1899年	幼稚園保育及び設備規定
大正15年	1926年	「幼稚園令」遊戯
昭和20年	1945年	戦時教育令
昭和22年	1947年	学校教育法　第77条
昭和23年	1948年	「保育要領　リズム」
昭和31年	1956年	「幼稚園教育要領　音楽リズム」
平成元年	1989年	「幼稚園教育要領　表現」

い。自然体で立つと踵に体重がかかり、後ろへ倒れそうで腰に余分な負担をかけている。1980年代後半生れの学生の生い立ちをみると、乳児時代に祖父母や親等、家族で生活し、遊び戯れて育てるべき身体づくりが、社会情勢の変化により欠落してしまっている。更にカリキュラムの変化の影響もあるのではないか。1989年の幼稚園教育要領、保育指針の改正の年に、幼稚園、保育園に在園していたのが現在の大学生である。この年からカリキュラムは5領域となった、

　そこで改めて原点に立ちかえり、以下「2. かつて家族で培われた遊戯とは」で遊戯の原点を考え、「3. 明治期、幼稚園創設の頃の遊戯について」で倉橋惣三らのことば等を考察し、「4. 現代に生きる土川五郎の遊戯の思想」で土川五郎の遊戯観を考察し、「5. リズム―音楽リズム―動きのリズム」で遊戯に代わるリズムを取り上げ、「6. 身体表現とは、身体作りの実践」で身体表現の意義を追求し、それ等遊戯についての先達の意見に学びつつ、時代に沿った遊戯のあり方を考察する。

2　かつて家族で培われた遊戯とは

　戦後10年、昭和30年代から、それまで親子3代が一緒に生活をしていた家族の形が崩れて、核家族となった。核家族になり、祖父母、両親、子に受け継がれ教えられて来たそれぞれの家族が持つ生活の伝統は、核家族が増えるたびに失われてきた。昭和30年代（1955～1964年）の子育

てには、欧米化する生活が好まれるようになった。そこで育てられた子どもが親となり、次世代の子育てが始まり、年代が進むと同時に社会情勢はメディアの時代、機械文明の時代となった。著しく変化する社会は、不況、女性の就労、少子化となり、子育ての変化、子どものあそびの変化とますます伝統の子育てが失われていった。

　子どもの遊びは、生活そのものであり、生きる力である。毎日の日常生活からあそびが生まれ、知恵もついて行く。

　かつては町中で見られた子どもをおぶい紐でおんぶしていた母親の姿は、今や見ることはできない。ベビーカーに乗せて電車に乗り、自分は本を読んでいる母親をみた。新幹線の中で長時間幼児が泣き叫んでいた。母親は幼児を抱いて立ち上がり、幼児を上下に揺すり通路を歩き回っていた。あまりにも長い時間の泣き声に、周りの人達は怒りをみせていた。手に負えない母親は父親に幼児を渡した。父親は幼児を自分の胸にぴったりとつけて抱きしめた。幼児は安心したのか静かになった。小さい幼児であるが感性は育っている。抱き方ひとつでも、愛情ある抱き方と義務で抱くことの違いを感じている。母親との肌の接触がないのではないかとみえる。保育士は、早くから子どもを保育園に預ける母親は、子どもが育つひとつひとつの事柄、初めて立てた、初めて一歩歩いた等を保育士からの報告で知るだけとなり、子育ての生の感動が薄いのではないか、という。

　「あんよはおじょうず、おころびおへた」のわらべうたを、子どもを囲む家族が歌い、拍手をし、リズムをとって歩きを介助してきた姿が見られることは少なくなった。

　子どもの育ちに必要なのは、養育者のゆとりある愛の言葉である。子どもの行動に声をかけ、目をかけて笑顔で接する。このことを頭では理解をしていながら、専業主婦も働く母親もゆとりのない生活をしている。

　ゆとりのない親には、子どもにやさしいことばかけができないのではないかと考える。核家族でよいのか。家族の愛、母親との絆はと考える。

　まだ言葉を話さない乳児は、身体で自分の意志を表わす。そのまだ小さなうごきに母親が気付き、応答することが先々の感性を育てる元とな

る。身体を動かしながら何か言葉をしゃべり、一人遊びをするようになる。身体の動きから言葉を発する。母親と向かい合い、「おつむてんてん」「ちょち、ちょち、あばば」等をすることがある。祖父母の時代から子どもの遊びとして受け継がれたものであったが、今の母親には通じないもので、子どもの頭をたたいて「こつん、こつん」といっているのをみた。伝統の子守唄も聞くことが少なくなり、子守唄で優しく子どもの身体をリズムよく叩くこともなく、親子をつなぐことによって情緒が育つことも失われた。

　おばあさんから習った歌を歌ってくれる子どももいる。その子どもたちは、歌うと同時におばあさんの知恵が多く含まれた手遊びや道具をつくる方法を学んでいる。

　伝統の遊びは手作りのものであった。何もなくとも、また紙一枚でも子どもはあそぶことができる。しかし現代の家でのあそびは、大人が考えた機械化されたゲームが主となっている。外遊びは、商業化されたテーマパークに行くことになっている。子ども自身が考えてあそぶことを取り上げているのではないかと思う。遊戯（舞踊）は大人の作るもの、子どものものではないと言われてきたが、日常生活のあそびこそ自然のものであり、それを大切にしていきたい。

　よりよい人間社会を維持するには、先行世代から次世代へと日常生活の中で人々の間に継承されてきた価値や習慣を、次世代へ伝達していくことが大切なのである。

3　明治期、幼稚園創設の頃の遊戯について

　1879年、日本の幼児教育が、東京女子師範学校附属幼稚園の設立によって本格的に始まった。当初の保育内容は、物品科、美麗科、知識科という3科目のもとに25項目が並び、遊戯は「唱歌遊戯」としてその最後に加えられているにすぎなかった。

　1899年（明治32）の幼稚園保育及設備規程の中に、「遊戯」の概念が東基吉によって書かれてあった。その教育的意義を明確にすることが必

要とされ、研究者に赤間雅彦等が出た。遊戯とは何か、赤間は遊戯の本質を整理して、勢力の過剰、休養、自然現象、心理的現象、社会現象として考察している。教育と遊戯については、遊戯は教育の中でも幼児教育において最も必要なものとして、全ての教育を遊戯的に行うべきとする人もいる。児童教育上、重大なことで、ソクラテスの時代から遊戯は必要なことと認められており、いかにその教育方法を広めるかが唱えられている。フレーベルに至ってはその方法を大成している。

　倉橋惣三は、幼児舞踊のことばとして、次の4つの項目によって示している。

①幼児の舞踊は原始芸術であり、純生命の芸術といえる。
　　幼児の舞踊は、全生活的で、自然で、自由なものでなくてはならない。
②野の舞踊とは、筋肉の開放のものであり、技巧的なものではない。
③芸術家の舞踊とは違う。幼児はハーモニーよりリズムを好む。
④幼児の舞踊は要するに簡素、簡単、形は自由、味は野趣、優美よりも潑刺、技巧よりも自然でありたい。そういうものということでなく、そうありたい。

(1) 石井漠の意見

　「リズムに調和した運動がどれほど人を快活に優美にすることが出来るか、その本質を忘れてはならない。指導は自然を模倣することから始めることである。内面を引き出すには、自然現象における自然の動きを通して、子どもに動きのリズムに対する目を開くことを気付かせることが大切である。」(『子供の舞踊』より)

　実際に子どもを指導するにあたり、イサドラ・ダンカンは、自然の波から動きを、静・動・柔軟性を学ぶようにした。いま、学生には、教室の窓から見える大きな木の動き、根本、そして枝の先の動きを模倣して表現することをさせている。しかしながら、学生の身体は自然に動かない。石井が言っている、「自分の意志通りには身体は動かない。人間の運動には、運動法がある。」と。能率的に動かすにはどうしたらよいのか。

機能を充分に働かせる年齢や発達状態に合わせた無理のない練習も必要である。充分に機能を働かせることが出来て、はじめて動く楽しさ、表現力を増やす誘導となり、内面を引き出すことが出来るのである。

(2) 桧健次の意見

　「教育方法の名目は変わっても、教育というものが文化財を通じて相働きかける教児の心の融合であり、与えようとする心、受け入れようとする心、伸びようとする心、育てようとする心、その心の中から何かを導き出そうとする心、心と心の接触から飛び散る火花、それを私の教育活動で主張している。」
そして、遊戯を通じての教育については、次のようにいっている。

　「踊る時、歌う時、最も純粋な心の状態を維持する。この状態における指導者の心の反映は、最も敏感に児童の心に響く。あたかも拭き清められた鏡が、あるがままの姿を鮮明に反映するのに等しい。それだけ指導者は純一な心をもって、正しい児童観による人格陶冶が行われねばならない。純一な心と純一な人格との融合点を容易に見出すことによって、児童教育は更に教育的意義を深めるであろう。」(『舞踊論ノート』より)

　倉橋、石井、桧が述べた遊戯(児童舞踊)への考えは共通である。現在(2004年)の学生への指導に対して示唆するものが多くある。

　特に石井が述べている通り、自分の意志どおりには身体が動かない。能率的に動くにはどのようにしたらいいのかを研究して、子どもに説明するということが、現在の身体の動かない学生に対して必要なことと考える。自由に遊ばせることだけでは自分の好む動きだけとなり、全身の機能を充分に働かせることにはならない。

　現在、幼児教育においては、教えるということばがないのではないか。援助ということばに代わり、学生の中には、「教えてはいけないのですか」という質問をする者がいる。1989年の幼稚園教育要領は、幼稚園教育の基本として、幼児の主体的な活動の重視、遊びを通しての総合的な

第6章　指導現場からみたダンス教育とは、過去を探る

指導、1人ひとりの特性に応じた指導と、3つの指導に重点をおいている。幼児の主体性を重視するあまり、自由とわがままをはき違えていることが、幼児の発達に悪い影響となっているのではないかと思う。

　指導の方法に対して、今も生きる土川五郎の指導内容を次に考察する。

4　現代に生きる土川五郎の遊戯の思想

　土川五郎（1872～1947）は、明治から大正、昭和にかけて子どもの遊戯を理論づけ、律動舞踊、表現遊戯を考案して活躍した。明治時代の幼児の興味を無視した大人本位の動作であったのに対して、土川は、生理学、心理学、あらゆる分野の基礎を学んだ。その基礎をもとに、どのような遊戯を子どもに与えるか、どのように扱うかを考察して、小学校で実践をしていた。

　なぜ、いま土川の理論を取り上げるのか。私自身が現在の子どもの指導に対して悩み、工夫したことが、土川の律動遊戯、表現遊戯の理論にあった。

　律動運動は、子どもの生活リズムに合わせて身体の各部分をまんべんなく意識して動かすことを求めた振り付けであった。幼児が自由に動かす運動に任せていては、均整のとれた発達は得られないという。

　現在の学生たち、子どもたちは、生まれながら持っている身体の動き、機能を十分に使えずに、ぎこちない動きをしている。肩の関節の動き、膝の動き、身体のひねりなど、身体を動かすことを習っていない。

　2003年に幼児教育のDVDを製作するにあたり、振り付けの説明と同時に、身体の部分、部分の動きに注意するように解説した。私たちが自然に育ったことが、今の子どもたちにはない。ただ形だけを追う動きでは、子どもたちの身体は育たない。保育者自身が身体を意識し、動くことから学ぶべきことを問う、まさに土川のことばである。

　表現遊戯について土川は、「間」の取り方により表現が変わるという。日本と西洋の違いを拍子からと指摘している。農耕民族の日本の文化と騎馬民族の国の文化は、動作に現れ、1、で重心が下に降りる日本と、1、で上に飛び上がる騎馬民族のリズムのとり方がある。現在はメディアの

発達により異文化交流が激しく、若い人々のリズムのとり方は変化しているようにも見えるが、身体の動きは日本的である。学生も子ども達もディズニーの白雪姫のCD（アメリカで製作されたもの）を使って歩いてもらうと、そのリズムにはのれない。一般の人々だからリズムを取れないと思われるが、ダンスの専門家でも取れない人がいる。西洋文化と日本文化の「間」のとり方の違いは、母国語の呼吸にある。現代の大人も子どもも、言葉の乱れ、呼吸の乱れが動きに現れて、地に足がつかない、こころの不安定な人間を作る元となっているのではないだろうか。

土川は、「外国の長をとって、生理的、心理的考察を加え、世界共通の上に、国民性を織り込む事が大切である。子どもの遊戯は、子どもの遊戯でなくてはならない。子どもの心理、子どもの表情が基礎となって、子どもの生活化し、子どもの喜びとなる」と述べている。これらのことを今一度見直すときが来ていると考える。

5　リズム―音楽リズム―動きのリズム

1926年（大正15）年の「幼稚園令」による保育5項目の中の「遊戯」は、1948年（昭和23）の「保育要領」からはなくなった。「遊戯」に代わって「リズム」となった。何故、遊戯が音楽リズムとなったのか、その疑問に答える文章が、『児童舞踊100年史』にあった。この中に、当時の文部省青少年教育課長の坂元孝太郎が、幼児教育の構造で述べた文章がある。その主旨を見ると、「そのうちでも、とくに幼児にとって遊びは一番大切な活動である。奥深く生きる力を与え、心と体を一つにする律動的動き、遊戯は、我が国の保育界では重要視されてきた。しかし実際は大人が作った踊りであり、たましいのない『おゆうぎ』であり、『おどり』のまねではないか」といっている。そして、この幼児の活動を何と呼ぶか、そこから「リズム」ということばが出てきた。このたましいのないといわれる元となる事は、軍国主義の昭和の規制された動きに続き、この当時（昭和23年）は戦後の混乱の時期で、GHQの指導があったこともその1つであると思う。

この「リズム」という名称は、多様化した「遊戯」を1つにしたもの

であり、遊戯から出たものであるから、「動きのリズム」の意味が強いと考える。「動きのリズム」について、賀来琢磨は次のように言っている。
「幼児がリズムを体得するのは、単に耳や口、手足からではない。全身の運動においてのみ、確実にリズムをつかむことができる。静止して聞くことや歌うことでは、真のリズム感を感得することはできない。音楽リズムの中に、宿かりしているような動きのリズムであってはならない。動きのリズムを通じ、身体の基本的リズム訓練を経てこそ、音楽リズムのいうところのリズムも感得できるというものである。創作という言葉は教師にとって非常に便利な言葉である。しかし、創作指導ということは、子どもに任せっぱなしということではない。動きのリズム指導は全身で踊るという熱意がある態度からでなくてはできない。教師自身が専門家の実態に触れ、それらの作品を研究していかなければならない。既製品は模倣になるからだめだということではなくて、その出来上がる過程を大事にして、模倣から基礎を学び発展に導きたいと思う。」（賀来琢磨「鶴見短期大学講義ノート」より）
この動きのリズムが身体表現へと発展したものである。
土川五郎が唱歌遊戯・律動遊戯、小林宗作がリトミック、自由芸術教育から生まれた童謡舞踊、NHKではリズム遊び、これらが混乱していることから「リズム」ということに統一された。この「リズム」の中には動くことが入っていた。しかし、1956年（昭和31）の幼稚園教育要領で「リズム」の上に音楽が頭につき、「音楽リズム」となったことで、動きが少なくなってきてしまったのではないか。そのことを賀来は力説している。
音楽は身体で奏でるものであるという世界的ピアニストのことばがある。身体表現（ダンス）について、ある保育者がレコードに合わせて身体を動かすだけではないかと言った。長い歴史の中では、軍国主義のために、またGHQの声もあり、レコード童謡が盛んな時期もあった。戸倉ハル等はその中で情緒をいかに出すかと苦労している。しかし、根底に流れる「遊戯」の思想は無視できない。ここまでにそれぞれに書かれていることを理解し、指導できる保育士を育てるよう努力していかなけ

ればならない。

6 　身体表現とは、身体作りの実践

　身体表現とは何か、子どもを主体とした保育を目的としていると言われているが、1人ひとりの個性を大切に伸ばすこと、そこには、援助する保育者の視点、保育者の人柄により、大きな差が出てくるように思う。

　保育者はそこに子どもが表現したものから、その子どもの背景を読み取ることが出来る。平常の生活で遊んでいるときは見えないものもある。A子（6才）は活発に動くが疲れが早い。足を見ると、右足はひどい内股で転びやすく、早く行動が出来ないため、大きな声でリーダー的な役割をしていることがある。転びやすいことを母親も気にしていた。B子（5才）は生まれた時から歩くことが少なく、幼稚園の通園も自家用車での送り迎えであった。身長は標準より高いが、言葉がはっきりせず、腰が出来ていず、足の筋肉の育ちが弱い。こんなことから、少しでも良くなるのではとダンスを始めた。

　これらの子ども達の指導を始めたばかりの時に、私自身が思いがけないケガで全身が硬直したことで、リハビリを受けたことから、足の動きを研究することになった。平常なにげなく使っている身体に対する意識は、ダンスを職業としていることで、他の人より少しはあると思うが、改めて、立つ、歩く、などの機能は、どのようにして出来るかを考えさせられた。1週間ベッドにただころがる自分に対して、果たして再起できるかという不安の中でリハビリは始まった。

　平常、スタジオで行っていることを、寝ながら行なう。両足の膝を抱えて、右横、左横へ動かす方法。

　さらにバーにつかまり、爪先で立つことを行なった。しかし、これらの動きは、リハビリを始めた1日目は出来なかった。爪先に力が入らなければ立てないこと、そして爪先が重要なことを知り、足を強く踏みしめることができないことを体験した。リハビリの指導を受けながら、平常のバレエ、ダンスの指導法そのものであると感じた。この運動は、先

生の指導の声で行なったが、私はそこに、呼吸法として日本の言葉、母国語で出来る童謡を使い、運動がなめらかになるように考えた。退院後、子ども達の動きを改めて研究、工夫することとなった。スタジオで実験したことを、学生にも、また公開保育でも行なった。この公開保育は、盛岡の保育園で1年に1回、12年間続けてきたが、2年に1回ということになり、2001年は2年ぶりに行なった公開保育だった。園児の身体を見ると、都会の子どもより足が弱いことに気付いた。都会と違い、子ども達は保育園に通園するのにほとんどの子どもが自家用車での通園であり、生活の中に歩くことがないためであろう。

　盛岡で私がリズム運動を指導した結果、次のように研究された実例をあげる。

　ねらいとして以下のような項目をあげて研究された。
・1人1人の体の育ちを現状把握する。
・体を動かすことの楽しさを感じながら、足の運動機能を促す保育実践を考える。
・職員間の共通理解を深め、資質の向上を図る。

　その研究の方法と内容及び結果の考察は、次のようであった。
①実態把握とその後の保育実践
　　1人1人の体の育ちの現状を、足型やビデオ・写真撮影により分析する。1人1人の実態を把握した後、必要な保育を実践する。
②理論学習
　　職員間で、文献を読みあい、足の動きや育ちについての共通理解を深める。
③毎日継続できる柔軟体操の考案と実践
　　足の育ちや体の柔軟性を育てる動きを無理なく取り入れた、10〜15分の体操のパターンを考え、実践する。
④年間保育計画の検討・実践
　　足の動きと育ちの視点から、従来の保育内容を検討し、実践する。
⑤家庭との連携

年3回、「子どもの健康な体づくりについて」のおたよりを発行し、保護者への啓蒙に務める。

研究成果から今後の課題を次のように挙げている。

　今回は、日常の保育の中で問題を感じていた子どもの変化を、「足の動きと育ち」の視点から捉え、実践研究に取り組んできた。そして、およそ九ヶ月間という短い期間ではあるが、毎日の柔軟体操を続け、運動会や歩き遠足などの取り組みを進めていった。その中で、立っている時の重心の掛け方のバランスが整い、歩くときに蹴り出す力が育つ、という変化が見られるようになった。

　また、保護者には、研究の概要を伝え、年3回のおたよりを発行して途中経過を知らせたところ、特に「乳幼時期に履く靴の重要性」について関心が深まったように思われる。

　しかし、実際のところは、今回見られた変化が自然な発育過程であるのか、保育実践の効果によるものなのかは定かではない。だが、年々、歩くことが減少していくと予想される現状の中で、保育所において、意図的に「足の動きや育ち」に視点を当てた保育実践を続けていくことが、ますます必要とされるのではないだろうか。

（花坂菜穂子、盛岡仙北保育園研究発表より）

　毎日が忙しい保育現場において、1人ひとりの発達を注意してみることは、大変な努力であったと思う。私が問題提起をしたことは、園児の無作為的表現にあまりにも生彩がないことに気づいたからであった。その足の運動、身体の運動が子どもの意欲につながり、生きる力が備わることとなる。

　子どもの身体表現には、無作為的表現（自然のままの子どもの表わす姿）、経験再現的表現（自分が体験した動きの再現）、模倣的表現（ごっこあそび）、創造的表現（創作）等がある。子どもの生活に多くの体験を与えることが感性を育てることになる。

　これらの表現の型から、よりよく人間として生きるためのものを、子ども自身が覚えるよう指導することが大切である。

7 終わりに

　カリキュラムの変遷を追ってみたが、明治、大正、昭和の中期までは、遊戯から音楽リズム（児童舞踊）として言葉の変化はあっても、遊戯が幼児教育の大切なものとして扱われてきた。

　しかし現在は、動きのできない音楽家がリトミックとして音感教育をしていることが間々ある。また体育でも、音楽になじめない指導をしており、現場では手遊びで、目先だけ運動をしたように見せている。遊戯が幼児時代にどのような教育的意義を持っているのかは、先達の意見で述べてきた。

　遊戯は体育の中に入るものか、音楽の中に入るものなのかと問うと、どちらでもない。遊戯（舞踊）を１つの教科として位置づけることが、荒廃した現代社会では必要である。

　ソクラテスの時代から教育に取り入れられていたものであると同時に、舞踊のもつ教育的意義を見直して行くことを望む。

参考文献
1. 小嶋謙四郎『あそびの子育て学』(1987) 築地書館
2. 河原和枝『子ども観の近代化』(1998) 中央公論社
3. 正高信男『子どもはことばをからだで覚える』(2001) 中央公論新社
4. 柴野昌山編『文化伝達の社会学』(2001) 世界思想社
5. 小林美実他『児童文化』(1978) 学芸図書
6. 全日本児童舞踊協会編『日本の子どものダンスの歴史―児童舞踊100年史』(2004) 全日本児童舞踊協会
7. 小林芳文他編『遊びを育てる２．運動あそびを育てる』(1988) コレール社
8. 関口はつ江他編『実践の保育学』(2003) 国文書院
9. 齋藤孝『身体感覚を取り戻す―腰・ハラ文化の再生』(2000) 日本放送出版協会
10. 花坂菜穂子『盛岡仙北保育園研究資料』(2001)

（初出：『鶴見大学紀要』第42号 第3部 保育・歯科衛生編、2005)

賀来良江主要振付作品記録
The List of the Principal Choreographic Works by Yoshie Kaku

1　タンダバハダンスカンパニィ公演創作舞踊劇　構成・振付作品　　1
2　文化庁芸術祭　参加作品　　2
3 −①　全国舞踊コンクール　参加作品　　3
　−②　東京なかの国際ダンスコンペティション　参加作品　　7
　−③　あきた全国舞踊祭　参加作品　　8
　−④　その他のコンクール　参加作品　　9
4　海外交流作品　　9
5　国内外部公演　参加作品　　12
6　保育教材　振付作品　　19
7　作品名五十音順一覧　　24

1　タンダバハダンスカンパニィ公演創作舞踊劇　構成・振付作品

年度	作　品　名	主な出演者
1960	いたずらっ子(舞踊組曲)	市岡裕美子、西部久美子　他
1961	野人(組曲)	平山照子、松本美代子　他
1962	雨ごい(組曲)	平山照子、松本美代子、賀来富士子、賀来和子　他
1964	子供風土記	小野真喜子、古橋葉子、見市薫、秋山香　他
1965	おかあさんのばか	小林秀子　他
1966	小さな目(朝日新聞掲載"こどもの詩"より)	髙島三知、竹尾由紀子、賀来富士子、西条真利　他
	鶴の恩がえし(踊りで語る日本の民話)	清村美知子、秋山香、見市薫、矢沢節子　他
1967	白雪姫と七人の小人	山田順子、石崎祐子、井上保子、村野喜代江　他
1968	リボンの騎士　中編	石崎祐子、竹尾由紀子、羽賀智子、山田順子　他
1969	かぐや姫	皆川清水、清村美知子、小山京子、村野喜代江　他
1970	101匹わんちゃん大行進	竹尾由紀子、羽賀智子、マーガレットポートウェル　他
1971	バンビ	竹尾由紀子、名取るり、佐藤京子、野口智子　他
1972	幼き日の思い出　あそびうたから	小谷野夕美、井上恵美子、名取るり、野口智子　他
	ふしぎな国のアリス	竹尾由紀子、小玉まどみ、今井桂子、名取るり　他
1973	四季のファンタジー	竹尾由紀子、長沼洋子、名取るり、野口智子　他
	ジャングルブック	中野真紀子、小山圭子、大野永子、長沼洋子　他
1974	シンデレラ	小玉まどみ、名取るり、竹尾由紀子、潮田麻里　他
	オーケストラ(組曲)	中野真紀子、名取るり、潮田麻里、原真美　他
1975	ピーターパン	中野真紀子、堀めぐみ、赤坂美砂、赤沢珠己　他
1976	シンデレラ	名取るり、堤比呂子、鍔香代子、原真美　他
1977	ディズニーのメルヘンを追って(組曲)	渡部めぐみ、名取るり、鍔香代子、原真美　他
1978	若草物語	鍔香代子、潮田麻里、中野真紀子、今井桂子　他
1979	青い鳥	奥住さやか、今井桂子　他

1980	夕づるの譜	池田瑞臣、潮田麻里、中野真紀子、赤坂美砂 他
1981	夕づるの譜	池田瑞臣、潮田麻里、中野真紀子、赤坂美砂 他
1982	出雲の阿国	望月辰夫、正木聡、堅田喜久三、潮田麻里 他
1983	シンデレラ	奥住さやか、荒川政美、武藤理加、野沢珠乙 他
1984	鏡 (大人が読んだ童話)	潮田麻里、中野真紀子、天野美智子、亀井美紀 他
1985	若草物語	荒川政美、高橋志奈子、牛尾紀美子、奥住さやか 他
1986	遠野物語	潮田麻里、池田瑞臣、高野宏之、中野真紀子 他
1987	人魚姫	島田美穂、木村麻子、富山敦子、小林恵子 他
1988	人魚姫	佐々木理奈、木村麻子、富山敦子、伊原千夏 他
1989	青い鳥	高森敦子、湯浅綾華、川村恵美、藤田千春 他
1991	人間って小さいな おやゆび姫より (大人が読んだ童話)	野路亜希、平塚恵子、木村麻子、三鴨裕美 他
1993	家なき子	松原豊、高野宏之、松井理絵、上田ゆう子、竹川悠紀子 他
1995	ニルスの旅	澤村尚志、城下真由子、野路亜希、相田瑠衣子、村岡あす香 他
1997	東西わらべうたくらべ	高野宏之、澤村尚志、小沼陽子、木村麻子 他
1999	月によせて	幸田美保、山中優芽子、蓬田有紀、飯島美穂 他
	生きる	木村麻子、幸田美保、巣山結衣、飯島美穂 他
2001	今、星の王子様がみたものは	高野宏之、橋本伊純、飯島美穂、千野あかね 他
2003	狼と七匹のこやぎ (大人が読んだ童話)	高野宏之、幸田美保、中島早紀、山中真愛子、鉄芹奈 他
2005	おやゆび姫	山中真愛子、河野万里子 他
2006	マッチ売りの少女より 心の中にともし火を (大人が読んだ童話)	時田ひとし、河野万里子、及川由香子、幸田美保 他
2009	浦島太郎 (大人が読んだおとぎばなし)	正木聡、野呂かやこ、蓬田真美、中村真澄、中澤杏菜、長沼瑠偉 他
2011	亡き友へのレクイエム 友情の花が咲く	平出優佳、高橋鮎音、仲野瑤子、蓬田真美 他

2 文化庁芸術祭参加作品 (台本・演出・振付)

年月日	作品題名	スタッフ	出演者
1983年10月30日	阿国念仏踊り講	舞台監督:吉田牧子 舞台美術・衣装:前田哲彦 照　　明:大庭三郎 音楽録音:高速商会	潮田麻里・望月辰夫・正木聡・中野真紀子・米井澄江・武藤理加・熊沢美子・堀めぐみ・熊沢純子・大石圭子・町田陸
1988年10月12日	我が愛は何処に 唐人お吉より	舞台監督:吉田牧子 音楽構成:山本直 舞台美術・衣装:前田哲彦 美　術:崔広子 照明監督:大庭三郎	潮田麻里・時田ひとし・澤村尚志・中野真紀子・島田美智子・萩原利恵子・浅田智子・奥住さやか・木村麻子・幸田美保・佐々木理奈・富山敦子

賀来良江主要振付作品記録

1989年 10月24日	革命の中の女 －マリー・アント ワネット	舞台監督：吉田牧子 音楽構成：山本直 舞台美術・衣装：前田哲彦 照明監督：大庭三郎 照　　明：飯田豊	潮田麻里・池内新子・川村泉・鈴木稔・澤村尚志・波場千恵子・高野宏之・島田美智子・岩本千依・小田みさえ・川野真子・中西美子・富田雅美・浅田智子・石井雅子・池田素子・山本岳人・吉村直子・上保玲子・村上幸子・工藤伸子・山戸幸代・中島智恵子・岩本光代・玉置千砂子・幸田美保・野沢珠巳・小川陽子・蔵原直子・他8名
2000年 10月21日	女－かたち－美－ 百年史	舞台監督：菰方伸明 音楽構成：山本直 美　　術：坂井真理子 衣　　装：宮村泉 照　　明：大場照明研究所・ 　　　　　飯田豊	中野真紀子・花柳琢次郎・澤村尚志・高野宏之・島本秀朗・矢沼礼子・開桂子・北川由紀・青木ジロー・森本なか・木村麻子・幸田美保・幸田恵里・上田ゆう子・蓬田有紀・岩間絵美・中島早紀・富岡あずさ・景山靖子・森本あん

3-① 全国舞踊コンクール　参加作品

年度	作品名	部門・賞	主な出演者
1954	アフリカの象狩り	児童舞踊部　準入賞	賀来富士子、西新井照子　他6名
1955	かりかりわたれ	児童舞踊部　準入賞	賀来富士子、稲垣美智子　他3名
1956	北風こぞう	児童舞踊部　入選	三浦小霧、中野真紀子、堀めぐみ　他4名
	秋ばれ	児童舞踊部　2位入賞・指導者賞	賀来富士子、西新井照子　他4名
1957	どんど焼	児童舞踊部　3位入賞・指導者賞	岩崎委代子、見市薫、飯田美津子　他5名
	あぶくたった	児童舞踊部　準入賞	環芽久美、飯田和子、見市薫　他6名
1958	ねずみのそうだん	児童舞踊幼児部　入賞	佐藤佳子　他5名
	子供山伏	児童舞踊部　3位入賞・指導者賞	環芽久美、見市薫、梶原美和子　他5名
	だるまさん	児童舞踊部　準入賞	西新井愛子、石川和子、秋山香　他6名
1959	子供かぐら	児童舞踊部　準入賞	水野富士枝、見市薫、鈴木恵子　他3名
1960	あやとりわらべ	児童舞踊部　1位入賞文部大臣奨励賞・指導者賞	見市薫、秋山香、山田順子、片桐節子
1961	わらの中の七面鳥	児童舞踊部　入選	石綿奈美子、上山映子、石川良子
	草っぱはらっぱ	児童舞踊部　準入賞	片原静子、岩田晶子、五味基久子　他4名
1962	つみ木の町	児童舞踊幼児部　入賞・指導者賞	張恵子、石綿良子、上田順子、今井千寿子
	どこの犬だろう	児童舞踊幼児部　入選	鈴木ひとみ、片山裕香
	佐賀のもぐらうち	児童舞踊部　3位入賞・指導者賞	湯浅真理子、柴田玲子、市岡裕美子　他4名
	おしゃまな手品師	児童舞踊部　準入賞	湯浅真理子
1963	おべんとうつけて どこいくの	児童舞踊幼児部　入賞	石崎祐子

年	作品名	賞	メンバー
	かげふみ	児童舞踊部　3位入賞・指導者賞	湯浅真理子、松本広子、加藤敦子　他5名
1964	夕やけ小やけ	児童舞踊幼児部　入賞	石崎祐子、鈴木亜都子、高畑由美　他2名
	帆風	児童舞踊部　3位入賞・指導者賞	小林秀子、中野陽子、中村洋子　他2名
	わんぱく小僧	児童舞踊部　準入賞	湯浅真理子、加藤敦子、阿部勝彦　他5名
1965	だるまさん、だるまさん	児童舞踊部　準入賞	阿部勝彦、斉藤悦子、鈴木ひとみ　他6名
	ひな人形五人ばやし	児童舞踊部　準入賞	湯浅真理子、小林秀子、浅沼由美子　他2名
1966	雪ばんば	児童舞踊部　準入賞	石崎祐子、斉藤悦子、高島三知　他4名
1967	お手玉あそび	児童舞踊部　1位文部大臣奨励賞・指導者賞	鈴木ひとみ、石崎祐子、斉藤悦子、西村由紀、羽賀智子、竹尾由紀子、近間恵子
1968	たのしいピクニック	児童舞踊部　3位入賞・指導者賞	西條真利、西村由紀、石崎祐子　他7名
	歌うあしのうた	児童舞踊部　入選	皆川清水、西條真利、西村由紀　他4名
	やきいもさん	児童舞踊部　入賞	名取るり、野口智子、若林夕起　他2名
1969	私はマリオネット	児童舞踊部　3位入賞・指導者賞	石崎祐子、竹尾由紀子、羽賀智子　他2名
	陽気なバンビ	現代舞踊第二部　入選	名取るり
1971	踊るトランプ	児童舞踊部　入賞	名取るり、佐藤京子、坂本眞知子、潮田麻里　他12名
1972	手合せうた	児童舞踊部　入賞	名取るり、若林夕起、村上菜穂　他5名
1973	冬のスケッチ	児童舞踊部　入賞	名取るり、小玉まどみ、原眞実、三浦小霧　他5名
1974	鹿おどり	児童舞踊部　3位入賞・指導者賞	名取るり、野口智子、原眞実、小玉まどみ、潮田麻里　他3名
	お猿さん	児童舞踊部　入選	三浦小霧、小谷野夕美、中野真紀子　他5名
1975	ドにドに	児童舞踊部　入賞	赤坂美砂、今井桂子、小谷野夕美　他5名
	秋の子	児童舞踊部　入選	赤坂美砂　他7名
	ドレミのうた	児童舞踊部　入選	堀めぐみ　他11名
1976	蟻	児童舞踊部　3位入賞・指導者賞	中野真紀子、赤坂美砂、堀めぐみ、小山京子　他11名
1977	棋道	児童舞踊部　3位入賞・指導者賞	中野真紀子、堀めぐみ、秋田尚美、天野美保子、五十嵐美穂子　他7名
	私を呼ぶのはだれ	現代舞踊　第二部　入選	秋田尚美
1978	天の岩戸	児童舞踊部　入賞	中野真紀子、赤坂美砂、渡部めぐみ　他9名
	ドナルド艦隊	児童舞踊部　入賞	野沢珠巳、木原玲子、大石圭子、今関志津香　他6名
	ちゃぐちゃぐ馬っ子	児童舞踊部　入選	今井桂子、上保薫、渡部めぐみ、野沢珠巳　他5名
1979	インディアンの詩	児童舞踊部　3位入賞・指導者賞	中野真紀子、赤坂美砂、富山敦子、今井桂子、高橋志奈子　他12名

賀来良江主要振付作品記録

	おけさ人形	児童舞踊部　入選	野沢珠巳、木原玲子、大石圭子、田坂直里　他9名
1980	蝶	児童舞踊部　入賞	奥住さやか、今井桂子、渡部めぐみ、斉藤千絵　他11名
	宇宙への旅	児童舞踊部　入賞	高橋志奈子、奥住さやか、富山敦子　他9名
	冬の詩	児童舞踊部　入選	今井桂子、大石圭子、佐藤美佳、小山京子　他9名
	いたずらミッキー	児童舞踊部　入選	木村麻子、島田美徳、吉田美砂　他11名
	たけくらべより・みどり	現代舞踊ジュニア部　入選	中野真紀子
	甘ずっぱいレモンの香りが…	現代舞踊第一部　入選	潮田麻里
1981	折り紙の幻想	児童舞踊部　2位入賞・指導者賞	高橋志奈子、奥住さやか、木村麻子　他8名
	弥勒へのねがい	現代舞踊第一部　入選	潮田麻里
1982	メカニズムプレイ	児童舞踊部　2位入賞・指導者賞	高橋志奈子、太田泰代、荒川政美　他11名
	あじさいてまり	児童舞踊部	藤田千春、田倉貴枝、佐藤美千子　他12名
	初音聞く	現代舞踊ジュニア部　3位	中野真紀子
	失われたふるさと	現代舞踊第一部　入選	潮田麻里
	春を待つ	現代舞踊ジュニア部　入選	高橋志奈子
1983	お母さんてば	児童舞踊部　3位入賞・指導者賞	奥住さやか、荒川政美、沖山裕美　他10名
	Hiroshima地方の手まり唄	児童舞踊部　入選	鈴木弓子、牛尾智子、常田治美、常田尚美　他11名
	振りむかないで…オルフェウス	現代舞踊第一部　入賞	潮田麻里
1984	筑波山麓大合唱団	児童舞踊部　入賞	島田美徳、川村恵美、幸田美保、亀井美紀　他10名
	わたしはそうゆうものになりたい	児童舞踊部　入賞	木村麻子、佐々木理奈、島田美徳　他7名
	一筋の涙―マグダラのマリアより	現代舞踊第一部　入賞	潮田麻里
1985	人形風土記	児童舞踊部　入賞	川村恵美、幸田美保、亀井美紀、島田美徳　他9名
1986	？（はてな）	児童舞踊部　入賞	川村恵美、島田美徳、常田治美、松井理絵、常田尚美　他9名
	春を待つ	児童舞踊部　入選	井戸南美江、蔵原直子、鈴木雅代　他6名
	押入れの冒険	児童舞踊部	植草かおり、松井理絵、高橋史絵　他10名
	波のかたみ―平家物語より	現代舞踊第一部　2位	潮田麻里
1987	こどものこころ	児童舞踊部　3位入賞・指導者賞	橋本瑞穂、堀香波、小林郁子、松井理絵、幸田恵里　他6名

年	作品	部門・賞	出演者
	マクベスの妻	現代舞踊第一部　1位・文部大臣奨励賞	潮田麻里
	希望に向かって	現代舞踊ジュニア部　入選	富山敦子
1988	ジャンヌダルク	現代舞踊ジュニア部	木村麻子
1989	友達讃歌	児童舞踊部　入選	松井理絵、高橋史絵、髙田美保、関さやか　他5名
	反抗	現代舞踊ジュニア部　入賞	木村麻子
1990	ザ・大漁	児童舞踊部　入賞	松井理絵、高橋史絵、森久保創、鈴木裕子　他10名
1991	マイタウン新宿	児童舞踊部　入賞	松井理絵、高橋史絵、竹川真理子　他11名
1992	ねんど	児童舞踊部　2位・童心賞指導者賞	松井理絵、高橋史絵、鈴木裕子　他13名
1993	ひとりぼっちじゃないよ	児童舞踊部　入賞	上田さおり、上田ゆうこ、蔵原啓子　他12名
	叫び	現代舞踊ジュニア部　入選	松井理絵、高森敦子、幸田恵里
1994	金のガチョウ	児童舞踊部　入賞・童心賞	出口珠緒、上田ゆうこ、蔵原啓子　他13名
1996	わらべ歌講	児童舞踊部　入賞	野路亜希、上田ゆうこ、大野梓、上原麻美　他10名
1997	リズムで遊ぼう、からだで遊ぼう	児童舞踊部　入賞	田端郁子、蓬田有紀、香川真澄、大和田綾乃　他5名
	セイレーンの嘆き―絵画オデュッセウスとセイレーンより―	現代舞踊ジュニア部　入選	幸田恵里
1998	森も私も一緒に生きよう	児童舞踊部　入賞	城下真由子、蓬田有紀、大和田綾乃　他12名
1999	ぼくらインターネット	児童舞踊部　入選	千野あかね、巣山結衣、松尾麻衣　他6名
	うさぎうさぎ何みてはねる	児童舞踊部	蓬田有紀、千野あかね、飯島美穂　他7名
	ながしびな	児童舞踊部	巣山結衣、松尾麻衣、蓬田真美　他3名
	海の底から〜声〜	現代舞踊ジュニア部　入選	城下真由子
2000	とびだせ未来	児童舞踊部　入賞	岩間絵美、千野あかね、飯島美穂　他9名
	蝶の夢	児童舞踊部	蓬田真美
	はじめてのおつかい	児童舞踊部	中島早紀
	大地よりエコー	現代舞踊ジュニア部　入選	城下真由子
2001	みにくいあひるの子	児童舞踊部　入賞	山中優芽子、飯島美穂、岩間麻衣　他8名
2002	ロボットと遊ぼ！	児童舞踊部	千野あかね、飯島美穂、岩間麻衣　他10名
2003	絵本を読もうよ	児童舞踊部	河野万里子、山中真愛子、熊倉有希
	世界を繋ぐ僕らの心	児童舞踊部	千野あかね、蓬田真美、中村真澄　他7名

賀来良江主要振付作品記録

年度	作品名	部門・賞	主な出演者
2004	つながり	現代舞踊ジュニア部	千野あかね、蓬田真美、中島早紀
2005	ケンカのあとは	児童舞踊部	蓬田真美、中島早紀、橋本伊純、中村真澄 他4名
	春を待つ	児童舞踊部	蓬田真美、中島早紀、中村真澄、山中優芽子 他2名
	美登利	現代舞踊ジュニア部	中島早紀
	荒海に跳ぶ	現代舞踊ジュニア部	蓬田真美
	教科書の中から	現代舞踊第二部	山中優芽子
2006	木霊	現代舞踊ジュニア部	中島早紀
	今、この瞬間に	現代舞踊ジュニア部	蓬田真美
	雪とあそぼ	現代舞踊第二部	恒川瑞季
2007	夢見る白雪姫	児童舞踊幼児部 敢闘賞	山中志良子
	孫悟空になりたいな	児童舞踊幼児部 敢闘賞	山中誠徳
2008	桜吹雪の中で	現代舞踊ジュニア部	中村真澄
	深き緑の中で	現代舞踊ジュニア部	蓬田真美
2009	さまようオフィーリア	現代舞踊第一部	蓬田真美
2010	Open your mind's door	現代舞踊第一部	蓬田真美
2012	エルサレムへの道 ～さまよう心～	現代舞踊第一部	蓬田真美

3-② 東京なかの国際ダンスコンペティション 参加作品

年度	作品名	部門・賞	主な出演者
2000	かえるのコーラス	ジュニア部門 ユーモア賞	千野あかね、岩間麻衣、飯島美穂 他7名
2001	おかあさんてば	ジュニア部門	岩間麻衣、飯島美穂、巣山結衣 他5名
	ジャンヌダルク	ジュニア部門	岩間絵美
	捨てられた人形	ジュニア部門	巣山結衣
2002	開け心の扉	ジュニア部門	岩間麻衣
2003	幻想…赤とんぼ	ジュニア部門	蓬田真美
2004	Play Form	ジュニア部門 入選	千野あかね、蓬田真美、中島早紀
	荒海に跳ぶ	ジュニア部門 入賞	蓬田真美
2005	今、この瞬間に	シニア部門	蓬田真美
	美登利―樋口一葉の世界より―	ジュニア部 入賞	中島早紀
2006	竹林の精 天に帰る	ジュニア部門 Nピュア賞	山中真愛子
	13歳の抵抗	ジュニア部門 準入選	山中優芽子
2007	人魚の見た夢	ジュニア部門 Nピュア賞	鈴木涼花
	森のフェアリー	ジュニア部門 Nピュア賞	河野万里子
2008	桜吹雪の中で	シニア部門	中村真澄
	さまようオフィーリア	シニア部門 センターフィールド賞	蓬田真美

年度	作品名	部門・賞	主な出演者
2009	黒猫のタンゴ	ジュニア部門　Nピュア賞	山中志良子、山中誠徳
	降嫁～時の流れに生きる～	シニア部門	蓬田真美
2010	Open your mind's door	シニア部門　入賞	蓬田真美
	波に漂う女	創作部門　センターフィールド賞	中村真澄
2011	エルサレムへの道～さまよう心～	シニア部門　入賞	蓬田真美
	牛若丸	ジュニア2　入賞	山中誠徳、長沼瑠偉
	エーデルワイス	ジュニア2　入選	山中志良子
	カルガモのマーチ	ジュニア2　センターフィールド賞　チームプライズ	山中志良子、名嘉祥永、瀬戸もえ、石橋実来、仲野瑤子、渡辺実結
2012	森の中	ジュニア2　入選	山中志良子
	孫悟空	ジュニア2　入賞3-3	山中誠徳
	見えないものへの恐怖	シニア部門　入賞	蓬田真美

3-③　あきた全国舞踊祭　参加作品

年度	作品名	部門・賞	主な出演者
1985	修善寺物語より～面～	シニア部　入選	木村麻子
1987	孤悲―源氏物語六条御息所より	シニア部　1位・最優秀賞	潮田麻里
1990	捨てられた人形	ジュニア2部　3位	幸田美保
1992	いそぎんちゃく	ジュニア1部　3位	藤井亜実、野路亜希、上田ゆうこ　他3名
	私はピエロ	ジュニア2部　入選	高森敦子
	魔法の笛	ジュニア1部　入賞	上田ゆうこ
1994	すくいたまえ我が魂を	シニア部　入賞	幸田美保
1995	憂い―虞美人より	ジュニア2部	幸田恵里
	忘却の彼方へ	ジュニア2部	高橋史絵
	飛翔	ジュニア2部	松井理絵
1996	諍い	ジュニア2部　入選	藤井亜実、大野梓、田端郁子、城下真由子、蓬田有紀
1998	鏡の中の私	ジュニア2部　入選	上田ゆうこ
	春暁	ジュニア2部	及川由香子
	海の底から～声～	ジュニア2部	城下真由子
2007	ジャンヌダルク	ジュニア2部	山中真愛子

3-④　その他のコンクール　参加作品

埼玉全国舞踊コンクール			
年度	作品名	部門・賞	主な出演者
1992	響け大地の詩	モダンジュニア部　3位、朝日新聞社賞	松井理絵、高橋史絵、鈴木裕子、幸田恵里、高森敦子
	魔法の笛	モダンジュニア部　入賞	上田ゆう子
2004	夕映えに翔ぶ	モダンジュニア部	蓬田真美
2005	今、この瞬間に	モダンジュニア部	蓬田真美

神戸洋舞コンクール			
1998	赤い薔薇	モダンシニア部　入選	木村麻子

ソウルインターナショナル舞踊コンクール			
1992	すくいたまえ我が魂を	モダンシニア部　入選	幸田美保
	響け大地の詩	モダンジュニア部　金賞	松井理絵、高橋史絵、鈴木裕子、幸田恵里、高森敦子
1994	道－わが青春の悩み	モダンジュニア部　銀賞	松井理絵
1994	私はピエロ	モダンジュニア部　銅賞	高森敦子

ヨコハマコンペティション			
2009	さまようオフィーリア	モダンシニア部	蓬田真美

4　海外交流作品

年度	作品名	公演	主な出演者
1973	あやとりわらべ　他	ハワイ、ホノルル、カワイ島公演	浅川誓子、今井桂子　他
1975	お手玉あそび	ハワイ、ロサンゼルス公演　ロサンゼルス引退者ホーム慰問	阿達典子、赤坂美砂、秋田尚美、比留間睦子　他
1977	鹿おどり　他	ハワイ、ロサンゼルス公演　ロサンゼルス引退者ホーム慰問	中野真紀子、堀めぐみ、今井桂子、赤坂美砂　他
1981	折り紙の幻想　他	ロサンゼルス　ディズニーランド日本祭　ロサンゼルス引退者ホーム慰問	高橋志奈子、木村麻子、亀井美紀、島田美徳　他
1985	かえるの合唱　赤い帽子白い帽子　他	daCi国際子どもとダンスの会ニュージーランド大会	潮田麻里、島田美徳、東島菜穂子、川村恵美、幸田美保、亀井美紀　他

年	作品	公演	出演者
	あそび 鏡　大人が読んだ童話	ニュージーランド・オーストラリア　国際会議参加記念公演（ゆーぽーと）	島田美徳、幸田美保、川村恵美　潮田麻里、中野真紀子　他
1988	一筋の涙　他	日本祭ワシントン州ポートランド公演	潮田麻里
	JAPAN（組曲） こどもの世界	タイ・シンガポール公演	木村麻子、佐々木理奈、三鴨裕美、高柳淳子　他
1989	マダム　マクベス	日韓現代舞踊二人展	潮田麻里、鈴木稔、尹澄煕
1990	雪女	アジア現代舞踊展（草月ホール）	潮田麻里、鈴木稔
	パロディお正月		潮田麻里
	東京の空‥‥こどもの詩【演出】	全日本児童舞踊協会20周年記念　日韓交流児童舞踊創作公演（メルパルク）	木村麻子、佐々木理奈、安藤千晶、蔵原直子　他 全日本児童舞踊協会
	阿国念仏踊り講	東京・ニューヨーク姉妹都市提携30周年記念公演（ニューヨーク）	潮田麻里、澤村尚志
	我が愛はどこに―唐人お吉より		潮田麻里、澤村尚志　他
	一筋の涙　―マグダラのマリアより―		潮田麻里
	マクベスの妻		潮田麻里
	あそび　ゲームウォッチ		中野真紀子、島田美智子　他
	孤悲―源氏物語　六条御息所より		潮田麻里
1994	釣り糸	アジア現代舞踊展（なかのZERO）	時田ひとし、中野真紀子
	不協和音		時田ひとし、中野真紀子、能美健志
	釣り糸	日韓現代舞踊展（ソウル）	時田ひとし、中野真紀子
	不協和音		中野真紀子、時田ひとし、能美健志
1995	はてな？（組曲）	ニューヨーク日本祭	中野真紀子、幸田恵里、松井理絵、上田ゆう子　他
	響け大地の詩		高森敦子、高橋史絵　他
1996	対応する響き	アジア現代舞踊展　心の神秘を踊る（草月ホール）	木村麻子、幸田美保
	生きる―心の色彩		能美健志、中野真紀子　他
	心の色彩	ソウルインターナショナル現代舞踊展	中野真紀子、能美健志、矢沼礼子、佐藤綾子　他
1998	海 赤い薔薇　他	ニュージーランド交流公演　ハイスクール公演	木村麻子、松井絵里、幸田恵理、蔵原直子　他
	森も私も一緒に生きよう ねんど　他	ソウルインターナショナル青少年舞踊の祭典	城下真由子、蓬田有紀、田端郁子、岩間絵美　他

賀来良江主要振付作品記録

1999	金のガチョウ ぼくらインターネット　他	ソウルインターナショナル青少年　舞踊の祭典	蓬田有紀、田端郁子、岩間絵美、内藤瞳　他
2000	ぼくらインターネット 忍者 折り紙　他	エジンバラフェスティバル	幸田恵里、上田ゆう子、蓬田有紀、岩間絵美、飯島美穂、千野あかね、富岡あず菜　他
2001	とびだせ未来 カエル　他	ソウルインターナショナル青少年　舞踊の祭典	岩間絵美、千野あかね、飯島美穂、岩間麻衣　他
2002	海	韓国児童舞踊　李鍾萬記念公演（ソウル）	千野あかね、蓬田真美、中村真澄、橋本伊純　他
2005	女・かたち・美 日本の詩 笠 子供の心	オーストリア　バレエセミナー前夜祭 ソウルインターナショナル青少年　舞踊の祭典	澤村尚志、中野真紀子、花柳琢次郎、高野宏之、富岡あず菜　他 千野あかね、中村真澄、中島早紀、豊田杏衣　他
2007	大地 コミュニケーション　ノーコミュニケーション	ソウルインターナショナル青少年　舞踊の祭典	蓬田真美、中村真澄　他 全日本児童舞踊協会
2009	"Sakura" Fantasy Starting on the space traveling	ソウルインターナショナル青少年　舞踊の祭典	中村真澄、蓬田真美、山中優芽子、山中真愛子　他
2012	亡き友へのレクイエム　友情の花が咲く	daCi国際子どもとダンス台湾大会	仲野瑤子、平出優佳　他 全日本児童舞踊協会

5　国内外部公演　参加作品

年度	作　品　名	参加公演名	出　演　者
1956	通せんぼ	児童舞踊合同公演	岩崎委代子、見市薫　他
	荒城の月変奏曲		賀来富士子、稲垣美智子　他
	あぶくたった		環芽久美、飯田和子　他
	雀おどり		高橋光子、水野富士江　他
	秋ばれ		西荒井照子、賀来富士子　他
1957	どんどやき	児童舞踊合同公演	岩崎委代子、見市薫　他
	日本よい国花の国		環芽久美、飯田和子　他
	雪虫		岩崎委代子、見市薫　他
	おはなのトンネル		佐藤佳子、齋藤美知子　他
	ぼくらは海の子		水野富士枝、環芽久美　他
	とり入れまつり		西荒井照子、賀来富士子　他
1958	人形のおどり（おもちゃ箱）	児童舞踊合同公演	見市薫、環里美　他
	ままごとのおどり（おもちゃ箱）		水野富士枝、片原秀子　他
	おもちゃの楽隊（おもちゃ箱）		佐藤佳子、長尾美晴　他
	朝が来る（おもちゃ箱）		見市薫、環里美　他
1959	奉祝	児童舞踊合同公演	市岡裕美子、平賀美恵子　他
	聖火の栄光		賀来富士子、稲垣美智子　他
	たぬきたいじ		鈴木恵子、石川和子　他
	田植		水野富士枝、環里美
1965	ソ連の子供	児童舞踊合同公演	黒田和美、中村由美子　他
	七人の小人		鈴木亜都子、杉下彰子　他
	神田まつり		小野真喜子、鈴木ひとみ　他
	貝がら節		加藤敦子、浅沼由美子　他
1967	天竜下れば	児童舞踊合同公演	小林秀子、鈴木ひとみ　他
	たのしいピクニック		石崎祐子、西条真利　他
	小さな秋みつけた		鈴木亜都子、佐藤京子、有木絵里
	おもちゃのチャッチャ		林育美、飯島容子　他
	眠りの森のお姫さま		西条真利、西村由紀　他
	ともだち		佐藤朝枝、近間和子　他
	おかあさんのばか(舞踊組曲)		石崎祐子、羽賀智子　他
1968	あんたがたどこさ	児童舞踊合同公演	林育美、飯島容子　他
	歌う足のうた		鈴木ひとみ、鈴木智賀子　他
	海はまねく		石崎祐子、竹尾由紀子　他
	トロイカ		矢沢節子、遠藤恵子　他
	白雪姫(舞踊劇)		山田順子、村野喜代江　他
	たのしいピクニック		西条真利、西村ゆき　他
1969	私はマリオネット	児童舞踊合同公演	石崎祐子、竹尾由紀子　他
	こわれたクラリネット		林育美、飯島容子　他
	ハイホー花馬車		名取るり、野口智子　他
	馬っ子まつり		佐藤京子、坂本真知子　他
	フラミンゴ		石崎祐子、竹尾由紀子　他

賀来良江主要振付作品記録

年	作品名	公演名	出演者
1970	小馬のガボット	児童舞踊合同公演	仁田仁恵、仁田仁美 他
	野こえ丘こえ		石塚とき子、白石貴子 他
	ちんちん千鳥		名取るり、野口智子 他
	空のおひさま		遠藤恵子、遠藤順子 他
	かぐや姫(舞踊劇)		皆川清水、小山京子 他
1978	天の岩戸	児童舞踊合同公演	中野真紀子、赤坂美砂 他
	ささら		野口智子、鍔香代子 他
	棋道		中野真紀子、赤坂美砂 他
	101匹わんちゃん		立石明日香、荒川政美 他
	ミッキーマウス		渡部めぐみ、上保薫 他
	白雪姫と七人の小人		堤比呂子、川俣みゆき 他
	ドナルド艦隊		木原玲子、大石圭子 他
	10人のインディアン		川俣みゆき、棚町佐織 他
	眠りの森のおひめさま		中野真紀子、赤坂美砂 他
	小さな世界		平岸真理 他
1981	折り紙の幻想	児童舞踊合同公演	高橋志奈子、奥住さやか 他
	だせだせ手をだせ		鈴木里美、倉瀬加寿子 他
	踊れメリーゴーランド		今関志津香、道中文子 他
	おいらドラネコ		川俣みゆき、松島章子 他
1982	まりととのさま	おどる童謡唱歌 第4回チャリティ・フェスティバル	高柳淳子、橋本明子、高橋志奈子、富山敦子、奥住さやか、佐々木理奈 他
	トムソウヤの冒険		
	出雲阿国	現代舞踊新人公演	潮田麻里
1983	秋の里	児童舞踊合同公演	藤田千春、高柳淳子 他
	この花ひとつ		倉瀬加寿子、上乗ひろ子 他
	おどろう楽しいポーレチケ		蔵原直子、橋本瑞穂 他
	ねぼすけつくしんぼ		斉藤麻美、常田治美 他
	おかあさんてば		奥住さやか、檜田麻美 他
	一葉の世界より ―哀―	国際モダンダンス・フェスティバルイン東京	中野真紀子
1984	ヒロシマ地方の手まり歌	児童舞踊合同公演	鈴木弓子、吉野茜 他
	私はそういう者になりたい		荒川政美、島田美徳 他
	リンゴの森の子猫たち		鈴木登美枝、植草かおり 他
	風紋		富山敦子
	筑波山麓大合唱団		島田美徳、幸田美保 他
	愛情の森(合同作品)【脚色】		鈴木登美枝、富山敦子 他
	一葉の世界より ―哀―	選抜新人舞踊公演	中野真紀子
	雪女		潮田麻里
1985	人形風土記	児童舞踊合同公演	川村恵美、幸田美保 他
	いたずらかみなりっこ		鈴木弓子、松井理絵 他
	夢みる子猫		西野真澄、朝日智子 他
	ハチャハッチャ		蔵原直子、千葉文野 他
	神様のおくりもの(合同作品)【演出】		高橋志奈子、松井理絵 他

年	作品名	公演名	出演者
	木霊	創作舞踊公演	木村麻子、富山敦子 他
1986	ピエロと遊ぼう	夏休みこども舞踊フェスティバル	幸田美保、川村恵美、上乗ゆきこ、東島菜穂子 他
	若草物語	児童舞踊合同公演	山本岳人、富山敦子 他
	ドラキュラ		藤田千春、牛尾紀美子 他
	森の小人		高橋史絵、早川真美子 他
	春を待つ		井戸南美江、蔵原直子 他
	？（はてな）		川村恵美、島田美徳 他
	今昔「月の夜話」(合同作品)【音楽・構成・演出】		富山敦子、奥住さやか 他
	鳥のさえずり	全日本舞踊連合舞踊ゼミナール	蔵原直子、西野めぐみ 他
1987	子供のこころ	児童舞踊合同公演	橋本瑞穂、堀香波 他
	野菜の体操		蔵原啓子、上田ゆう子 他
	手のひらを太陽に		西野めぐみ、蔵原直子 他
	想い出の小箱(合同作品)【演出】		関さやか、蔵原啓子 他
1988	キャリアウーマンの憂うつ	文化庁芸術祭	中野真紀子、潮田麻里 他
	流れ星(夕暮れの子供達 お星さま 私を楽しい世界につれていって)	児童舞踊合同公演	蔵原直子、堀香波、小林郁子、植草かおり、松井理絵、高橋史絵、早川純子、関さやか 他
	童話の中の王女のように(夕暮れの子供達 お星さま私を楽しい世界につれていって)		
	恩返しの鐘(合同作品)【演出】		潮田麻里、蔵原直子 他
	あわてんぼうのサンタクロース	クリスマスこども舞踊の会	引地雅、入沢有紀、大塚美緒
	まいごのイルカ		上原麻美、出口玲緒
1989	絵画と舞踊の接点を探る ブリューゲル「子どもの遊戯」	全日本舞踊連合舞踊ゼミナール	松井理絵、高橋史絵、丸山未帆 他
	ぼくらは三ツ子の男の子	児童舞踊合同公演	蔵原啓子、上田さおり、上田ゆう子
	友達讃歌		松井理絵、高橋史絵 他
1990	世界中のこどもたちが	児童舞踊合同公演	松井理絵、高橋史絵、関さやか、蔵原啓子、黒津利恵、黒津夕紀子 他
	不思議の国のアリス		
	ザ・大漁		
	青い目の人形	児童舞踊サマーフェスティバル	末岡弥美
	赤い風船とんだ		倉繁美智、蓬田有紀
	土、祈り	創作舞踊公演	鈴木裕子、佐々木理奈、安藤千晶
	ヤング		蔵原直子、松井理絵 他
1991	竹取物語	全日本舞踊連合創立15周年記念	幸田恵里、田端郁子、出口珠緒、竹川真理子 他
	ゲームウォッチ	CUBIC DANCE EXHIBITION	島田美智子、木村麻子、佐々木理奈、安藤千晶 他

賀来良江主要振付作品記録

	トム・ソーヤーの冒険	児童舞踊合同公演	関さやか、蔵原啓子　他
	マイタウン新宿		松井理絵、高橋史絵　他
	東京の空…こどもの詩(合同作品)【演出】		木村麻子、佐々木理奈　他
	ビビディ・バビデ・ブー	児童舞踊サマーフェスティバル	末岡弥美、犬飼倫子　他
1992	ねんど	全国舞踊コンクール　エキシビション	松井理絵、高橋史絵、安田有来　他
	想い出	児童舞踊合同公演	上田さおり、蔵原啓子　他
	ねんど		松井理絵、高橋史絵　他
	WALL	創作舞踊公演	野呂加矢子
	あ・こ・が・れ		蔵原直子、高森敦子　他
	おもちゃ箱	クリスマスこども舞踊の会	野路亜希、上原有加　他
1993	四弘誓願	仏教フォーラム	幸田美保
	子どもの花祭り		千野あかね　他
	いそぎんちゃく	ジュニア舞踊公演	上田ゆう子、野路亜希　他
	響け大地の詩Ⅰ.Ⅱ		松井理絵、高橋史絵　他
	野口雨情の詩によせて(組曲)	児童舞踊合同公演	高森敦子、上田さおり　他
	ひとりぼっちじゃないよ		上田ゆう子、蔵原啓子　他
1994	家族っていいな　友達っていいな	児童舞踊合同公演	上田さおり、上田ゆう子　他
	道―わが青春の悩み	ジュニア舞踊公演	松井理絵
	金のガチョウ	児童舞踊サマーフェスティバル	上田ゆうこ、藤井亜実　他
1995	心の回流	こぶしの会	中野真紀子、木村麻子、幸田美保
	みんな楽しく～森の仲間と仲良く遊ぼう～　春・夏・秋・冬	児童舞踊合同公演	野路亜希、斎藤美野子、三浦志帆、香川和泉　他
	ダンス・はてな？"ニューヨーク日本祭り"より(組曲)		松井理絵、高橋史絵　他
	日本の名作に挑む　道成寺のいろいろ	全日本舞踊連合舞踊ゼミナール	田端郁子、上田ゆう子　他
	叫び	明日の新人による舞踊公演	幸田恵里、高森敦子、松井理絵
	かげふみ	檜健次先生を偲ぶ会	澤村尚志、中野真紀子　他
1996	おばあちゃん、一緒に歌いましょう	児童舞踊合同公演	高森敦子、竹川奈央子　他
	憂い・・・虞美人によせて	明日の新人による舞踊公演	幸田恵里
	土・・・・晩鐘に祈る		鈴木裕子、藤井亜実　他
	青い目の人形	児童舞踊サマーフェスティバル	山中優芽子、村山歌奈子、新倉奈津子
	ディズニーパレード　―小さな世界― みんな知ってるお友達のパレード(組曲)		田端郁子、出口玲緒、蓬田有紀、香川真澄　他

15

年	演目	公演名	出演者
1997	手	創作舞踊公演	高森敦子
	みにくいあひるの子		幸田美保、高森敦子 他
	昭和の童謡・・・それから・・・	児童舞踊合同公演	高森敦子、高橋史絵 他
	森のくまさん	児童舞踊サマーフェスティバル	新倉奈津子、山中優芽子、村山歌奈子
	牛若丸		千野あかね
	小公子		竹川奈央子
	みんなシンデレラ		蓬田真美、坂上麻衣 他
	夢二の絵画より―	創作舞踊公演	蔵原直子
	村祭	安西愛子先生記念公演	千野あかね、飯島美穂、岩間麻衣、巣山結衣、本田怜麻、松尾麻衣、坂上麻衣、中島早紀 他
	雪		
	かごめかごめ		
	ひらいたひらいた		
	ずいずいずっころばし		
	かもめの水兵さん		
1998	森よ美しく	児童舞踊合同公演	城下真由子、蓬田有紀 他
	すきすきおかあさん	児童舞踊サマーフェスティバル	石川はるか、大森文恵 他
	もしも私がカエルだったら		本田怜麻
	森も私も一緒に生きよう		城下真由子、蓬田有紀 他
	"みんなで作ろう、笑顔でおどろう"(組曲)	世界の友だちコンサート	城下真由子、蓬田有紀、大和田彩乃、岩間絵美 他
	いくつねるとクリスマス	クリスマスこども舞踊の会	千野あかね、岩間麻衣 他
1999	お月さまのくれる夢(舞踊組曲)	児童舞踊合同公演	蓬田有紀、田端郁子 他
	ハイホー	児童舞踊サマーフェスティバル	山中優芽子、前田潮里 他
	はじめてのおつかい 赤頭巾ちゃん		中島早紀
	蝶		蓬田真美
	花		巣山結衣、坂上麻衣 他
	なかの今昔物語―21世紀への旅立ち―	なかの洋舞連盟公演	青木ジロー、木村麻子、川田佳苗、坪手佳代 他
	破	ある舞踊家の遺産―今蘇る檜健次の世界―	中野真紀子、木村麻子、幸田美保 他
2000	柄	モダンダンス五月の祭典	木村麻子、幸田恵里、上田ゆう子、大野梓 他
	時、時、時 ゆめをもって		上田ゆうこ、蓬田有紀 他
	ワールドダンス！世界のお友達 フランス場面(合同作品)	児童舞踊合同公演	上田ゆうこ、蓬田有紀、岩間絵美、亀ヶ谷香寿美 他
	蝶の夢	児童舞踊サマーフェスティバル	蓬田真美
	ペンギンダンス		前田潮里、鉄芹奈 他
	サンタさん、わたしのほしいものあてて!!	クリスマスこども舞踊の会	鈴木華恵、蓬田真美、坂上麻衣、中島早紀 他
2001	親子の物語―お母さん―ママ―お母さん―おふくろ―母	児童舞踊合同公演	岩間絵美、千野あかね、飯島美穂、坂上麻衣 他

賀来良江主要振付作品記録

年	作品名	公演名	出演者
	赤い靴	児童舞踊サマーフェスティバル	前田潮里
	シンデレラ		小西葵子
2002	今、星の王子様が見たものは	児童舞踊合同公演	高野宏之、千野あかね、橋本伊純 他
	森の小人（合同作品「なつかしい童謡…そして今」参加作品）		石川優里子、山中優芽子、清田彩愛、大島雅子 他
	野口雨情の心を踊る 1,2,3	創作舞踊公演	蓬田有紀、及川由香子 他
	めぐる…めぐる…ピエロ	児童舞踊サマーフェスティバル	山中優芽子、橋本伊純 他
	クリスマスケーキをつくろうよ	クリスマスこども舞踊の会	熊倉有希、鉄芹奈 他
2003	何が見えるかな？	児童舞踊合同公演	中島早紀 他
	開け心の扉	創作舞踊公演	及川由香子、蓬田有紀 他
	大正ロマン…カナリア		及川由香子、蓬田有紀、蓬田真美
2004	子どもと一緒にあそびましょ	世界舞踊祭	山中真愛子、熊谷詩穂 他
	つなぐ	創作舞踊公演	千野あかね、蓬田真美、中島早紀
	私はだれ？～不思議の国のアリスより～（合同作品）		前澤麻衣子、矢沢亜紀、及川由香子、蓬田有紀 他
	こじかのバンビ	クリスマスこども舞踊の会	山中真愛子
	夢見る白雪姫		河野万里子
	となりのトトロ		河野万里子、山中真愛子 他
	赤鼻のトナカイ（合同作品「たのしいクリスマス」参加作品）		鉄芹奈
2005	おかあさんの言うこと聞こうね	児童舞踊合同公演	及川由香子、宮崎晃子 他
2006	日本の詩	世界舞踊祭	城下真由子、千野あかね 他
	今、この瞬間に	なかのダンスフェスティバル	蓬田真美
	美登利～樋口一葉の世界より～		中島早紀
	花のフェアリー	児童舞踊合同公演	河野万里子
	おやゆび姫		山中真愛子、河野万里子 他
	ピエロは、何をつかまえてるの？	児童舞踊サマーフェスティバル	中村真澄、鈴木涼花、山中志良子 他
	ここはどこ（組曲）		
	トライアングル コミュニケーション	創作舞踊公演	千野あかね、蓬田真美、中村真澄
	木霊		中島早紀
2007	蝶	世界舞踊祭	城下真由子、千野あかね 他
	ウルトラマン		山中誠徳、山中志良子 他
	今、この瞬間に	なかのダンスフェスティバル	蓬田真美
	マッチ売りの少女	児童舞踊合同公演	時田ひとし、河野万里子 他
	夢見る白雪姫	児童舞踊サマーフェスティバル	山中志良子
	人魚の見た夢		鈴木涼花
	今、この瞬間に	創作舞踊公演	蓬田真美
	桜吹雪の中で		中村真澄
	母に捧げる組曲	世界舞踊祭	蓬田真美、中村真澄 他

年	演目	公演名	出演者
	クリスマスメロディ	クリスマスこども舞踊の会	鈴木涼花、山中志良子　他
	仲良し小道		山中志良子、山中誠徳
2008	わらべうた　お手玉あそび	児童舞踊合同公演	鈴木涼花、長沼璃胡、山中志良子、山中誠徳　他
	村祭り	児童舞踊ドリームステップ	鈴木涼花、長沼璃胡　他
	春が来た		山中志良子、鈴木涼花　他
	私の心のプラスマイナス	創作舞踊公演	蓬田真美、中村真澄、山中優芽子
2009	月（舞踊の生い立ちと現在）	全日本舞踊連合舞踊ゼミナール	長沼璃胡、山中志良子、山中誠徳、長沼瑠偉、川窪萌花、川窪陽花
	兵隊さん（舞踊の生い立ちと現在）		
	青い目の人形（舞踊の生い立ちと現在）		
	童謡メドレー　童謡で楽しく踊ろうよ	児童舞踊合同公演	山中真愛子、鈴木涼花、長沼璃胡、山中志良子　他
	カモメの水兵さん	児童舞踊ドリームステップ	川窪陽花、川窪萌花　他
	夏の思い出		鈴木涼花
	りんごのひとりごと		清田悠華
	この道		風間あまね
	赤い帽子白い帽子		川窪陽花、川窪萌花
	グッドバイ		鈴木碧彩、名嘉祥永　他
	チキチキバンバン		鈴木涼花、風間あまね
	降嫁〜時の流れに生きる〜	創作舞踊公演	蓬田真美
	夕月に涙する〜白蓮の和歌より〜		中村真澄
	さとうきび畑		蓬田真美、中村真澄、山中優芽子
	牛若丸	クリスマスこども舞踊の会	山中誠徳、長沼瑠偉
	絵日傘		川窪萌花
	おべんとうつけてどこいくの		山中志良子
	夢のお馬車		川窪陽花
	きよしこの夜		鈴木涼花、長沼璃胡
	ジングルベル		山中志良子、川窪陽花、川窪萌花
2010	牛若丸	世界舞踊祭	山中誠徳、長沼瑠偉
	赤い帽子白い帽子		川窪陽花、川窪萌花
	お手玉あそび		鈴木涼花、長沼璃胡　他
	一茶のおじさん（生い立ちと現在）	全日本舞踊連合舞踊ゼミナール	長沼璃胡、川窪陽花、川窪萌花
	京人形（生い立ちと現在）		山中志良子
	動きの運動（生い立ちと現在）		長沼瑠偉、長沼璃胡　他
	ぼくらの冒険　宇宙へ行こうよ	児童舞踊合同公演	蓬田真美、中村真澄　他
	世界旅行	児童舞踊ドリームステップ	鈴木碧彩、名嘉祥永　他
	しかられて		鈴木涼花
	波に漂う女　切れた糸	創作舞踊公演	中村真澄
	Open your mind's door		蓬田真美
	戦い終えて生きる　母を想う		蓬田真美、中村真澄　他

年	作品	公演	出演者
	お月さまのなかのうさぎ	クリスマスこども舞踊の会	鈴木碧彩、渡辺実結
	お正月		名嘉祥永、瀬戸もえ 他
	棒ダンス		山中誠徳、長沼瑠偉
2011	童心をうたう 森の物語	全日本舞踊連合創立35周年記念公演	山中真愛子、豊田杏衣 他 全日本児童舞踊協会
	カルガモのマーチ	児童舞踊合同公演	中島早紀、名嘉祥永 他
	金のガチョウ		山中志良子、山中真愛子 他
	エルサレムへの道〜さまよう心〜	創作舞踊公演	蓬田真美
	響け 大地の詩		蓬田真美、中島早紀 他
2012	古への旅	創作舞踊公演	中島早紀
	見えないものへの恐怖		蓬田真美
	りんごのひとりごと	クリスマスこども舞踊の会	金子千良、川村優那
	小さなレディー		清田悠華

6　保育教材　振付作品

作　品	作　詩／訳　詩	作　曲／編　曲
「保育実用教材・運動会・学芸会」キングレコード／レコード・CD		
そのかたはおしゃかさま	賀来琢磨	北原雄一
ゆきってながぐつすきだって	香山美子	湯山昭
ブレーメンの音楽隊	宝仙短期大学保育科学生	宝仙短期大学保育科学生
やっこだこ	長田恒雄	長谷川堅二
パンのマーチ	峰 陽	小川寛興
どうぶつたいそう	鶴見女子短期大学保育科学生	鶴見女子短期大学保育科学生
月へGOGO	鶴見女子短期大学保育科学生	鶴見女子短期大学保育科学生
ちいさい秋みつけた	サトウハチロー	中田喜直
雨さんこんにちは	吉岡治	八城一夫
ドレミのうた	ペギー葉山	リチャード・ロジャース
桃太郎	夢虹二	桑原研朗
一年生になったら	まどみちお	山本直純
リンボーロック	ストレンジ	佐藤豆弘
あつまれプクプク	鶴見女子短期大学保育科学生	鶴見女子短期大学保育科学生
ごあいさつ	名村宏	寺島尚彦
カップヌードル	鶴見女子短期大学保育科学生	鶴見女子短期大学保育科学生
のりものごっこ	名村宏	寺島尚彦
タイムマシーン	鶴見女子短期大学保育科学生	鶴見女子短期大学保育科学生
おたんじょうびのうた	名村宏	小谷肇
お母さんありがとう	名村宏	小谷肇
おとしよりのうた	名村宏	寺島尚彦
手あそびうた	田中良江	寺島尚彦
おもちゃ箱	鶴見女子短期大学保育科学生	鶴見女子短期大学保育科学生
魔法のそうじ	鶴見女子短期大学保育科学生	鶴見女子短期大学保育科学生
かみなり坊や	鶴見女子短期大学保育科学生	鶴見女子短期大学保育科学生

森のくまさん	馬場祥弘	馬場祥弘
北風とおひさま	原作：イソップ童話より 名村宏　脚色	寺島尚彦
おもちゃのチャチャチャ	野坂昭如	越部信義
風の子体操	田中良江	坪能克裕
世界旅行	田中良江	寺島尚彦
パクパクマン	鶴見女子短期大学保育科学生	鶴見女子短期大学保育科学生
赤鬼と青鬼のタンゴ	加藤直	福田和禾子
海底探検音頭	田中良江	越部信義
コッペさんのパンづくり	鶴見女子短期大学保育科学生	鶴見女子短期大学保育科学生
かにさんのおやこ	夢虹二	小谷肇
こぶとりじいさん		桑原研朗
五月はみんな歌って	立原えりか	小谷肇
おふろ	鶴見女子短期大学保育科学生	鶴見女子短期大学保育科学生
おもいでのアルバム	増田とし	本多鉄磨
プールへいそごう	田中良江	小谷肇
どんぐりころころ	青木存義	梁田貞
あわてんぼうのサンタクロース	吉岡治	小林亜星
アイアイ	相馬裕美	宇野誠一郎
とんでったバナナ	片岡輝	桜井順
あめふりくまのこ	鶴見正夫	湯山昭
ペンギンダンス	松宮恭子	Mac Gillar
デキシー(五匹の子豚とチャールストン)	蓮健児	モーガン・マルキン／石川大明
おしゃべりきかんしゃ	名村宏	かしわ哲
おなまえは	田中良江	小谷肇
晴れたらいいね	稲葉晴美	小谷肇
やさい体操	鶴見女子短期大学保育科学生 田中良江	藤原正一
踊れサンバ	伊万里文	ブラジル民謡
アマリリス	岩佐東一郎	ギース
子供の世界	小野崎孝輔	R.シャーマン、R.R.シャーマン
ソーラン節	日本民謡	
こけし音頭	夢虹二	飯田三郎
ホームラン音頭	夢虹二	飯田三郎
こども八木節	田中良江	
津軽わらし音頭	佐藤信	米谷威和男
おけさ人形	夢虹二	小谷肇
かわいいジャンボ	松崎悦子	松崎悦子／伊藤慶樹
いちごケーキ	宮島麻里	鈴木靖子・伊東慶樹／越部信義
ミッキーマウスマーチ	三木鶏郎	J.ドット
みんなでラッパッパ	名村宏	小谷肇
バトンでワンツー	小谷肇	小谷肇
きょうも大漁　あしたも大漁	夢虹二	小谷肇
UFOマーチ		都倉俊一

賀来良江主要振付作品記録

ロボット体操	名村宏	寺島尚彦
動物園へ行こう	海野洋司	T. バックストン
青い鳥	田中良江	小谷肇
大きな手小さな手	三田陽子	山本寛之
ぼくは桃太郎	三田陽子	山本寛之
チューチュー艦隊	夢虹二	小谷肇
蝶の生い立ち	田中良江	越部信義
クレヨンの音楽隊	午来あゆみ	午来あゆみ
北海盆歌	北海道民謡	
パチャママのうた	中村千栄子	石川大明
ふれあい音頭	名村宏	小松美穂
ジルバ		石川大明
チャチャチャ		石川大明
おとぎの国のバースデイ	石坂まさを	和泉常寛／石川大明
フラミンゴ	名村宏	小谷肇
どんぐりの旅	名村宏	小谷肇
タコタンマーチ	名村宏	越部信義
動物音頭	夢虹二	越部信義
ちゃぐちゃぐ馬っこ	夢虹二	谷肇
くるみ割り人形		チャイコフスキー／桑原研郎
アラレのマーチ	河岸亜砂	菊池俊輔／たかしまあきひこ
ワイワイワールド Dr.スランプアラレちゃん	河岸亜砂	菊池俊輔／たかしまあきひこ
忍者ハットリくん	藤子不二雄	菊池俊輔
南の島の花嫁さん	北井あゆ	越部信義
パンダ・ダ・パ・ヤッ	若谷和子	森田公一／田中公平
夢見る子猫	金子昌子／山本直純	金子昌子／山本直純
りんごの森の子猫たち スプーンおばさんより	松本隆	筒美京平
元祖エリマキトカゲ音頭	かしわ哲	かしわ哲
草原情歌	王洛賓／青山梓	王洛賓
こだぬきポンポ	鈴木悦夫	大山高輝
夢見る白雪姫	伊藤アキラ	越部信義
アイアイアイスクリーム	井出隆夫	越部信義
すずめがサンバ	かしわ哲	かしわ哲
アップルパップルプリンセス	柴田陽平	加瀬邦彦／難波弘之
走れ！ジョリィ	若谷和子	ティティーネ・スケーベンス／田辺信一
大きな太鼓	小林純一	中田喜直
笠地蔵	阿部恵	阿部恵
小さなレディ	田中良江	小谷肇
からだのうた	髙田ひろお	たきのえいじ／神保雅彰
かるがもマーチ	夢虹二	小谷肇
空とぶペンギン	ジャンピエール瀬間	原礼彦／石川大明
手のひらを太陽に	やなせたかし	いずみたく
へいせいてぽたいそう	髙田ひろお	たきのえいじ／神保雅彰

すきすきおかあさん	宝仙学園幼稚園年少組	田中昭子／白石哲也
パパのせなか	成瀬左千夫	川澄健一／白石哲也
今日も元気で	田中良江	小谷肇／白石哲也
おてつだい	田中良江	小谷肇／白石哲也
いろんな時計	田中良江	小谷肇／白石哲也
あめ	川口文華	鶴見女子短期大学保育科／白石哲也
ホッ！ホッ！ホッ！	伊藤アキラ	越部信義
わらいごえっていいな	田山雅充	田山雅充／石川大明
りんごみかんバナナ	長谷川勝士	乾裕樹／白石哲也
ぼくのミックスジュース	五味太郎	渋谷毅
アイスクリームの歌	さとうよしみ	服部公一
ドロップスのうた	まどみちお	大中恩
かえるの合唱	岡本敏明	ドイツ民謡／鈴木憲夫
一寸法師	巌谷小波	田村虎蔵／小町昭
かぐや姫	武内栄子	長妻完至／岩河三郎
浦島太郎	文部省唱歌	小町昭
牛若丸	文部省唱歌	若松正司
サラダのマーチ	佐藤雅子	石川大明
おさかな天国	井上輝彦	柴矢俊彦／森川浩憲
きのこの唄	ほくとせいこ	いしいゆうこ／遠藤雅章
バナナのおやこ	関和男	福田和禾子／石川大明
いぬのおまわりさん	さとうよしみ	大中恩／石川大明
ペンギンパラダイス	森有栖香	赤坂東児／塚田修治
ツッピンとびうお	中村千栄子	桜井順／小森昭宏
おはようクレヨン	谷山浩子	谷山浩子／おくいさお
はたらくくるま	伊藤アキラ	越部信義／石川大明
北風小僧の寒太郎	井手隆夫	福田和禾子

「みんな楽しく表現あそび」メイト保育事業部／CD		
ウインクカメラ	高田ひろお	たきえいじ／神保雅彦
かぜひきにんじゃ	高田ひろお	たきえいじ／神保雅彦
おなかのむしは楽器屋さん	高田ひろお	たきえいじ／神保雅彦
おひるねとんとん	高田ひろお	たきえいじ／神保雅彦
からだのうた	高田ひろお	たきえいじ／神保雅彦
しんぞうどきどき	高田ひろお	たきえいじ／神保雅彦
ごっつんたんこぶ	高田ひろお	たきえいじ／神保雅彦
つめきりぷっちん	高田ひろお	たきえいじ／神保雅彦
ほっぺは涙の散歩道	高田ひろお	たきえいじ／神保雅彦
長いおひげの園長さん	高田ひろお	小谷肇

賀来良江主要振付作品記録

「DVD うたってあそぼ・プレイソング」全19巻　東海テレビプロダクション・ユニバーサルミュージック	
すくすく保育〈4月〉	おはながわらった、ちょうちょ 他
すくすく保育〈5月〉	バスごっこ、こどもの日　他
すくすく保育〈6月〉	あめふり、かたつむり　他
すくすく保育〈7月〉	きらきらぼし、たなばたさま 他
すくすく保育〈8月〉	とんでったバナナ、はなび 他
すくすく保育〈9月〉	とんぼのめがね、うさぎ 他
すくすく保育〈10月〉	いもほりのうた、もみじ　他
すくすく保育〈11月〉	ないしょばなし、こぎつね　他
すくすく保育〈12月〉	あかはなのトナカイ、ジングル・ベル　他
すくすく保育〈1月〉	ゆきのこぼうず、たこあげ　他
すくすく保育〈2月〉	はるよこい、まめまき　他
すくすく保育〈3月〉	おもいでのアルバム、はるがきた　他
すくすく保育〈日常保育〉	きょうもげんきで、おてつだい 他
ここが大事・発育発達体操	どうぶつたいそう 他
ここが大事・発育発達体操 クラシック音楽と童謡で	アマリリス、さくらさくら　他
ふれあい広場	どうぶつ音頭、セブン・ステップ　他
伝承あそび	ひらいたひらいた、だるまさん 他
伝承あそび	あんたがたどこさ、いとまき　他
こどもの夢〈おとぎばなし〉	はなさかじいさん、あおいとり　他

7　作品名五十音順一覧（索引）

（掲載頁は「主要振付作品記録」下段中央斜体数字のもの）

あ

アイアイ	20
アイアイアイスクリーム	21
愛情の森	13
アイスクリームの歌	22
青い鳥	2,21,23
青い目の人形	14,15,18
赤い靴	17
赤い薔薇	9,10
赤い風船とんだ	14
赤い帽子白い帽子	9,18
赤鬼と青鬼のタンゴ	20
赤鼻のトナカイ	17,23
秋の子	4
秋の里	13
秋ばれ	3,12
あ・こ・が・れ	15
朝が来る（おもちゃ箱）	12
あじさいてまり	5
あそび	10
あそび　ゲームウォッチ	10
アップルパップルプリンセス	21
あつまれブクブク	19
あぶくたった	3,12
アフリカの象狩り	3
雨ごい	1
甘ずっぱいレモンの香りが	5
天の岩戸	4,13
アマリリス	20,23
雨さんこんにちは	19
あめ	22
あめふり	23
あめふりくまのこ	20
あやとりわらべ	3,9
荒海に跳ぶ	7
アラレのマーチ	21
蟻	4
あわてんぼうのサンタクロース	14,20
あんたがたどこさ	12
家なき子	2
生きる	2
生きる—心の色彩	10
いくつねるとクリスマス	16
静い	8
出雲の阿国	2,13
いそぎんちゃく	8,15
いたずらミッキー	5
いたずらっ子	1
いたずらかみなりっこ	13
いちごケーキ	20
一年生になったら	19
一葉の世界より—哀—	13
一茶のおじさん	18
一寸法師	22
いとまき	23
古への旅	19
いぬのおまわりさん	22
今、この瞬間に	7,9,17
今、星の王子様がみ(見)たものは	2,17
いもほりのうた	23
いろんな時計	22
インディアンの詩	4
ウインクカメラ	22
WALL	15
動きの運動	18
うさぎ	23
うさぎうさぎ何みてはねる	6
失われたふるさと	5
牛若丸	8,16,18,22
歌う足のうた	4,12
宇宙への旅	5
馬っ子まつり	12
海	10,11
海の底から〜声〜	6,8
海はまねく	12
浦島太郎	2,12
ウルトラマン	17
憂い—虞美人より	8,15
エーデルワイス	8
絵日傘	18

絵本を読もうよ……………………………… 6
エルサレムへの道～さまよう心～ … 7,8,19
おいらドラネコ……………………………… 13
狼と七匹のこやぎ…………………………… 2
大きな手小さな手…………………………… 21
大きな太鼓…………………………………… 21
オーケストラ………………………………… 1
Open your mind's door ………… 7,8,18
お母さんてば………………………………… 5
おかあさんてば…………………………… 7,13
おかあさんのばか………………………… 1,12
おかあさんの言うこと聞こうね……… 17
お母さんありがとう………………………… 19
阿国念仏踊り講…………………………… 2,10
おけさ人形………………………………… 5,20
おさかな天国………………………………… 22
幼き日の思い出　あそびうたから……… 1
お猿さん……………………………………… 4
押入れの冒険………………………………… 5
おしゃべりきかんしゃ…………………… 20
おしゃまな手品師…………………………… 3
お正月………………………………………… 19
おたんじょうびのうた……………………… 19
お月さまのくれる夢………………………… 16
お月さまのなかのうさぎ…………………… 19
お手玉あそび…………………………… 4,9,18
おてつだい……………………………… 22,23
おとぎの国のバースデイ…………………… 21
おとしよりのうた…………………………… 19
鏡………………………………………… 2,10
踊るトランプ………………………………… 4
踊れサンバ…………………………………… 20
踊れメリーゴーランド……………………… 13
おどろう楽しいポーレチケ………………… 13
おなかのむしは楽器屋さん………………… 22
おなまえは…………………………………… 20
おばあちゃん、一緒に歌いましょう… 15
おはながわらった…………………………… 23
おはなのトンネル…………………………… 12
おはようクレヨン…………………………… 22
おひるねとんとん…………………………… 22
おふろ………………………………………… 20
おべんとうつけてどこいくの……… 3,18
想い出………………………………………… 15

おもいでのアルバム…………………… 20,23
想い出の小箱………………………………… 14
おもちゃの楽隊……………………………… 12
おもちゃのチャッチャ………………… 12,20
おもちゃ箱………………………………… 15,19
親子の物語—お母さん—ママ—
お母さん—おふくろ—母 ……………… 16
おやゆび姫………………………………… 2,17
折り紙の幻想…………………………… 5,9,13
折り紙………………………………………… 11
恩返しの鐘…………………………………… 14
女-かたち-美-百年史…………………… 3,11

か

絵画と舞踊の接点を探るブリューゲル「子どもの遊戯」… 14
貝がら節……………………………………… 12
海底探検音頭………………………………… 20
カエル………………………………………… 11
かえるのコーラス……………………………… 7
かえるの合唱…………………………………… 9,22
鏡の中の私……………………………………… 8
革命の中の女—マリー・アントワネット …… 3
かぐや姫………………………………… 1,13,22
かげふみ…………………………………… 4,15
かごめかごめ………………………………… 16
笠………………………………………………… 11
笠地蔵………………………………………… 21
風の子体操…………………………………… 20
かぜひきにんじゃ…………………………… 22
家族っていいな　友達っていいな … 15
かたつむり…………………………………… 23
カップヌードル……………………………… 19
かにさんのおやこ…………………………… 20
神様のおくりもの…………………………… 13
かみなり坊や………………………………… 19
かもめ（カモメ）の水兵さん……… 16,18
柄……………………………………………… 16
からだのうた………………………………… 21
かりかりわたれ……………………………… 3
カルガモ（かるがも）のマーチ… 8,19,21
かわいいジャンボ…………………………… 20
元祖エリマキトカゲ音頭…………………… 21
神田まつり…………………………………… 12
北風こぞう…………………………………… 3

曲名	ページ
北風とおひさま	20
北風小僧の寒太郎	22
棋道	4,13
きのこの唄	22
希望に向かって	6
キャリアウーマンの憂うつ	14
教科書の中から	7
京人形	18
きょうも大漁　あしたも大漁	20
今日も元気で	22,23
きよしこの夜	18
きらきらぼし	23
金のガチョウ	6,11,15,19
草っぱはらっぱ	3
グッドバイ	18
クリスマスケーキをつくろうよ	17
クリスマスメロディ	18
くるみ割り人形	21
クレヨンの音楽隊	21
黒猫のタンゴ	8
ゲームウォッチ	14
ケンカのあとは	7
幻想…赤とんぼ	7
ごあいさつ	19
降嫁〜時の流れに生きる〜	8,18
荒城の月変奏曲	12
小馬のガボット	13
五月はみんな歌って	20
こぎつね	23
こけし音頭	20
心の回流	15
心の色彩	11
こじかのバンビ	17
こだぬきポンポ	21
木霊	7,14,17
ごっつんたんこぶ	22
コッペさんのパンづくり	20
子供かぐら	3
子どもと一緒にあそびましょ	17
こども（子供）のこころ	5,11,14
こども（子供）の世界	10,20
子どもの花まつり	15
こどもの日	23
こどもの夢〈おとぎばなし〉	23
子供風土記	1
子供山伏	3
この花ひとつ	13
この道	18
孤悲—源氏物語　六条御息所より—	8,10
こぶとりじいさん	20
コミュニケーション　ノーコミュニケーション	11
こわれたクラリネット	12
今昔「月の夜話」	14

【さ】

曲名	ページ
佐賀のもぐらうち	3
さくらさくら	23
桜吹雪の中で	7,17
"Sakura" Fantasy	11
叫び	6,15
ささら	13
ザ・大漁	6,14
さとうきび畑	18
さまようオフィーリア	7,9
サラダのマーチ	22
サンタさん、わたしのほしいものあてて!!	16
鹿おどり	4,9
しかられて	18
四季のファンタジー	1
四弘誓願	15
下に下に	4
七人の小人	12
JAPAN	10
ジャングルブック	1
ジャンヌダルク	6,7,8
13歳の抵抗	7
10人のインディアン	13
修善寺物語より〜面〜	8
春暁	8
小公子	16
昭和の童謡…それから…	16
白雪姫と七人の小人	1,13
白雪姫	12
ジルバ	21
ジングルベル	18,23
しんぞうどきどき	22
シンデレラ	1,2,12,17
ずいずいずっころばし	16

すきすきおかあさん	16,22	小さなレディ	19,21
すくいたまえ我が魂を	8,9	チキチキバンバン	18
雀おどり	12	竹林の精　天に帰る	7
すずめがサンバ	21	ちゃぐちゃぐ馬っ子	4,21
Starting on the space traveling	11	チャチャチャ	21
捨てられた人形	7,8	チューチュー艦隊	21
聖火の栄光	12	蝶	5,16,17
セイレーンの嘆き―絵画オデュッセウスとセイレーンより―	6	ちょうちょ	23
世界中のこどもたちが	14	蝶の夢	6,16
世界旅行	18,20	蝶の生い立ち	21
世界を繋ぐ僕らの心	6	ちんちん千鳥	13
セブン・ステップ	23	津軽わらし音頭	20
草原情歌	21	月	18
ソーラン節	20	月によせて	2
そのかたはおしゃかさま	19	月へGOGO	19
空とぶペンギン	21	筑波山麓大合唱団	5,13
空のおひさま	13	土、祈り	14
ソ連の子供	12	土…晩鐘に祈る	15
孫悟空になりたいな	7	ツッピンとびうお	22
孫悟空	8	つながり	7
		つなぐ	17
た		つみ木の町	3
対応する響き	10	つめきりぷっちん	22
大正ロマン…カナリア	17	釣り糸	10
大地	11	鶴の恩がえし	1
大地よりエコー	6	手	16
タイムマシーン	19	手あそびうた	19
田植	12	手合せうた	4
たけくらべより・みどり	5	ディズニーのメルヘンを追って	1
竹取物語	14	ディズニーパレード　―小さな世界―	
たこあげ	23	みんな知ってるお友達のパレード	15
タコタンマーチ	21	デキシー（五匹の子豚とチャールストン）	20
だせだせ手をだせ	13	手のひらを太陽に	14,21
戦い終えて生きる　母を想う	18	天竜下れば	12
たなばたさま	23	東京の空・・・・こどもの詩	10,15
たぬきたいじ	12	東西わらべうたくらべ	2
たのしいピクニック	4,12	童心をうたう　森の物語	19
だるまさん	3,23	どうぶつたいそう	19,23
だるまさん、だるまさん	4	動物園へ行こう	21
"ダンス・はてな？"ニューヨーク日本祭り"より"	15	動物音頭	21,23
ちいさい秋みつけた	12,19	童謡メドレー　童謡で楽しく踊ろうよ	18
小さな日	1	童話の中の王女のように	14
小さな世界	13	通せんぼ	12
		遠野物語	2

時、時、時　ゆめをもって………	16
どこの犬だろう………………………	3
となりのトトロ……………………	17
ドナルド艦隊………………………	4,13
とびだせ未来………………………	6,11
トム・ソーヤー（トムソウヤ）の冒険…	13,15
ともだち……………………………	12
友達讃歌……………………………	6,14
トライアングル　コミュニケーション…	17
ドラキュラ…………………………	14
とり入れまつり……………………	12
鳥のさえずり………………………	14
ドレミのうた………………………	4,19
トロイカ……………………………	12
ドロップスのうた…………………	22
どんぐりころころ…………………	20
どんぐりの旅………………………	21
とんでったバナナ…………………	20,23
どんどやき…………………………	3,12
とんぼのめがね……………………	23

な

ないしょばなし……………………	23
長いおひげの園長さん……………	22
ながしびな…………………………	6
なかの今昔物語—２１世紀への旅立ち—	16
仲良し小道…………………………	18
流れ星………………………………	14
亡き友へのレクイエム　友情の花が咲く…	2,11
夏の思い出…………………………	18
何が見えるかな？…………………	17
波に漂う女（切れた糸）…………	8,18
波のかたみ—平家物語より………	5
日本の名作に挑む　道成寺のいろいろ…	15
日本の詩……………………………	11,17
日本よい国花の国…………………	12
ニルスの旅…………………………	2
人形のおどり（おもちゃ箱）……	12
人形風土記…………………………	5,13
人魚の見た夢………………………	7,17
人魚姫………………………………	2
人間って小さいな　おやゆび姫より…	2
忍者…………………………………	11
忍者ハットリくん…………………	21

ねずみのそうだん…………………	3
ねぼすけつくしんぼ………………	13
眠りの森のお姫さま………………	12,13
ねんど………………………………	6,10,15
野口雨情の詩によせて……………	15
野口雨情の心を踊る1,2,3…………	17
野こえ丘こえ………………………	13
のりものごっこ……………………	19

は

破……………………………………	16
ハイホー花馬車……………………	12
ハイホー……………………………	16
パクパクマン………………………	20
はじめてのおつかい（赤頭巾ちゃん）…	6,16
走れ!ジョリィ………………………	21
バスごっこ…………………………	23
はたらくくるま……………………	22
ハチャハッチャ……………………	13
パチャママのうた…………………	21
初音聞く……………………………	5
はてな？……………………………	5,10,14
バトンでワンツー…………………	20
花……………………………………	16
はなさかじいさん…………………	23
バナナのおやこ……………………	22
花のフェアリー……………………	17
はなび………………………………	23
母に捧げる組曲……………………	17
パパのせなか………………………	22
春が来た……………………………	18,23
春を待つ……………………………	5,7,14
はるよこい…………………………	23
晴れたらいいね……………………	20
パロディお正月……………………	10
反抗…………………………………	6
パンダ・ダ・パ・ヤッ……………	21
パンのマーチ………………………	19
バンビ………………………………	1
ピーターパン………………………	1
ピエロと遊ぼう……………………	14
ピエロは、何をつかまえてるの？	
ここはどこ…………………………	17
飛翔…………………………………	8

一筋の涙―マグダラのマリアより…	5,10
ひとりぼっちじゃないよ………………	6,15
ひな人形五人ばやし………………………	4
響け大地の詩…………………	9,10,15,19
ビビディ・バビデ・ブー………………	15
101匹わんちゃん大行進 …………	1,13
ひらいたひらいた……………………	16,23
開け心の扉………………………………	7,17
ヒロシマ（Hiroshima）地方の手まり歌 …	5,13
風紋………………………………………	13
プールへいそごう………………………	20
深き緑の中で………………………………	7
不協和音…………………………………	10
ふしぎな国のアリス………………………	1
不思議の国のアリス……………………	14
冬の詩………………………………………	5
冬のスケッチ……………………………	4
フラミンゴ………………………………	21
振りむかないで…オルフェウス………	5
ふれあい音頭……………………………	21
Play Form ………………………………	7
ブレーメンの音楽隊……………………	19
へいせいてばたいそう…………………	21
兵隊さん…………………………………	18
ペンギンダンス………………………	16,20
ペンギンパラダイス……………………	22
ホームラン音頭…………………………	20
忘却の彼方へ………………………………	8
奉祝………………………………………	12
棒ダンス…………………………………	19
帆風………………………………………	4
ぼくのミックスジュース………………	22
ぼくは桃太郎……………………………	21
ぼくらインターネット………………	6,11
ぼくらの冒険 宇宙へ行こうよ………	18
ぼくらは海の子…………………………	12
ぼくらは三ツ子の男の子………………	14
ホッ！ホッ！ホッ！……………………	22
北海盆歌…………………………………	21
ほっぺは涙の散歩道……………………	22

ま

まいごのイルカ…………………………	14
マイタウン新宿………………………	6,15
マクベスの妻……………………………	6,10
マダム　マクベス………………………	10
マッチ売りの少女（より　心の中にともし火を）…	2,17
魔法の笛…………………………………	8,9
魔法のそうじ……………………………	19
ままごとのおどり………………………	12
まめまき…………………………………	23
まりととのさま…………………………	13
見えないものへの恐怖…………………	8,19
道－わが青春の悩み……………………	9,15
ミッキーマウス（マーチ）…………	13,20
美登利（～樋口一葉の世界より～）…	7,17
南の島の花嫁さん………………………	20
みにくいあひるの子…………………	6,16
弥勒へのねがい…………………………	5
みんなシンデレラ………………………	16
みんな楽しく～森の仲間と仲良く	
遊ぼう～春・夏・秋・冬…………	15
"みんなで作ろう、笑顔でおどろう"	16
みんなでラッパッパ……………………	20
村祭（り）……………………………	16,18
メカニズムプレイ………………………	5
めぐる…めぐる…ピエロ………………	17
もしも私がカエルだったら……………	16
もみじ……………………………………	23
桃太郎……………………………………	19
森のくまさん…………………………	16,20
森の小人………………………………	14,17
森の中……………………………………	8
森のフェアリー…………………………	7
森も私も一緒に生きよう…………	6,10,16
森よ美しく………………………………	16

や

やきいもさん……………………………	4
やさい（の）体操……………………	14,20
野人………………………………………	1
やっこだこ………………………………	19
ヤング……………………………………	14
夕月に涙する～白蓮の和歌より～……	18
夕づるの譜………………………………	2
夕映えに翔ぶ……………………………	9
UFOマーチ ……………………………	20
夕やけ小やけ……………………………	4

雪……………………………………… *16*
雪女…………………………………… *10,13*
ゆきってながぐつすきだって………… *19*
雪とあそぼ…………………………… *7*
ゆきのこぼうず……………………… *23*
雪ばんば……………………………… *4*
雪虫…………………………………… *12*
夢二の絵画より―…………………… *16*
夢のお馬車…………………………… *18*
夢みる子猫…………………………… *13,21*
夢見る白雪姫………………………… *7,17,21*
陽気なバンビ………………………… *4*

ら

リズムで遊ぼう、からだで遊ぼう……… *6*
リボンの騎士　中編………………… *1*
りんごのひとりごと………………… *18,19*
りんご（リンゴ）の森の子猫たち… *13,21*
りんごみかんバナナ………………… *22*
リンボーロック……………………… *19*
ロボットと遊ぼ！…………………… *6*
ロボット体操………………………… *21*

わ

ワールダンス！　世界のお友達　フランス場面… *16*
ワイワイワールド Dr.スランプアラレちゃん… *21*
我が愛はどこに―唐人お吉より…… *2,10*
若草物語……………………………… *1,14*
私の心のプラスマイナス…………… *18*
私はそういう者になりたい………… *13*
わたしはそうゆうものになりたい……… *5*
私はだれ？～不思議の国のアリスより～… *17*
私はピエロ…………………………… *8,9*
私はマリオネット…………………… *4,12*
私を呼ぶのはだれ…………………… *4*
わらいごえっていいな……………… *22*
わらの中の七面鳥…………………… *3*
わらべ歌講…………………………… *6*
わらべうた　お手玉あそび………… *18*
わんぱく小僧………………………… *4*

タンダバハダンスカンパニィ　海外交流・公演活動（1973～2012年）
Performance Activities in the Foreign Countries by TANDAVAHA DANCE COMPANY

年	公　演　活　動　な　ど
1973	ハワイ、ホノルルとカワイ島で初めて公演
1975	ハワイ、ロサンゼルス公演、ロサンゼルス引退者ホーム慰問
1977	ハワイ、ロサンゼルス公演、ロサンゼルス引退者ホーム慰問
1981	ロサンゼルス、ディズニーランド日本祭に参加
	ハワイ、ロサンゼルス公演、ロサンゼルス引退者ホーム慰問
1885	daCi 国際子どもとダンスの会に全日本舞踊連合から派遣される。国際交流基金から援助（於：ニュージーランド）
	ニュージーランド、オーストラリア国際会議参加記念公演。「世界子供とダンス」（簡易保険ホール）
1988	アメリカワシントン州ポートランド日本祭公演
	シンガポール日本文化協会主催　18th JAPANESE CULTURAL FESTIVAL 公演
	韓国児童舞踊協会研修会議講師「日本の児童舞踊の歴史」
1989	"日韓現代舞踊二人展" 参加（韓国国立劇場）
1990	アジア舞踊展参加、韓国、日本（草月ホール）
	東京・ニューヨーク姉妹都市提携30周年、タンダバハダンスカンパニィ公演（ニューヨークフローレンスホール）
1992	ソウルインターナショナル舞踊コンクール参加
1993	韓国児童舞踊研修会議講師　「子供の創作法」
1994	第2回アジア舞踊展（参加　韓国、インドネシア、日本）
	ソウルインターナショナル舞踊コンクール参加
	日韓現代舞踊展参加（韓国国立劇場）
1995	ニューヨーク日本祭（ニューヨークシティセンター）・ハイスクール公演
1996	ソウルインターナショナル現代舞踊展参加（ソウル教育文化センター）
	第3回アジア舞踊展（参加　韓国、日本、インドネシア／草月ホール）
	ワークショップ（出演　韓国：李淑在　インドネシア：ビモ）
1997	賀来良江舞踊生活60周年記念公演（厚生年金会館）　韓国児童舞踊研究会、会長外5名を招待
1998	第2回インターナショナル青少年舞踊の祭典参加（ソウル教育文化センター）
	オークランドノエビアバレエ団と交流会、ハイスクール公演
1999	第3回インターナショナル青少年舞踊の祭典参加（ソウル教育文化センター・韓国国立劇場）
	フィンランド子どものダンス創作法　daCi フィンランド支部、ワークショップ講師
2000	エジンバラフェスティバル、フリージン参加
2001	ソウルインターナショナル青少年舞踊の祭典参加（ソウル）
2002	韓国児童舞踊・李鍾萬記念公演参加
2005	オーストリア公演参加　バレエセミナー参加（ヴォルフスエッグ）
	ソウルインターナショナル青少年世界舞踊の祭典（ソウル）
2006	バレエセミナー講師（ヴォルフスエッグ）
2007	ソウルインターナショナル青少年世界舞踊の祭典参加（ソウル）
2009	ソウルインターナショナル青少年世界舞踊の祭典参加（ソウル）
	daCi　国際子どもとダンスの会　ワークショップ（ジャマイカ）、日本の児童舞踊について発表
2010	第12回なかの国際ダンスコンペティション予選（韓国）、審査員として参加
2012	daCi 国際子どもとダンスの会　台湾大会参加
	ワークショップ　日本語と英語のリズムの違いについて「おむすびころりん」を用いて発表

daCi : Dance and the Child International

あとがき　Appendix

　児童舞踊家の娘として生まれ、今日まで児童舞踊を愛して進んできた。父が残した無形の財産が、環境が、今の私を支えてくれている。
　幼いころの幼稚園の環境、近所の環境、そして、戦争中の慰問中心の踊り、疎開先の山陰山口県の海岸での生活、長い闘病生活、全てが私の踊りの血となり、肉となっている。一生に無駄は無い。ここまで生きてこれたことに感謝する。
　小石川の幸田露伴先生の家の前、大きな椋（むく）の木を挟んだ所にあった家、タンダバハ舞踊研究所が私の家であった。
　そこには大勢の児童文化を研究する方々、弘田龍太郎、本多鉄磨、村岡花子などの諸先生が集まっていた。その中から生まれて来た童謡舞踊、児童舞踊であるが、戦争の始まりと同時に童謡の内容が軍国調のものになっていった。
　今は自分が指導者となり、自由に作品を作れる立場にある。しかし当時、1930年代の先生方は、自由に作品を作ることができなかった。当然幼い私は何も考えずに踊っていた。当時自分はどんな児童舞踊を踊っていたのか、今後児童舞踊を研究する方々に残していきたい。
　1937年、幼稚園のころのこと、児童舞踊創設の人である島田豊先生が私の通ってた小石川明照幼稚園によくいらしていた。「金魚のひるね」この踊りは幼稚園で習ったのか、父の振り付けなのかわからない。大人になって島田先生のお弟子さんと「昔こういうのがあった」とふざけて踊ったところ、同じ振りだった。当時の児童舞踊の振りは当て振りだったから、島田先生の振りも、賀来琢磨の振りも同じようになったのだろう。「たなばたさま」も同じことだった。1941年、小学1年生の時、大東亜戦争が始まった。「兵隊さん」は鉄砲を担いだ踊りだった。その中で「めんこい小馬」はかわいらしく踊れて嬉しかった。小学校3、4年生のころになると、だんだん軍隊調のものが多くなった。固く身体が固

まったようになって、"歩調高く"と練習中に言われることがあった。この言葉も今は死語になったのではないだろうか。その当時「少国民進軍歌」ができた。その振り付けの審査は陸軍、近衛兵の部隊の中で行われた。この踊りは全国の子どもたちの志気を上げるために、陸軍の命令で作られたものだ。東宝劇場などで広く宣伝の為に踊った。軍隊のお仕事の慰問が多く、新宿若松町にある陸軍病院(現在の国立国際医療研究センター病院)に毎週行っていた。特攻隊で明日出陣をする方々への慰問もした。「若鷲の歌」"若い血潮の予科練の　七つボタンは桜に錨"、この歌は未だに踊れる。しかし小学校4年生には戦争の辛さは分からなかった。特攻隊の方の気持ちも分からなかった。「暁に祈る」の歌の中に"ちぎれるほどに振った旗"とある。その歌詞のところにくると、兵隊さんが泣く。また「麦と兵隊」では佐渡おけさの振りがある。"お国言葉のおけさ節"、そのおけさ節の踊りを小学生が踊ると、様になっていないのか泣き笑いされた。そんな慰問をしている間に学童疎開が始まった。山陰の萩近くの母の生まれたお寺に縁故疎開をした。海の嵐を感じ、山陰の寒さも感じ、東京ではやったことのない、楮むきをしたり、草履を編んだり、田植えもした。これは東京育ちにはできない良い体験だったと今は思う。これらの体験は、その後舞踊創作をするようになると、すべて踊りになった。終戦となって、疎開先でラジオから流れる父が作った歌、引き揚げ促進の歌「いつかえる」を聞いていた。父はNHKのリズム遊びを担当していた。そこではGHQの影響もあり、日本の昔話など使えないものもあった。そして戦争孤児のための歌「緑の丘」を川田正子が歌い、タンダバハが動きを担当した。

　終戦となって変わったことは、父が基本練習に「乙女の祈り」を何度も踊らせたことだ。戦争中、憲兵隊がスタジオに土足のまま入ってきて、洋楽レコードを踏み壊し、こなごなにされたことを、私は子どもながらに震えて見ていた。父はその時の悔しさが忘れられなかったのだろう。ピアノを気持ち良さそうに弾きながら「乙女の祈り」を教えていた。

　自由に踊れる時代になり、また新しい童謡時代が来た。川田正子が歌

う童謡に振りがついた。1940年代後半は童謡歌手の時代であり、コロムビア「みかんの花咲く丘」、ビクター「小鹿のバンビ」、キング「月見草の歌」など多くの童謡が歌われるようになり、一緒に発表会をしていた。1950年代から自分が指導し振り付けをするようになった。「リボンの騎士」「チューちゃんが動物園に行ったお話」など、舞踊劇を多く発表した。以後の自分の作品は、まとめて「作品一覧」に載せてある。

　私は児童舞踊作品のみを作ってきたのではない。童謡で踊り、児童舞踊の総合的教育を受けて大人になったダンサーたちに対して、創作舞踊を制作してきた。
　中学時代、私は結核の為に3年間休学した。その時はまだ戦後で、充分な本はなかったが、父が戦火で焼け出されながら持ち出した本があり、寝ながら分野に関係なく『世界文学全集』の一部や音楽や舞踊の本を夢中になって読んだ。踊りの好きな私は、何時踊れるようになるかと医者に聞いていた。絶対安静の時は、読んだ本の内容を天井の空想の舞台に描いていた。その空想の世界が、健康を取り戻した時に創作舞踊へとつながっていった。
　当時の私のノートには、「人生に無駄なし」の言葉が残っている。病気も1つの勉強の場であった。
　森龍太氏の著『舞踊とバレエ』に「身体に絡む言語表現」という項目があった。この言葉こそ、童謡を理解して踊ってきて、大人となった人の身体から出る言語表現を言っているのではないか。
　創作舞踊「阿国念仏踊り講」は、大学の授業から発展したものである。60名の学生が、集中して床を手で叩く、ただ叩く音の高低、間の取り方から不思議な神秘な空間が生まれ、まさに祈りへと変わっていった。この体験を文化人類学者の佐々木宏幹先生に話したら、舞踊は祈りから生まれたという。バリで見たケチャも祈りにつながっていた。一遍聖人も民衆とともに床を踏み鳴らして踊り念仏をしたという。有吉佐和子著『出雲の阿国』と自分の体験を基に制作した「阿国念仏踊り講」だ。

児童舞踊から育った潮田麻里と中野真紀子は、身体に絡む言語表現を舞踊化することに優れており、2人のコンビで「大人が読んだ童話　鏡」「遠野物語」などを次々と発表した。ただ形だけを追うのではない身体の中から湧き出る心の踊りであって欲しい、と願って台本を書き、振り付けをしている。
　児童舞踊は児童舞踊で終わるのではない。広くモダンダンスの道、教育の道へとつながる大切なものである。日本で独自に発達した児童舞踊は、世界で認められる子どものダンスだ。日本国内での認識を広めたいと思う。

　いつの間にか論文の数が増えていった。身体が弱く、体力のない私がここまで頑張ってこられたのは、鶴見大学短期大学部の先輩である故鹿内瑞子先生の後押しがあったからだ。
　鹿内先生は、私が子どもの教育のためのダンスと舞台活動の創作舞踊の活動をしていることを見ておられて、論文を書くことが出来ないでいることを心配された。後になって論文にしておくことがどれ程大切なことかがわかる、と指導していただいた。ご自身が癌の身体であることを隠しながら、「あなたが論文を書けるようになるまで死ねないわ」と私にプレッシャーをかけてくださった。
　私が論文を書くことになってから、だんだんと鹿内先生の体力が落ちていかれ、先生が帰宅される際に、ご自宅のある小岩駅まで何度かお送りした。1981年12月、現代舞踊の元となったイサドラ・ダンカン邸の復興を願う目的でギリシャを訪問中が、鹿内先生の亡くなられた時であった。
　論文を書くきっかけは鹿内先生からだったが、私を教育の現場に引き出してくださったのは、当時の保育界をリードしておられた宝仙短期大学学長の青柳義智代先生である。宝仙短期大学保育科のダンスの授業を指導することになった。小林美実先生がリードされていた「幼児劇の会」に参加し、画家、音楽家、劇作家等から幼児教育の現場のことを教えて

いただいた。鶴見短期大学保育科では、宝仙学園時代の10年間に学んだことから、学生に、ことばの繋がりから作曲・動きを作る方法を指導し、新しい保育教材が生まれた。在職中29年間、表現発表会を毎年行ってきた。これらが論文の基となっている。

舞踊評論家の桜井勤先生からは、「舞踊を作るだけでなく、論文が書ける人はなかなかいないので、続けること」と言われた。論文の指導や英訳には、仏教学者である主人の支えも多くあった。

児童舞踊の世界では、児童舞踊協会の設立の前から、先輩の先生方に多大なご指導をいただいた。児童舞踊協会には大きく2つの系統があり、1つは印牧系統の学校ダンスを基礎として子どもたちの自由な表現を求めるグループ、今1つは日本舞踊を基とした新しい児童舞踊を作り上げた島田系統である。印牧門下の柿沢充先生からは、「国会図書館に残る本を書きなさい」、島田豊・泉田哲彦先生からは、「良江頑張れ」と言われた。印牧派・島田派の両派の先生方から可愛がっていただいたが、その時は聞き流した言葉であった。論文を書くようになり、その言葉の意味が分かった。それは「児童舞踊の全体像を見なさい」ということであった。

昭和23年から40年の初めまで、児童舞踊家は各レコード会社の専属として全国で教員養成のための研修会を行っていた。その際、どのような内容のレコードで研修会が行われていたかをまとめることは、時代背景を知るための大事な資料であると思う。レコード各社に資料を集めていただくようお願いをしたが、種々の事情でできなかった。今回は後に自分が専属となったキングレコードの資料集めに限られた結果、印牧系統のみを対象とした研究にならざるを得なかった。

児童舞踊の全体を網羅した資料は、『日本の子どものダンスの歴史 児童舞踊100年史』を参考にしていただくことをお願いしたい。

また現代舞踊の桧建次先生には、「父親が築いた土壌に花を咲かせよ」と言われ、コンクール作品などを見て指導していただき、金井芙三枝・牧野京子先生には、スタジオに来て直接に基礎を指導していただいた。

更に大先輩の石井みどり先生には全舞連の仕事でお世話になり、渥美利奈先生には先輩としてアドバイスをいただき、米井澄江さんにはアメリカでの公演や英訳でお世話になった。
　私が鶴見短期大学の教員をしていたころ、主に実技指導をしていたのは潮田麻里、中野真紀子（現、聖徳短期大学准教授）である。コンピューター時代になってからは、阿部由紀子、豊田泰代が私の仕事や論文を整理してまとめをしてくれた。
　本書の中に海外でお世話になった方々のことを書いたが、タンダバハの団体を連れて歩く場合には、いろいろな雑務がある。大手旅行会社（JTB、日本通運）のお世話になった。特に学会と世界大会の場合は、添乗員の方々の力に負うことも多くあった。また、港区で行っている世界舞踊祭では、国枝タカコ先生、黛舞踊団に協力させていただき、daCiで出会ったジャズチャンツの中司順子先生とは、英語と日本語の言葉のリズムを研究した。その他、劇団すぎのこ、保育関係のCDではキングレコード、DVDでは東海テレビジョン、そして学生時代を思い出しながら、楽しくワークショップを一緒にした女子美の同窓生にも大変お世話になった。これらのすべてが私の勉強の場であった。

　しかし、一番の協力者は、踊りを一緒に造り上げたタンダバハの生徒たちであり、第3章に出てくる子どもたちだ。創作への導入、そして動きを重ねて行く方法には、子どもの想像力が大きく影響している。子どもの時代から創作過程を学んだ人たちからは、高校教師の道へ進む人も出てきた。舞踊は踊り手にならなくても、基本的な踊りを通じて学ぶものが多くある。学生の力も多大で、授業で一緒に勉強したことが私の研究に役立った。特に実習授業があるにも関わらず、夏休みを返上して保育の歴史を調べてリズム発表会のテーマにした実行委員には頭が下がる。
　この本の出版にあたっては、太田明夫さん、そして原稿を整理された橋本高志さん、蓬田真美さんには、原稿が遅れて大変ご迷惑をおかけし

たことにお詫びし、多大のご尽力に感謝する。この外、海外の方たちには多くの活動の場を提供していただき、自分だけではなく、広くタンダバハダンスカンパニィをはじめ、日本の児童舞踊・モダンダンスの発展に大きな影響を与えていただいた。

　こうした皆さんに感謝するとともに、父が残してくれた無形の財産に恵まれたことに改めて感謝し、本書の結びとする。

　　2013年3月1日

賀　来　良　江

著者略歴　Author's Career

本名
田中良江

学歴及び職歴
1934年6月30日　児童舞踊家賀来琢磨の次女として東京に生まれる
1958年　女子美術大学短期大学部卒業
1965年　宝仙学園小学校講師（1975年まで）
1969年　宝仙学園短期大学保育科非常勤講師（2002年まで）
1976年　鶴見大学女子短期大学部保育科助教授
1983年　鶴見大学短期大学部保育科教授（2005年まで）
2005年　鶴見大学名誉教授

学会及び社会における活動
1954年　タンダバハ舞踊教室指導者
1967年　キングレコード教養課専属芸術家（2003年まで）
1969年　幼児劇の会講師（1973年まで）
1968年　全国舞踊コンクール児童舞踊部審査員（2002年まで）
1975年　タンダバハダンスカンパニィ主宰（現在に至る）
1976年　社団法人全日本児童舞踊協会理事（現在に至る）
1981年　全日本舞踊連合理事（2011年まで）
舞踊学会　民族芸術学会　現代舞踊協会（以上会員）
日本音楽著作権協会（準会員）

舞踊歴

1936年　賀来琢磨に児童舞踊を師事

1944年　桧健次にモダンダンスを師事

1955年　金井芙美枝にモダンダンスを師事

1985年　平林和子に指導法を学ぶ

受賞歴

全国舞踊コンクール指導者賞（1956、1957、1958、1960、1962、1963、1964、1967、1968、1969、1974、1976、1977、1979、1981、1982、1983年）

全国舞踊コンクール指導者認定賞（1987、1992年）

島田豊賞（1980年）

韓国児童舞踊研究会より感謝状（1992年）

児童舞踊協会特別賞（1992年）

全国舞踊コンクール童心賞（1992、1993年）

全日本児童舞踊協会より感謝状（2000年）

松山バレエ団教育賞（2011年）

著書

『身体表現あそび　プレイソング』（1992年、チャイルド本社）

『身体表現あそび　プレイソング2』（2005年、チャイルド本社）

住所

スタジオ：〒164-0011　東京都中野区中央2-40-3
　　　　　　　　　　　タンダバハダンスカンパニィ

自　　宅：〒107-0052　東京都港区赤坂7-2-6-502

写真提供：スタッフ・テス株式会社
　　　　　株式会社ビデオ

体験的教育舞踊・児童舞踊論
――子どもと学生と共に創ったダンス

2013年4月30日　初版発行

著者　賀来良江

発行／発売　創英社／三省堂書店
　　　　　　東京都千代田区神田神保町1－1
　　　　　　Tel. 03-3291-2295
　　　　　　Fax. 03-3292-7687

印刷／製本　日本印刷株式会社

©Yoshie Kaku 2013　　**不許複製**　　Printed in Japan

乱丁、落丁はお取り替えいたします。
定価は表紙に表示してあります。

ISBN978-4-88142-593-0　C0073

日本音楽著作権協会（出）許諾第1303385-301号